LTK风电项目

奥派变电站

邦朗水电站

邦批变电站

博通项目：风机

博通项目：风机基础

博通项目：开关站

博通项目：塔筒卸货

“一带一路”合规经营
系列丛书

工程建设企业境外合规经营指南
泰 国

中 国 施 工 企 业 管 理 协 会
中国电建集团华东勘测设计研究院有限公司 | 编著

中国市场出版社
China Market Press
· 北京 ·

图书在版编目（CIP）数据

工程建设企业境外合规经营指南. 泰国 / 中国施工企业管理协会，中国电建集团华东勘测设计研究院有限公司编著. — 北京：中国市场出版社有限公司，2023.9

（“一带一路”合规经营系列丛书）

ISBN 978－7－5092－2465－6

Ⅰ. ①工… Ⅱ. ①中… ②中… Ⅲ. ①建筑企业-对外投资-工业企业管理-中国-指南 Ⅳ. ①F426.9-62

中国国家版本馆CIP数据核字（2023）第168524号

工程建设企业境外合规经营指南：泰国

GONGCHENG JIANSHE QIYE JINGWAI HEGUI JINGYING ZHINAN：TAIGUO

编　　著： 中国施工企业管理协会　中国电建集团华东勘测设计研究院有限公司
责任编辑： 王雪飞

出版发行： 中国市场出版社
社　　址： 北京市西城区月坛北小街2号院3号楼（100837）
电　　话：（010）68034118/68021338
网　　址： http：//www.scpress.cn

印　　刷： 河北鑫兆源印刷有限公司
规　　格： 145mm×210mm　　32开本
印　　张： 10　　**字　　数：** 260千字
版　　次： 2023年9月第1版　　**印　　次：** 2023年9月第1次印刷
书　　号： ISBN 978－7－5092－2465－6
定　　价： 68.00元

《工程建设企业境外合规经营指南：泰国》

编 委 会

彭世红　中建国际建设有限公司副总经理

岐温华　中国电建集团海外投资有限公司总法律顾问兼首席合规官

张　磊　中国土木工程集团有限公司中土研究院副院长

宋玉祥　上海市建纬（北京）律师事务所高级合伙人

张明明　中国石油天然气第一建设有限公司企管法规部经理

张玉金　江西中煤建设集团有限公司企业管理部部长、合规办公室主任

PREFACE
序言

“一带一路”倡议是顺应全球治理体系变革，彰显同舟共济、命运与共意识的国际公共产品。作为完善全球治理体系、推动构建人类命运共同体的中国方案，共建“一带一路”已经成为171个国家和国际组织开展国际合作的新模式，正在向高质量共建的阶段迈进。

共建“一带一路”在完成总体布局的基础上，聚焦重点、深耕细作，扎实推进项目实施，累计开展了3000多个项目，可圈可点的成果、实实在在的好处，让“一带一路”朋友圈不断扩大。中国企业参与“一带一路”建设的程度也越来越深入，面临的市场环境越来越复杂，合规经营在企业可持续发展中也显得越来越重要。

为更好地帮助企业提高合规经营管理水平，有效防范及化解经营风险，早在2017年5月，习近平总书记就中国企业合规经营问题，在中央全面深化改革领导小组会议上，明确指出加强企业海外经营行为合规制度建设的必要性。2018年7月1日，国家标准《合规管理体系指南》（GB/T 35770—2017）正式实施；2018年11月2日，国务院国资委《中央企业合规管理指引（试行）》发布实施；2018年12月26日，国家发展改革委正式发布《企业境外经营合规管理指引》，为中国企业更好地开展境外经营业务、建立合规管理体系和制度，提供了官方的指导意见。

中国施工企业管理协会基于工程建设行业的实践经验和研究成果，联合 12 家会员单位，在国家发展改革委区域开放司的指导下，出版《工程建设企业境外合规经营指南》（以下简称《指南》），结合企业自身情况，以丰富翔实的案例，系统地从市场环境、通用规则、国别规则以及示范项目等角度展示了中国企业在境外稳扎稳打、开拓进取的合规发展历程，具有针对性、实务性和系统性的特点，是一套指导性非常强的工具书。

《指南》的出版有利于帮助广大施工企业适应国际工程承包自由化、便利化的市场环境，引导企业以实现行业高质量发展为目标，期望通过树立境外合规经营优秀典型，分享境外合规运营经验，帮助企业完善合规运营体系，形成合规文化，提升企业在国际市场中的竞争力。同时，在更广泛的范围倡议共建“一带一路”的企业，增强机遇意识和风险意识，夯实基础，固牢底线，趋利避害，在发展中不断前进，在合作中茁壮成长。

曹玉书

2021 年 12 月

PREFACE
前言

合规经营蕴含尊重知识产权、保护环境、反对商业贿赂、履行商业责任等原则，是企业持续健康发展的基石。推动经济高质量发展，要求企业走质量内涵型发展道路，需要强化合规经营责任，提升合规经营水平，在法治轨道上提升管理、发展壮大。

习近平总书记在推进“一带一路”建设工作5周年座谈会上的重要讲话中指出，要规范企业投资经营行为，合法合规经营，注意保护环境，履行社会责任，成为共建“一带一路”的形象大使。近年来，国家发展改革委、商务部、国务院国资委等多部委密集出台企业经营行为合规管理文件、规定，明确提出“中央企业应当加快建立健全合规管理体系”，强调“合规是企业‘走出去’行稳致远的前提，合规管理能力是企业国际竞争力的重要方面”。这些指导性文件对于中国企业加强合规意识、建立合规管理体系及制度、提高合规管理水平具有非常重要的意义。

泰国位于东盟中心位置，区位优势明显，社会总体较为稳定，政策透明度和贸易自由化程度较高，营商环境开放包容，是东盟第二大经济体。泰国商品在东盟国家享受零关税待遇，对周边国家具有较强辐射能力，在“一带一路”建设中具有显著的地缘优势。泰国的发展规划及战略与中国推动的“一带一路”倡议和国际产能合作战略具有高度的契合性，中资企业在泰国发展前景广阔。在中泰两国政治互信不断加深、中国–东盟自贸区建成并不断深化，以及“一带一路”倡议全方位推进的大背景下，两国经贸合作务实发展、成果丰硕。中国企业在泰国投资质量稳步提升，经济影响与日俱增，越来越多的中国大企业在泰投资建厂，一批批大型项目相继投产，疫情下生产、经营进展平稳。中泰之间的投资合作已逐步形成多层次、多渠道、全方位的合作格局。在泰国依法、合规开展经营，诚实守信，脚踏实地，是中资企业“走出去”的重要一环。

中国电建集团华东勘测设计研究院有限公司（简称华东院）1954年建院，名列中国勘察设计综合实力百强单位（排名第7位）、中国工程设计企业60强（排名第8位）、中国承包商80强（排名第29位）、中国监理行业十大品牌企业。华东院是国家高新技术企业、国家级工业化与信息化“两化”深度融合示范单位、中国对外承包工程业务新签合同额百强企业、住建部首批全过程工程咨询试点企业、全国实施卓越绩效模式先进企业、电力行业首批卓越绩效标杆AAAAA企业、浙江省工程总承包试点企业、浙江省“一带一路”建设示范企业和浙江省规模最大的勘测设计研究单位。2017年荣获“第五届全国文明单位”称号，2019年荣获全国五一劳动奖状。华东院总部设在杭州，在国内设有东南、华南、西南、华东、华北、东北等区域总部，在亚太、欧亚、非洲、美洲、中东北非设有五大区域总部，覆盖70多个国家和地区。华东院作为中国最早成立的勘测设计院之一，为国家大型综合性甲级勘测设计研究单位，业务范围包括水电与新能源、城乡建设、生态与环境等领域，努力打造具有工程全过程智慧化服务能力的一流国际工程公司。

华东院深耕亚太市场多年，抓住“一带一路”沿线国家资源开发及基础设施建设的市场机遇，秉承“负责、高效、最好”的企业精神，承担了多项亚太区重大工程建设项目。在泰国，先后承担了LTK风电项目、奥派变电站、邦批变电站、博通风电项目、邦朗水电站改造项目、华富里复线铁路的EPC（设计-施工-采购总承包模式）项目等。其中，LTK风电项目是泰国国家电力局首个正式的风电EPC项目，而奥派及邦批变电站都是曼谷都会区大型枢纽变电站，受到泰国各界人士的关注。这些项目的顺利完工，体现了华东院的匠人精神，也通过项目的管理实践，为中国企业积累了合规经营的经验。

华东院依托于中国电建的大平台，建立了较为完善的合规管理体系和制度。我们也希望通过这些体系和制度建立起的经验积累，协助中资企业少走弯路，规避合规风险，提高履约质量，从而进一步得到业主和社会的认可。华东院将与更多的中国工程建设企业一起在“一带一路”的道路上走深、走实，使其成为大家共同的机遇之路、繁荣之路。

CONTENTS
目录

Chapter 1 第一章

境外工程建设合规管理的重要性

“合规”一词源自英文 compliance，是指企业行为符合法律法规及其内部规章制度和商业道德的要求。企业合规管理本质上是对企业内部的自我管理提出了要求，不仅要求其合法合规，还要求其遵守企业自己制定的规章和社会承认的商业道德。近年来，随着中国“走出去”战略、“一带一路”倡议的推动，越来越多的企业走出国门，开始广泛参与跨国经营，而与此同时，越来越多的中国企业遭受海外合规处罚，引发了国内企业对于合规问题的关注和思考。

一、合规的起源

（一）企业合规思想的起源

合规思想最早可追溯到成立于 1906 年的美国食品和药物管理局（FDA）当时对食品和药物安全的监管，这促使部分企业开始将合规视为企业运营的一部分。20 世纪 50 年代，英国为发展外向型经济，向外扩张本土企业。尽管当时的英国法律以及各个行业的规章制度相对比较完善，但对外投资要做到“入乡随俗”，英国本土的法规、企业规章和文化理念等已不适用于投资所在国。在此背景之下，从国家、行业和人员三个层面考虑，英国率先推出合规。

（二）企业合规体系的诞生

20 世纪 60 年代，因电气设备行业龙头企业的垄断行为，美国开始反垄断大潮，政府在该领域重拳出击，合规管理随着美国《反托拉斯法》（反垄断法）的实施而得到了普及，在当时促使很多企业开始建立反垄断合规体系。

（三）企业专项合规体系的建设

20 世纪 70 年代，为应对这一时期出现的系列财务丑闻，美国证券交易委员会在 1977 年颁布了《反海外腐败法》，要求上市公司在贿赂、回扣、记账和其他方面执行合规政策。《反海外腐败法》在合规的世界发展史上具有标志性意义。一方面是因为该法在反腐败领域具有广泛的域外管辖效力，至今仍然是悬在各跨国企业头上的“达摩克利斯之剑”；另一方面是因为该法要求企业对资金往来进行准确的会计记录，从而直接介入了企业财务内控体系的建设。

1986年，美国发布了《环境审计政策声明》，将企业环保作为合规工作要点，鼓励公司对设备使用是否符合环保要求进行系统、定期和客观的检查，以确保公司合规体系的有效性，发现潜在的环保违规问题。同一年，美国军火企业联合起草了《国防工业的商业伦理与企业活动精神》，将自觉履行合规管理制度作为企业自律的要求。1988年，美国又通过了《内幕交易与证券欺诈取缔法》，进一步防止证券内幕交易。这一系列专项法案的制定推动了企业在问题领域专项合规体系的建设。

二、合规体系的成形与完善

（一）企业合规体系的成形

20世纪90年代以前的合规管理多集中在某些具体领域，从20世纪90年代开始，企业全面合规体系建设逐渐成形。标志性的事件是1991年美国量刑委员会发布《针对机构实体联邦量刑指南》（简称《量刑指南》）。

《量刑指南》主张将机构实体是否具备完善的合规体系作为减轻刑事责任的重要考量。该指南的出台标志着现代合规理念与合规标准的成形。企业按照《量刑指南》的合规标准审查现有合规体系或建立新合规体系。

1992年，关于通过控制危险废物跨越国境的转移和处置来防止危险废物对环境和人体健康造成危害的全球性国际公约——《巴塞尔公约》开始生效，目前已经有187个国家签署。

1995年，联合国首次提出“全球契约”的构想，号召企业以承诺遵守国际行为准则的方式，使经济活动兼顾社会公益，承担相关社会责任。2004 年，“全球契约”扩充形成人权、劳工标准、环境、反贪污四个方面的十项基本原则。

1997 年，经济合作与发展组织（OECD，简称经合组织）成员国达成《反对国际商业活动中向海外政府官员行贿行为公约》。

（二）企业合规体系的规范

2001—2002 年，安然有限公司和世界通信公司等企业发生财务造假丑闻，暴露出美国上市公司治理和财务审计方面存在的严重问题。为加强公司监管、重振投资者信心，美国国会于 2002 年通过《萨班斯-奥克斯利法案》（简称《萨班斯法案》），对美国上市公司财务监管中存在的问题作出了针对性规定。

《萨班斯法案》适用于所有在美国上市和准备赴美上市的公司，包括外国公司，如中国的阿里巴巴、网易等，因而对世界范围内的企业经营和合规管理产生了深远影响。

2004 年，巴塞尔银行监管委员会颁布《巴塞尔协议》，鼓励银行不仅要识别当前的风险，而且要识别将来的风险，并且改进现有的风险管理体系来管理这些风险。2005 年，巴塞尔银行监管委员会又发布了《合规与银行内部合规部门》高级文件。

这一时期对合规发展产生重要影响的，还包括 2004 年修订后的《针对机构实体联邦量刑指南》。修订后的《量刑指南》为评估合规体系的有效性规定了更为细致和严格的要求，包括但不限于：培养诚信合规的组织文化、强调管理层对合规体系的监督、加强员工合规培训和宣介、建立内外部风险评估机制等内容。

（三）企业合规体系的发展和完善

肇端于 2007 年的次贷危机席卷全美。为遏制金融违规、挽回公众信任，美国国会于2010年通过了《多德-弗兰克华尔街改革和消费者保护法案》。该法案的规则覆盖了几乎整个金融业和国民经济，旨在改善金融业责任制和透明度，避免再次发生经济危机，是美国金融业自大萧条以来最为深远的一次改革。

反腐败合规在这一阶段再次成为热点。以美国对德国西门子公司的反腐败执法案为代表，美国司法部和证券交易委员会在这一时期对大量跨国公司进行了反腐败调查和执法。受《反海外腐败法》巨额罚款的警示（西门子被罚约16亿美元）和会计条款的要求，众多企业开始不断加强自身的反腐败合规体系建设。

2010年，《量刑指南》再次修订，此次修订强调了合规官的独立性，对企业合规体系建设产生了不小的影响。

2010年，经合组织颁布《内控、道德与合规最佳行为指南》，要求企业制定明确的政策来禁止海外贿赂，制定针对所有员工的合规执行体系、相关交流和培训机制、完善的举报制度等。

2014年，国际标准化组织发布实施了《合规管理体系 指南》（ISO 19600），将合规管理分为建立和改进两部分，包括确定合规范围、建立合规方针、评估合规风险、制订应对计划、实施和控制、评估和报告、持续改进等阶段，为所有规模和类型的企业建立有效的合规管理体系提出了指导性建议。

2014年，亚太经合组织通过了《北京反腐败宣言》《亚太经合组织预防贿赂和反贿赂法律执行准则》《亚太经合组织高效率公司合规项目基本要素》。

2016年，国际标准化组织颁布了《反贿赂管理体系——要求和使用指南》（ISO 37001：2016），对于企业运营当中可能存在的不正当的利益往来行为，阐述了预防、发现和应对措施。

2017 年，美国司法部发布的《合规管理体系评估》罗列了问题样本清单，企业可以对照这份清单，对自身合规管理体系的充分性和效能进行评估。

2019 年，《量刑指南》更新版明确提出了 12 项评估合规体系有效性的指标，并在《商业组织联邦起诉原则》中明确提出了 3 个评价标准：合规体系是否设计良好？是否有效实施？是否实际发挥作用？

2021 年，国际标准化组织的《合规管理体系 要求及使用指南》（ISO 37301：2021）正式发布实施。ISO 37301 规定了组织建立、运行、维护和改进合规管理体系的要求，并提供了使用指南，适用于全球任何类型、规模、性质和行业的组织。

到目前为止，经营合规的概念已经深入商业领域的各个方面，各个国际组织都为构建全世界范围内公平、公正的合法合规经营环境不断努力着。而反过来对企业而言，经营风险不可能完全杜绝，但却可以利用已尽合规义务的规则来保护自身，并且利用合规管理规则来加强企业建设。可以说，合规潮流不可逆，主动拥抱使用才是正确的做法。

点评：

从合规的起源到完善成形这近一个世纪的发展历程之中，我们可以看到企业的合规从最初经济法的各领域，如反垄断法、证券和金融监管以及跨国商业行为，到现在已经扩展到经济和社会规制的各个领域。它从不同的企业和部门兴起，从最开始的分流和不同目标，到 20 世纪 90 年代，最终汇总成干流，初步形成相对完整的体系，而目前已经成为各国家、地区乃至全球商业组织和法律部门的共享制度。每一次合规的演变都是各个历史大事件迭代的结果，各个国家和组织都努力地从失败事件中总结经验，逐步完善并形成达成共识的合规规范。

站在企业的立场上，合规更多和“风险管理”“内控体系”联系在一起。对于风险事件而言，每一个风险事件有危又有机，危与机是共存的孪生兄弟。每一个风险事件，不只是事故，同时也是改进的契机，是推动前进的最深刻动力。因此，每个企业经营者都应充分意识到以下几点：

第一，合规要求不是对企业的约束，它最终的目标是引导全球商业环境朝健康有序、公平公正的方向发展。

第二，只有融入全球商业规则中，成为其中合格的一分子，才能接入全球的供应链环境，获取更多的业务机会，同时也能规避更多的风险。可以说，企业成为“合规组织”是参与全球竞争的最基本条件。

第三，注重企业发展过程中或者同行业中的每一次大事件，这是完善企业运行机制，规避运营风险的最好时机。

“走出去”与“全球性协作”是不可逆转的趋势，因时势而勃发的中国合规管理成为我国各个企业在国际化进程中的实践热点。但是源于美国并扩展到世界范围内的这一制度，在国内推行的时候的确有许多值得检讨的地方。中国式的公司治理、法治水平和大陆法系的制度局限性，限制了合规作用的发挥。然而，相对于开拓者，我们是幸运的，可以站在前人的肩膀上去处理合规问题。我们还需要不断地完善合规管理和制度，这正是我们向前迈进最正确的方向。

三、合规管理的基本概念

合规是指企业及其员工的经营管理行为符合有关法律法规、国际条约、监管规定、行业准则、商业惯例、道德规范和企业依法制定的章程及规章制度等要求，是企业通过制定合规政策，按照内部规范的要求统一制定并持续修改合规规范，监督内部规范的执行，以增强内部合规控制；对违规行为进行持续识别、监测、预警，防范、控制、化解合规风险的一整套管理活动和机制。

合规管理包括组织内部的自我审查和来自外部组织的监管，其主要内容包括（但不限于）：合规管理制度建设、合规文化建设、合规信息系统建设、合规咨询、合规培训、合规审核、合规审计、合规检查、合规考核、合规评价、合规报告、法律法规追踪、投诉举报处理、监管配合和合规问责等。

四、合规管理的意义

（一）中国当前合规管理的现状

合规管理理念和实践于 20 世纪 70 年代末由三资企业引入中国。就合规监管而言，我国也经历了由金融机构逐步向其他行业扩散的过程，目前我国政府对于企业合规管理体系的建设十分重视，要求各行业都应加强企业合规管理，完善企业合规建设。

2006 年 10 月，中国银监会颁布了《商业银行合规风险管理指引》，为商业银行合规风险的管理提出了指引。

2016 年 4 月，国务院国有资产监督管理委员会印发了《关于在部分中央企业开展合规管理体系建设试点工作的通知》，指出企业合规管理在中国移动、中国石油、东方电气集团、招商局集团、中国中铁等 5 家中央企业开始试点。

然而，和跨国企业相比，中国企业在合规问题的处理上相对落后，很多中小企业乃至部分大企业甚至都不知道合规管理的概念，而相对重视合规管理的企业，如华为、中兴和中国铁建等，其合规管理体系的构建也还处于起步阶段。我国对企业经营合规方面的相关法律法规也正在逐步完善过程中。

2008 年以来，中国企业大规模“走出去”，因为对国际上通行规则与非通行规则的认识不足或者理解不到位而产生了大量不合规的商业行为，导致企业受到经营所在地政府或者国际组织的制裁，这不仅给企业造成经济与声誉损失，还给中国企业国际形象带来负面影响。

在 2018 年，中兴通讯被美国政府处罚 14. 9 亿美元的同时，被列入美国禁售制裁名单，几乎濒临倒闭。同样是中国通信行业领头羊的华为也一直受到美国相关监管机构的调查。

近年来，随着中国企业国际化程度逐步加深，我国“一带一路”倡议持续推进，更多的中国企业，尤其是工程建设、工程服务类企业，参与到世界银行以及其他国际多边开发机构贷款项目的投标、建设及服务中。然而，自 2019 年新冠疫情暴发以来，贸易保护主义日渐盛行、民粹主义不断抬头，部分地区地缘政治紧张局势难见缓解，大国政治博弈进一步加剧。受台海问题、新疆问题、印巴问题、南海问题以及 2022 年愈演愈烈的俄乌局势影响，欧美部分国家或组织为打击我国经济社会的发展，对我国在海外上市、经营的企业或项目开展过度的审核与监管，这使中国企业面临的境外经营合规风险越来越大。

截至 2022 年 3 月 11 日，世界银行官网公布数据，尚在制裁名单上的中国企业和个人共计 196 个（不含港澳台），中国是受世界银行制裁企业数量最多的国家。这为“走出去”的中国企业在合规管理方面敲响了警钟。

（二）国家对企业境外经营合规管理的重视

国家对企业境外经营合规管理越来越重视。近年来陆续出台了规范企业境外经营行为、提升企业合规管理水平的方针政策，详见表1-1。

表 1-1　中国政府近年来发布的合规要求

时间	机　构	事　项
2010 年 8 月	商务部、外交部、国家发展改革委、公安部、国务院国资委、安全监管总局、全国工商联	·印发《境外中资企业机构和人员安全管理规定》 进一步加强新形势下境外中资企业机构和人员安全保护工作，保障“走出去”战略的顺利实施。
2011 年 7 月	国务院国资委	·发布《中央企业境外国有资产监督管理暂行办法》 目的是规范境外企业经营行为，维护境外国有资产权益，防止国有资产流失。
2013 年 2 月	商务部、环境保护部	·印发《对外投资合作环境保护指南》 引导企业积极履行环境保护社会责任，推动对外投资合作可持续发展。
2013 年 3 月	商务部	·印发《规范对外投资合作领域竞争行为的规定》 促进对外投资合作业务健康和可持续发展，规范企业海外经营行为，鼓励和保护公平竞争，杜绝不正当竞争行为，提升对外投资合作企业管理水平和竞争能力。

续 表

时间	机 构	事 项
2014 年 1 月	商务部、财政部	· 审议通过《对外劳务合作风险处置备用金管理办法（试行）》 目的是规范对外劳务合作企业的经营行为，保障外派劳务人员合法权益。
2014 年 8 月	商务部	· 审议通过《境外投资管理办法》 促进和规范境外投资，提高境外投资便利化水平。
2017 年 5 月	中央全面深化改革领导小组	· 审议通过《关于规范企业海外经营行为的若干意见》 提出要“加强企业海外经营行为合规制度建设”。
2017 年 12 月	国家发展改革委、商务部、人民银行、外交部、全国工商联	· 发布《民营企业境外投资经营行为规范》 从完善经营管理体系、依法合规诚信经营、切实履行社会责任、注重资源环境保护和加强境外风险防控等五方面对民营企业境外投资经营活动进行引导和规范。
2017 年 12 月	国家发展改革委	· 审议通过《企业境外投资管理办法》 加强境外投资宏观指导，优化境外投资综合服务，完善境外投资全程监管，促进境外投资持续健康发展。
2017 年 12 月	国家质量监督检验检疫总局和国家标准化管理委员会	· 发布《合规管理体系 指南》（GB/T 35770—2017/ISO 19600：2014） 为企业全面系统地建设合规管理体系提供了具体的指南。

续 表

时间	机 构	事 项
2018年8月	推进“一带一路”建设工作5周年座谈会	强调企业应规范投资经营行为，合法合规经营，注意保护环境，履行社会责任，成为共建“一带一路”的形象大使。
2018年11月	国务院国资委	·印发《中央企业合规管理指引（试行）》 对中央企业的合规管理体系建设提出了要求和建议。
2018年12月	国家发展改革委等七部委	·发布《企业境外经营管理指引》 对于推动企业持续提升合规管理水平提供了更加具体的行动指引。
2021年8月	国家市场监督管理总局和国家标准化管理委员会	·发布《合规管理体系 要求及使用指南》征求意见稿 该稿基于ISO 37301：2021进行修订并代替GB/T 35770—2017。

在2018年11月举行的民营企业座谈会上，习近平总书记指出，要在合法合规中提高企业竞争能力，形成更多具有全球竞争力的世界一流企业。在第二届“一带一路”国际合作高峰论坛上，习近平主席进一步明确，共建“一带一路”要引入各方普遍支持的规则标准，推动企业在项目建设、运营、采购、招投标等环节按照普遍接受的国际规则标准进行，同时要尊重各国法律法规。李克强总理也曾在批示中强调，强化合规经营意识是企业“走出去”的前提。他还要求国家发展改革委、商务部、国务院国资委、外交部四部委调查中国企业“走出去”遇到的问题，指导企业特别是国有大中型企业在经营中遵规守

法，切实防范风险。

2021 年 12 月，国务院国资委发布《关于进一步深化法治央企建设的意见》，提出认真落实全面依法治国战略部署，持续深化法治央企建设，着力构建世界一流企业的合规制度体系，不断提升依法治企能力，助推企业高质量发展。2021 年 12 月 3 日，国务院国资委再次召开中央企业“合规管理强化年”工作部署会，强调中央企业必须把强化合规放到贯彻习近平法治思想的高度来认识，放到落实全面依法治国战略的全局来部署，放到保障企业高质量发展的层面来推动，力争通过一年时间推动企业合规管理工作，建立健全企业合规管理体系，真正发挥规范管理、防控风险、支撑保障的重要作用。

同时，中国政府也更加积极地参与全球反腐败与合规管理的国际合作。2014 年亚太经合组织（APEC）北京会议通过了《北京反腐败宣言》（简称《宣言》），中国是《宣言》的发起者和参与者。此外，中国还参与发起并通过了《亚太经合组织预防贿赂和反贿赂法律执行准则》《亚太经合组织高效率公司合规项目基本要素》等重要文件。同时，中国也积极加入各类世界级别的公约，如《联合国反腐败公约》《国际商务交易中打击勒索和贿赂行为准则》等。作为中国的企业，必然要顺应全球合规治理加强的大趋势，履行公约所规定的义务，积极预防和应对商业贿赂，树立和维护国家形象。

（三）中国企业境外经营合规管理的重要意义

合规管理是企业稳健经营运行的内在要求，也是防范违规风险的基本前提，是每一个企业都必须重视且进行管理的一部分，也是保障自身利益的有力武器。

合规管理可以防止决策失误。领导者的权限较大，再小的决策失误都有可能引发公司的多米诺效应。合规化管理能够通过约束高层领导人员的相关行为，最大限度地减少因决策失误而带来的经营风险。

合规化管理是规范员工行为的有效手段，通过建构科学的企业合规文化以及合规体系，有利于让员工养成合规化的习惯，避免违规风险。同时在制度层面向广大员工普及合规管理的相关条例，有利于让员工自觉自律地避免违规化操作。

对于境外经营的中国企业来说，合规管理还有着更多更高层次的意义。

1. 树立和维护国家形象的需要

跨国企业虽然具有国际性，并且遵循基本的商业逻辑行事，但在以国家为主体的当代世界中，让人产生的第一印象还是其国家形象。如果中国企业在"走出去"的时候能够塑造一个遵规、亲和、友善、负责的中国形象，就会减少许多冲突和困境。因此，建立合规体系并使其有效运行，是使企业所有商业活动始终保持合法合规的基本保障，是中国企业在境外经营时，树立和维护国家整体形象、提升企业国际声誉的最基本条件。

2. 文化融入的需要

在国际市场上，我国企业在工程建设领域技术方面的差距并不大，但在管理和文化层面还有很大差距。因此，建设与国际经营接轨的先进企业文化，转变思想观念、改变思维方式，成为我们参与国际竞争的关键因素。

在合规经营、反对腐败成为主流价值观的大背景下，我们首先要创新的就是合规文化。要把文化理念转变为行为，需要通过建立系统的制度，将合规要求融入具体的工作流程及岗位中，持之以恒地严格执行。将表面的合规管理逐渐变成习惯，形成一种严谨的行为方式。通过合规制度的建立与执行、合规文化的培育，将管理文化由任意型、粗放型向信誉型、集约型转变。

中国文化比较强调变通、灵活，有时候这是优点，有时候就容易出问题。企业要想真正融入国际大家庭，实现做强做优，就必须对我们的行为方式和道德文化进行认真反思和总结，学会遵守国际游戏规则，才有可能自立于世界大企业之林。

3. 市场竞争的需要

随着中国企业的发展壮大，一部分中国企业已处于发展变革的重要阶段。在这个阶段中，一是面临更多、更复杂的合规风险。二是在合规要求更严格的环境下参与市场竞争是未来的发展趋势，这就决定我们只有走合规经营之路，才能防范合规风险，才能在世界范围内和发达国家跨国公司竞争。而合规经营又能反过来提升企业的信誉，从而增强国际竞争能力。通过行为的合规来进一步保障执行结果正确，这也是提升企业经营质量的必选之路。

4. 防范政治风险的需要

当前，世界正在经历大变局，人类社会进入大发展、大变革的新时代。世界多极化、经济全球化、社会信息化、文化多样化持续发展，全球治理体系和国际秩序变革持续推进，各国相互联系和依存大大加深，国际力量分布趋于重构，国际社会对于可持续发展的呼声更加强烈。与此同时，新冠疫情在世界范围内持续蔓延，国际及地区安全形势日趋复杂，全球性威胁挑战日益上升。国际上少数势力继续顽固奉行单边主义，诉诸强权政治，干涉他国内政，损害他国正当权益，制造矛盾、分歧和对抗，阻碍人类社会发展进步。

在这样恶劣的国际形势背景下，作为后起之秀的中国企业，在国际市场上的一举一动都备受关注，一旦出现失误就会被无限放大、抹黑。如何保持合规经营，不被某些国家用经济规则的借口制约发展，对于应对极高的地缘政治风险具有积极意义。

（四）工程建设企业境外经营合规管理的重要性

自2013年我们提出共建“一带一路”倡议以来，引起越来越多国家热烈响应，共建“一带一路”正在成为我国参与全球开放合作、改善全球经济治理体系、促进全球共同发展繁荣、推动构建人类命运共同体的中国方案。而这其中，对外工程承包企业是共建“一带一路”的“排头兵”和“重点戏”，我们与“一带一路”沿线国家一起，以基础设施互联互通建设为起点和重点，共同建设了许多重大项目，对切实改善相关国家的基础设施状况发挥了重要作用。互联互通的基础设施发展目标更为对外工程承包业务注入了活力和动力。

随着共建“一带一路”向高质量发展方向不断推进，对外承包工程业务面临发展方式创新、合规合法经营等重大挑战。近年来，每年政府报告都指出了：高质量共建“一带一路”，坚持共商共建共享。其中特别强调要“遵循市场原则和国际通行规则”。这必然要求“走出去”的中国企业把境外合规经营放在首位，不搞内幕交易，不钻漏洞空子，树立起境外合规经营优秀典范的形象，让国际社会看到，惠及世界人民的“一带一路”是有规矩、守规矩的“一带一路”。同时，企业也能通过完善合规运营体系，形成合规文化，进一步提升在国际市场中的声誉和竞争力，朝着良性、健康的方向行稳致远。

五、合规管理与风险管理和企业内部控制的关系

（一）三者的含义

1. 合规管理

合规管理的定义如前文所述。

2. 内部控制

内部控制是指企业和各个组织在经济活动中建立的一种相互制约的业务组织形式和职责分工制度，是为了实现其经营目标，保障资产的安全、完整，保证会计信息资料的准确可靠，确保企业经营方针的贯彻执行，以及经营活动的经济性、效率性、效果性，而在企业内部采取的自我调整、约束、规划、评价和控制的一系列方法、程序与措施的总称。

1980 年后，美国 COSO 委员会（全美反舞弊性财务报告委员会发起组织）将“内部控制”定义为“一个组织设计并实施的程序，以便为达到该组织的经营目标提供合理保障”。

在 COSO 委员会制定的内部控制框架中，把内部控制活动分成五大组成部分，即控制环境、风险评估、控制活动、信息与交流、监督评审。

2002 年，美国成立的上市公司会计监管委员会明确采用了《COSO 内部控制整合框架》作为内控评价的标准体系。许多国家和地区的资本市场也采用了《COSO 内部控制整合框架》，有些国家和地区在参照该框架的基础上建立了自己的内控体系。

我国在 2005 年先后出台了《上交所上市公司内部控制指引》和

《深交所上市公司内部控制指引》两个文件。这两个文件参照了美国《萨班斯法案》的要求，在理论体系上和《COSO 内部控制整合框架》一脉相承。

3. 风险管理

风险管理是指通过对风险的识别、评估，选择最有效的应对方式，在事前主动地、有目的地、有计划地处理风险，以最小成本争取获得最大安全保证的管理方法。

企业风险管理理论的发展大致分为三个阶段。

第一阶段是以“安全和保险”为特征的风险管理。100 多年前航运企业风险管理的主要措施就是通过保险把风险转移给保险公司。

第二阶段是以“内部控制和控制纯粹风险”为特征的风险管理。随着工业革命的发展，公司对业务管理和流程方面的内部控制提出了要求。美国 1977 年的《反海外腐败法》要求公司管理层加强内部会计控制，1992 年的《COSO 内部控制整合框架》提出以财务管理为主线的内部控制系统。

第三阶段是以“风险管理战略与企业总体发展战略紧密结合”为特征的全面风险管理。风险管理实践表明，仅靠内部控制难以实现企业的最终目标。为此，COSO 委员会于 2004 年 9 月出台了《COSO 企业风险管理整合框架》，提出了由三个维度构成的风险管理整合框架。

我国国务院国资委于 2006 年发布《中央企业全面风险管理指引》，标志着我国中央企业建立全面风险管理体系工作的启动。

（二）三者的侧重点

合规管理是内部控制的一个重要方面，也是风险管理的一个关键环节。内控制度的完善离不开合规化的管理及操作。

这三者各有侧重点，详见表1–2。

表1–2　合规管理、内部控制与风险管理的侧重点

合规管理	内部控制	风险管理
1. 反商业贿赂、反欺诈、反舞弊； 2. 反垄断、反不正当竞争、反洗钱； 3. 贸易管制、海关估值、转移定价； 4. 数据安全、信息保护、隐私保护； 5. 高管刑事责任； 6. 税务合规； 7. 安全健康环保； 8. 知识产权保护。	1. 组织架构的设计与运行； 2. 发展战略的制定与实施； 3. 人力资源的引进与开发、使用与退出； 4. 安全生产、产品质量、环境保护与资源节约、促进就业与员工权益保护； 5. 企业文化的建设与评估； 6. 资金活动：筹资、投资和资金营运； 7. 采购业务：购买、付款； 8. 资产管理：存货、固定资产、无形资产； 9. 销售业务：销售、收款； 10. 研究与开发：立项与研究、开发与保护； 11. 工程项目：立项、招标、造价、工程建设、工程验收； 12. 担保业务：调查评估与审批、执行与监控； 13. 业务外包：承包方选择、外包实施； 14. 财务报告：编制、对外提供、分析利用； 15. 全面预算：编制、执行、考核； 16. 合同管理：合同订立、履行； 17. 内部信息传递：内部报告的形成、内部报告的使用； 18. 信息系统：开发、运行与维护。	1. 战略风险； 2. 财务风险； 3. 市场风险； 4. 运营风险； 5. 法律风险； 6. 环境风险； 7. 政策风险； 8. 技术风险。

合规管理的核心是若企业不合规，“企业及相关利益主体将遭遇声誉损害、高额赔偿，乃至刑事处罚”。将企业和个人行为纳入合规管理体系中，保障主体不因不合规而遭受以上损失。这是合规管理的驱动力，也是合规管理的内在核心。完善的合规体系可成为减轻责任的抗辩理由，这是合规可创造的价值，也是锦上添花的事。

内部控制的核心是“通过内部控制五要素，对管理层及员工的行为进行约束，以尽可能实现企业的运营有效、报告可靠、合规这三大目标”。内部控制可以帮助企业实现业绩和盈利目标，同时又保证企业出具的财务报告可靠和企业行为符合法律法规。

风险管理的核心是“以可接受的成本保护和创造价值”。可接受的成本是指企业对风险的偏好程度，保护价值是指企业进行风险管理的基本目的，创造价值是指企业运用风险带来的机会，它是企业进行风险管理的高级目的。随着社会波动性、复杂性和模糊性日益增加，以及利益相关者的参与度越来越高，企业更加需要完善的风险管理机制来应对。将风险管理贯穿于整个企业会产生许多好处，包括增加新的机遇、识别和管理企业的风险、增加竞争优势、减少负面损失、降低绩效偏离度、改善资源部署、提升企业韧性等。近年来，基于风险导向的管理理念逐渐兴起，企业管理中常见的公司治理、企业文化、战略管理、绩效管理、危机管理等方面都可以使用风险管理框架，以促使其更好地标准化、科学化。

（三）三者的关系

合规管理、内部控制、风险管理都是企业治理与管理必不可少的一部分。在经济与社会不确定性不断增加的情形下，以及政策作为经济与社会治理的重要手段不断加强的时代中，在历经一些惨痛教训之后，三者都越发显得重要。

与战略管理、营销管理、人力资源管理等职能与职责相比，合规管理、内部控制与风险管理在企业中偏向于基本保障、风险预防。如果将企业比喻为一辆向前行驶的车辆，那么合规管理、内部控制与风险管理应该类似于刹车、前后护栏、ABS（防抱死制动系统）等组合在一起的功能。

合规管理、内部控制、风险管理侧重的视角不同。合规管理强调对规则（法律、规章制度、商业伦理、当地宗教和文化）的遵守，内部控制强调对行为（企业各层级、业务各环节）的限制，风险管理强调对未来不确定性事件的控制。

合规是内部控制要达到的目标之一，而内部控制则被涵盖在企业风险管理之内，是风险管理的一个基础和组成部分。因此，从三者的内涵来看，合规管理小于内部控制，内部控制小于风险管理。但从价值上来看，三者目前并不是可以相互取代的。

Chapter 2 第二章

泰国概况

一、地理位置和人口分布

（一）地理位置

泰王国（简称泰国）地处中南半岛中部（北纬 5°30′—21°，东经 97°30′—105°30′），东南临太平洋泰国湾，西南临印度洋安达曼海。西部及西北部与缅甸交界，东北部与老挝毗邻，东连柬埔寨，南接马来西亚，国土面积为 51.3 万平方千米。

泰国首都曼谷位于东 7 时区，当地时间比北京时间晚 1 小时，不实行夏令时。

（二）人口分布

据泰国统计局数据，截至 2022 年底，泰国拥有泰籍的人口共有 6510.6 万人，其中男性约占 48.8%，女性约占 51.2%。从地域分布来看，在全国 77 个府级行政区中，曼谷人口最多，约 553 万人，占全国总人口的 8.4%。人口最多的 5 个府分别为曼谷、呵叻、乌汶、孔敬、清迈。

泰国共有 30 多个民族，泰族为主要民族，占人口总数的 40%，其余为老挝族、华族、马来族、高棉族，以及苗、瑶、桂、汶、克伦、掸、塞芒、沙盖等山地民族。

点评：

泰国一直面临着人口老龄化以及出生率低的问题。新冠疫情发生以来，泰国人口出生率持续降低。泰国每年的出生人口数量已由原来的 60 万~80 万人，降低至少于 60 万人。据统计局 2021

年数据显示，泰国新生人口约为54万人，与50年前相比，下降数量过半，而死亡人口为56万人，将新生人口与死亡人口数据对比后发现，泰国人口呈现负增长趋势，2022年泰国老年人口（年龄超过60岁）占总人口的20%（即1290万人）。根据泰国玛希隆大学人口与社会研究院数据显示，不出10年，泰国将进入人口老龄化高峰期。届时，老年人数占比将高达28%。据2022年5月泰国人口普查数据显示，97.5万人为非泰籍人士，较2021年的97.3万人有所增加，其中，有71万人国籍不明，而泰国跨国籍劳工人士每年的新生儿数量为3万人。鉴于此，放宽泰国国籍申请条件这一措施，或将有助于泰国解决当前人口老龄化危机。

二、自然环境和自然资源

（一）自然环境

1. 气候条件

泰国全国大部分地区属热带季风气候，全年明显分为热季（2—5月中旬）、雨季（6—10月中旬）和旱季（11月—翌年2月）3个季节。全年平均气温27.7℃，最高气温可达40℃以上。年平均降水量为1100毫米，平均湿度为66%~82%。

2. 地形地貌

泰国地形平面形状宛如象头，南北距离1620千米，东西宽775千米。北高南低，由西北向东南倾斜，50%以上为平原和低谷地。位于清迈府的因他暖山海拔2595米，是泰国的最高峰。

3. 水系

湄南河（又称昭披耶河）和湄公河是泰国的两大主要水系，除此之外，境内还有他彼河、蒙河等一些较小的河流。湄南河是泰国第一大河，自北向南纵贯泰国全境，从泰国西北部的掸邦高原，流到南部平坦地区，形成湄南河三角洲，最后注入泰国湾，全长1352千米，流域面积16万平方千米。

湄公河发源于中国唐古拉山的东北坡，在中国境内叫澜沧江，流入中南半岛后的河段称为湄公河。湄公河干流全长4909千米，是亚洲最重要的跨国水系，世界第六大河流。河流主源为扎曲，发源于中国青海省玉树藏族自治州杂多县，流经中国、老挝、缅甸、泰国、柬埔寨和越南，于越南胡志明市流入南海。

（二）自然资源

1. 林业资源

泰国全国森林面积1440万公顷，森林覆盖率25%。有30多万种植物，不少属珍贵林木。热带常绿乔木有榕树、露兜树、樟树、金鸡纳树等，季风林木主要有柚木、铁树、沙尔树和杧果树，此外还生长各种藤以及竹子。柚木是主要的名贵木材。

2. 矿产资源

泰国拥有丰富的矿产资源。泰国天然气储量3659.5亿立方米，石油储量2559万吨，煤矿储量15亿吨。根据英国石油公司（BP）发布的《2022年世界能源统计年鉴》数据，2021年泰国石油日产量为39.8万桶，占全球日产量的0.4%；天然气产量为315亿立方米，占全球总量的0.8%。

此外，泰国的金属矿资源主要有锡、钨、锑、铅、锰、铁、锌、铜、钼、镍、铬、铀、钍等。锡矿是泰国最重要的矿产，总储量约150万吨，占世界总储量的12%，居世界首位。非金属矿产方面，钾盐储量约为4367万吨，居世界首位，岩盐储量29亿吨，碳酸钾储量2.4亿吨，萤石储量约1150万吨，其他矿产还有重晶石、红宝石、蓝宝石、石膏等。

三、经济状况和发展规划

（一）经济状况

近年来，泰国经济呈现波动增长态势，但基本维持了正增长。2020年，受新冠疫情影响，泰国经济大幅度下滑，出现6.2%的负增长，其支柱产业旅游业受疫情冲击最为严重。2021年，随着全球经济复苏，泰国经济恢复正增长，当年GDP增长1.6%，GDP规模为5131.7亿美元，排名世界第27位，人均GDP为7336.1美元，排名第102位，属于中等偏上收入国家。在东盟十国当中，泰国的GDP总量仅次于印度尼西亚，排名第二，人均GDP排名第四，居于新加坡、文莱和马来西亚之后。2017—2021年泰国主要经济数据见表2-1。

表2-1　2017—2021年泰国主要经济数据

指标	2017年	2018年	2019年	2020年	2021年
人均GDP（美元）	6596.2	7296.0	7813.6	7167.5	7336.1
名义GDP（亿美元）	4565.2	5065.5	5440.3	5002.9	5131.7
实际GDP增速（%）	4.2	4.2	2.2	-6.2	1.6
通货膨胀率（%）	0.7	1.1	0.7	-0.8	1.2
财政收入占GDP的比重（%）	21.1	21.4	21.0	20.7	20.3
财政支出占GDP的比重（%）	21.5	21.4	21.8	25.4	28.1

续 表

指标	2017 年	2018 年	2019 年	2020 年	2021 年
财政余额占 GDP 的比重（%）	-0.4	0.1	-0.8	-4.7	-7.8
公共债务（亿美元）	6369.3	6781.0	6901.8	7892.3	9293.8
公共债务占 GDP 比重（%）	41.8	41.9	41.1	49.8	58.0
商品出口（亿美元）	2366.0	2530.0	2463.0	2316.0	2712.0
商品进口（亿美元）	2215.0	2482.0	2363.0	2062.0	2676.0
经常账户余额（亿美元）	439.5	284.2	380.4	211.8	-109.0
经常账户余额占 GDP 的比重（%）	9.6	5.6	7.0	4.2	-2.1
失业率（%）	1.2	1.1	1.0	1.7	2.0

资料来源：国际货币基金组织、世界贸易组织。

（二）重点/特色产业发展情况

1. 农业

农业是泰国的支柱产业。泰国全国耕地面积约 1500 万公顷，占国土总面积 31%，2021 年农业产值占 GDP 比重超过 10%。农产品是泰国重要出口商品之一，主要农产品包括稻米、天然橡胶、木薯、玉米、甘蔗、热带水果等。泰国是世界第一大橡胶生产国和出口国以及第一大木薯和大米出口国。橡胶年产量约 450 万吨，占全球总产量 1/3。所产橡胶绝大部分出口，年出口量占全球橡胶出口总量 40%～45%。泰国木薯产量世界第三，60%用于出口。2020 年，出口木薯 694 万吨，出口额 823.13 亿泰铢。泰国大米主要出口市场包括中国、贝宁、美国、南非等。2020 年，出口大米 572 万吨，出口额 1159.15 亿泰铢，

2. 工业

泰国工业属出口导向型，工业产值占 GDP 比重约 30%，重要门类

有采矿、纺织、电子、塑料、食品加工、玩具、汽车装配、建材、石油化工、轮胎等。泰国是东南亚地区的汽车生产基地，2021 年泰国汽车产量 168.5 万辆，位居全球第十位。泰国汽车生产条件优越，产业链齐全。马自达、本田、丰田、日产、三菱等知名日系公司是在泰主要汽车产业的投资商，泰国是目前全亚洲仅次于日本和韩国的第三大汽车出口国。近年，中国上汽、长城汽车等也在泰国投资设厂。泰国的电子设备制造也是泰国特色产业，日韩的主要电器公司，如索尼、松下、东芝、日立、三星等都已落户泰国，并逐渐将生产基地搬迁到泰国。

3. 旅游业

泰国旅游资源丰富，有 500 多个景点，主要旅游地点有曼谷、普吉、芭堤雅、清迈、清莱、华欣、苏梅岛等。旅游业是泰国服务业的支柱产业。旅游业对于泰国经济增长有重要影响，据世界旅游组织估计，旅游及其带动相关产业占泰国 GDP 的近 1/5，而且旅游行业也提供了泰国约 1/5 的就业。

伴随疫情防控的放松，2022 年和 2023 年旅游业恢复成为泰国经济增长的主要推动力之一。泰国自 2022 年 5 月 1 日起大幅放松国内防疫措施，并进一步放宽入境条件。受旅游业反弹推动，2022 年第三季度泰国 GDP 同比增长 4.5%，这是泰国 GDP 5 个季度以来的最快增速。2022 年 10 月 1 日起，泰国取消所有与新冠疫情相关的入境政策，入境政策恢复至新冠疫情前。11 月泰国主办的亚太经合组织（APEC）会议对旅游业乃至经济增长复苏有直接的催化效果。泰国国家经济和社会发展委员会预计，2023 年约有 2350 万人次国际游客入境。由于赴泰国旅游的国际游客数量的回升速度快于预期，预计泰国 2023 年 GDP 增长率有望升至 4.2%（过去 10 年的最高水平）。

（三）发展规划

1. “十三五”规划

2021 年 1 月泰国内阁审议通过了“十三五”规划，作为 20 年国家战略发展总体规划的第二个五年计划，指导 2023—2027 年泰国经济可持续发展（见表 2-2）。

表 2-2 泰国“十三五”规划主要目标

发展目标	具体目标	2027 年预期目标
调整制造业结构向创新型产业转型	人均国民收入	8800 美元
培养新时代人才	人类发展指数	0.820（非常高水平的人类发展）
创建公平和机会均等的社会	贫富差距	排名前 10%与后 40%人口财富之比小于 5
过渡到可持续发展模式	温室气体	温室气体排放总量减少不低于 15%
增强国家应对新形势变化风险的能力	遵守国际卫生法规和卫生应急准备的能力	整体 90%，每项核心能力不低于 80%
	气候风险排名	5 年（2023—2027 年）平均评分不低于 40
	数字竞争力排名	第 33 名
	政府效率等级	第 15 名

资料来源：泰国国家经济和社会发展委员会办公室。

2. 泰国 4.0 战略

2016 年，巴育政府首次提出泰国 4.0 战略，作为泰国未来 20 年经济社会发展目标，旨在通过创新和技术手段发展高附加值产业，带领泰国走出中等收入陷阱，增强其竞争力。泰国锁定了十大目标产业，5

个为泰国原有的优势产业——现代汽车制造业、智能电子产业、高端旅游及保健旅游业、农业和生物技术、食品加工业，5 个为提供投资新机会的未来产业——机器人制造业、航空业、生物燃料和生物化学、数字经济、全方位医疗产业。

3. 东部经济走廊

泰国政府于 2015 年提出东部经济走廊（EEC）计划，旨在吸引外商对东部经济走廊地区进行投资，泰国 4.0 战略将发展东部经济走廊作为核心目标。2018 年 5 月，《东部经济特区法案》正式颁布实施。

东部经济走廊计划连接了泰国的北柳、春武里和罗勇 3 个地区，重点发展新一代汽车、智能电器、自动化与机器人技术、数字化、航空与物流、国防、先进的农业与生物科技、生物能源与生物科技、教育与人力资源开发、食品加工、医疗与综合保险等产业，完善该地区高铁、公路等基础设施建设。

4. 南部经济走廊

2018 年 8 月 21 日，泰国内阁会议正式批准了南部经济走廊（SEC）项目，该项目主要包括在拉廊建立一个通往缅甸、孟加拉等国的港口，在泰国湾及春蓬府之间修建一条双轨铁路，以及促进南部省份农产品加工业发展。项目将先在 4 个府区展开试点，其余府区将在未来跟进。

5. 数字经济法案

泰国经济促进委员会于 2020 年 10 月发布泰国数字发展路线图，推动泰国数字经济转化，与快速发展的科技、消费习惯和商业环境相协调，在未来 20 年帮助泰国在数字经济上取得成功。该数字路线图分为四大部分：一是建设数字科技人才库；二是发展数字经济；三是推动社区数字能力建设；四是通过智慧城市、大数据和网络安全发展，建设数字创新生态体系。

6. 新投资促进战略框架（2023—2027年）

2022年10月，泰国投资促进委员会批准了新的五年期投资促进战略框架（2023—2027年）。该战略框架旨在帮助泰国调整经济结构，确保泰国在后疫情时代的世界竞争中更富有创新力、竞争力和包容性。该战略框架将重点鼓励技术进步、向绿色和智能产业过渡、人才开发以及创造力和创新，使泰国成为新工业投资基地和国际商业中心，以应对全球挑战。

四、国家象征和政治制度

（一）国家象征

1. 国名

泰国的正式全称为“泰王国”。过去，泰国一直以暹罗、暹逻作为国名。銮披汶·颂堪元帅在1939年6月23日至1945年9月8日期间，将暹罗改称“泰国”，带有泛泰民族主义色彩。1945年9月8日，泰国复称为“暹罗王国”。1949年5月11日，暹罗正式更名为“泰王国”，并沿用至今。

2. 国旗

泰国现行国旗（见图2-1）采用于1917年9月28日，由国王拉玛六世设计，是一面三色旗，由红、白、靛、白、红五条横带组成，靛带比红、白带宽一倍。红色代表泰国的国土与民族；白色原指上座部佛教，后来则被解释为宗教之意；靛色则是指王室和国王。

图 2-1　泰王国国旗

3. **国徽**

泰王国国徽（见图 2-2）是由拉玛六世在 1910 年启用的，图案为一只呈人身鸟翅形态的迦楼罗，是印度佛教典籍中记载的一种神鸟，其身肚脐以上如天王形，只有嘴如鹰喙，面呈忿怒形，露牙齿，肚脐以下也是鹰的形象。头戴尖顶宝冠，双发披肩，手戴环钏。身后两翅向外展开，其尾下垂，散开。迦楼罗是印度教中三位主神之一的毗湿奴的坐骑，用以装饰拉玛九世国王的节杖和皇室旗帜。泰国的许多政

图 2-2　泰王国国徽

府机构都将迦楼罗的形象运用到他们的徽章上。此外，迦楼罗还象征着“受皇室任命、指派”的意思，部分获得杰出经济成就或在慈善事业获得显著成就的机构，会被授予此标志，表示该机构是受皇室正式批准的。

4. 国歌

泰国歌名为《泰王国歌》。1939 年暹罗更改国名为“泰王国”，并进行了一轮新国歌填词竞赛，峦・沙叻努帕潘上尉所谱的新词胜出，歌词大意是鼓励泰国军人上前线奋勇作战，保家卫国。当时的总理銮披汶・颂堪元帅颁布采用新的标准歌词和一切有关礼仪之法令，一直沿用至今。歌词大意为：全泰之民，血肉相连，泰之寸土，全民必卫，历来无异，同德同心，弗怠弗懈，平和安宁，国人所爱，倘有战事，我等无惧。独立主权，誓死捍卫，为国作战，淌尽鲜血，在所不惜，以骄傲和胜利，献给我们的祖国，泰国万岁！

每天 08：00 和 18：00，在泰国所有公园、火车站、捷运站、商场、街道、公交转运站、学校、广播电台以及电视台都要播放国歌，从无例外。任何人士听到国歌，都必须立即面向国旗肃立（若于室内或所在地无悬挂国旗，仅需原地肃立），并除下帽子以示敬意。严格来说，泰国警方对任何对国歌、国旗或王室成员等不敬之人都要立即进行逮捕，无论其是何国籍。

5. 国花

在 2001 年泰国才正式将金链花定为泰国的国花，与大象、凉亭一起被定为代表国家形象的三大象征物。金链树枝繁叶茂，高大挺拔，而且非常容易种植，非常抗旱，在泰国的大部分地区都能够看见金链树的身影。金链花金灿灿的花色象征着富贵、丰收和喜悦，而且金黄色也是泰国前国王普密蓬的吉祥色，因此金链花被誉为皇家之花，象征着皇室地位以及泰国人民团结和谐。

（二）政治制度

1. 政治制度

泰国实行君主立宪制。国王是国家元首和军队最高统帅，是国家主权的代表和国家统一的象征。现任国王为拉玛王朝十世王哇集拉隆功，于 2016 年 10 月 13 日即位，2019 年 5 月 4—6 日举行加冕仪式。

2. 宪法

自 1932 年泰国颁布首部宪法确立君主立宪制以来，泰国已经有 20 部宪法。尽管这些宪法都要求建立君主立宪制国家，但政府各部门之间的权力分立差别很大。泰国 1997 年宪法通常被称为“人民宪法”，被认为是宪法起草工作公众参与程度以及其条款民主性质的里程碑。它规定了两院为立法机构，两院均由选举产生；第一次明确承认了人权，并制定了加强民选政府稳定的措施。

泰国现行宪法于 2017 年 4 月 6 日经哇集拉隆功国王御准生效，系泰国第 20 部宪法。

3. 政府

泰国政府由 1 名总理和不超过 35 名部长组成，总理是政府首脑，由国会选举经国王任命产生，任期为 4 年。根据总理的提名任命政府部长和内阁成员。泰国的政府机构包括总理府、19 个政府部委、6 个不隶属总理府或部委的政府部门和 7 个依照宪法成立的独立机构。现任政府于 2019 年 7 月 10 日经国王批准组成。

2019 年 6 月，巴育·占奥差高票连任总理。泰国政府现任内阁成员包括 6 位副总理以及外交、财政、交通等各部部长、副部长共 34 人。

点评：

泰国政府新一任大选日期为2023年5月7日。2023年3月17日，泰国总理巴育发布解散国会的法令，为即将到来的大选铺平道路。

2023年1月，巴育加入了2021年3月成立的合泰建国党，并被提名为下届总理候选人。随后，泰国执政联盟的国民力量党提名该党主席、现任副总理巴威为该党下届总理候选人。为泰党也宣布将前总理他信的小女儿佩通坦·西那瓦定为总理候选人。

4. 国会

根据泰国2017年4月6日正式颁布实施的新宪法，泰国国会由国民代表议院（下）和参议院（上）两院组成。国民代表议院设500个议席，由全国选举（350个）和有比例的选举（150个）产生，任期4年。参议院设250席，全部由军方“全国维持和平委员会”任命，其中6席由武装部队最高司令、海陆空三军司令、国家警察总监和国防部次长6人自动担任。参议院有权与国民代表议院一起决定总理人选，且具有控制、监视、进谏政府，审议、修改和废除法律，以及推动对总理的弹劾等权力。

本届国会于2019年5月成立，现任国会主席兼下议院议长川·立派，国会副主席兼上议院议长蓬佩·威奇春猜。

点评：

泰国本届国会会期到2023年3月23日为止，在3月17日，泰国总理巴育发布解散国会的法令。根据泰国宪法，国会休会后45天要举行大选，选委会因此设定5月7日为大选日。巴育宣布提前解散国会的情况下，解散后45天到60天内必须举行大选。

5. 司法体系

泰国属大陆法系，以成文法作为法院判决的主要依据。司法机构由宪法法院、司法法院、行政法院和军事法院构成。资产等案件进行终审裁定，以简单多数裁决。

宪法法院由 1 名院长及 14 名法官组成，院长和法官由上议长提名呈国王批准，任期 9 年。

行政法院主要审理涉及国家机关、国有企业及地方政府间或公务员与私企间的诉讼纠纷。行政法院分为最高行政法院和初级行政法院两级，并设有由最高行政法院院长和 9 名专家组成的行政司法委员会。最高行政法院院长任命须经行政司法委员会及上议院同意，由总理提名呈国王批准。

军事法院主要审理军事犯罪和法律规定的其他案件。

司法法院主要审理不属于宪法法院、行政法院和军事法院审理的所有案件，分最高法院、上诉法院和初审法院三级，并设有专门的从政人员刑事厅。泰国另设有司法委员会，由最高法院院长和 12 名分别来自三级法院的法官代表组成，负责各级法官任免、晋升、加薪和惩戒等事项。司法委员会下设秘书处，负责处理日常行政事务。

（三）主要党派

1. 民主党

民主党是泰国历史最悠久、党员人数最多的政党，成立于 1946 年 4 月 6 日，党员人数超过 17 万人。其成员主要来自政界、法律界、经济界以及知识分子等精英阶层。政策趋向于维持君主立宪制度，维护泰国中产阶级利益。2019 年 5 月，朱林当选民主党新党首。民主党作为当前联合政府成员，掌控商业部、农业与合作部和社会发展与人类安全部。

2. 国民力量党

国民力量党是在2018年由现任泰国军政府中的部分平民阁员所创立的亲军方和主张保守主义的政党。2018年9月29日，现任总理巴育的4名时任内阁成员，包括工业部长乌达玛、商业部长颂提拉、科技部长素威、总理府部长科萨，在当日举行的国民力量党建党会议上宣布加入这一政党的组建进程，乌达玛在会议上当选党首，颂提拉当选秘书长。2019年3月举行的议会下议院全国选举中，国民力量党获得选票数量位居第一，是现任联合政府中掌控部委席位最多的党派，包括国防部、能源部、财政部、外交部、教育部、劳工部、内政部、工业部、文化部、数字经济和社会部等。

3. 泰爱泰党

泰爱泰党曾是泰国的主要政党之一，1998年由前总理他信创立并任党魁，2001—2006年泰国军事政变前为执政党。2007年泰爱泰党被判在大选中舞弊罪名成立，遭到解散。部分党员在泰爱泰党解散之后加入1998年成立的人民力量党，该党被视为泰爱泰党的化身。2007年，人民力量党在大选中获得多数票，并与其他五党共同组成联合政府。2008年12月，宪法法院裁定人民力量党在2007年大选中贿选罪名成立，予以解散，后人民力量党再被解散，部分党员重新成立为泰党。

4. 为泰党

为泰党成立于2007年9月20日，创始人是班中萨・翁拉达纳万，为泰党与泰国前总理他信领导的泰爱泰党有着千丝万缕的联系，在政治主张上一脉相承。该党曾于2011年7月3日的国会选举中赢得500个议席中的265席，成为国会第一大党和执政党。该党总理候选人前总理他信·西那瓦的妹妹英拉·西那瓦出任泰国第28任总理，成为泰国历史上首位女总理，后因“大米渎职案”被泰国最高法院判决罪名成立，英拉流亡海外。2019年3月举行的议会下议院全国选举中，为泰党获得下议院席位数量最多，成为最大反对党。

5. 泰自豪党

泰自豪党成立于2008年11月5日，创始人是披帕·普隆瓦拉蓬，党员7.5万人，2019年大选时主张以“大麻自由化”推动发展泰国经济，现任党首阿努廷当选副总理兼卫生部长。

6. 远进党

远进党成立于2014年5月1日，原名泰国共同发展党，创立之初以“共同发展，打击腐败，坚持泰国特色”为口号。2020年5月，原新未来党副秘书长披塔当选为远进党党首，支持者以年轻群体为主，反独裁，反巴育，主张民主，该党在社交平台上具有广泛的影响力。

五、政府机构和行政区划

（一）政府机构

泰国的政府机构组成包括总理府、19个政府部委、6个不隶属总理府或部委的政府部门和7个依照宪法成立的独立机构。现任政府于2014年8月30日经国王批准组成。2015年8月、2016年12月、2017年12月、2020年3月，总理巴育4次调整内阁。

政府部委包括国防部、财政部、外交部、社会发展与人类安全部、教育部、旅游与体育部、农业与合作社部、交通部、自然资源与环境部、能源部、商业部、内政部、劳工部、司法部、科技部、卫生部、工业部、数字经济和社会部、文化部。

6个不隶属总理府或部委的政府部门包括皇室事务局、皇室秘书处、皇室计划特别委员会、反洗钱办公室、国家学术研究委员会办公室和国家佛教办公室。

7个依照宪法成立的独立机构分别是选举委员会、国家人权委员会、国家通讯事务委员会、国家反腐败委员会、国家经济社会顾问院、土地资金检察办公室和政府官员舞弊调查办公室。

（二）行政区划

1. 地区划分

泰国全国分为6个地区，即中部地区、东部地区、西部地区、北部地区、东北部地区、南部地区。

（1）中部地区。

中部地区是泰国人口密度最大的地区，首都曼谷即位于该区域。曼谷是泰国的经济中心，也是贵金属和宝石交易中心，旅游业为其重要的经济支柱。中部地区有9个府，包括曼谷、暖武里、信武里等。

（2）东部地区。

东部地区的春武里是东海岸的门户、东部的经济中心和教育中心。罗勇是著名渔港并盛产水果，还是泰国重要的工业基地，因跨国汽车公司聚集而被称为“东方底特律”。泰国东部经济走廊项目旨在进一步增强东部地区的经济地位。东部地区有9个府，包括沙缴、春武里、罗勇、达叻等。

（3）西部地区。

西部地区与缅甸接壤，地形多为山地，山脉从北向南部绵延，河流从西北流向东南。叻丕是西部地区的工商业中心。西部地区有8个府，包括素攀武里、北碧、叻丕等。

（4）北部地区。

北部地区以热带季风气候为主，多为山区丛林地形，北接老挝，东邻缅甸，与中国云南省最近处仅 230 千米。泰国最高峰因他暖山，海拔 2595 米，坐落在北部的西北边缘。北部有 17 个府，包括清莱、楠、帕夭、清迈等。

（5）东北部地区。

东北部地区为山峦起伏的高原，是泰国重要农业区，主要经济作物有大米、木薯、甘蔗、橡胶、饲料玉米和油棕。东北部有 20 个府，包括孔敬、呵叻、乌汶等。其工业主要集中在孔敬、呵叻、乌隆、乌汶等地，农产品加工和饮料加工同样为东北部主要工业，其次为化妆品、电器、电子产品和纺织品行业。

（6）南部地区。

当前泰国政府正在南部地区推行南部经济走廊（SEC）项目，其重大基础设施建设项目包括扩建拉农码头、春蓬-拉农复线铁路等，该项目将以泰国为中心，对接泰国湾至安达曼海的物流体系。南部地区有 14 个府，包括春蓬、拉农、素叻他尼等。

2. 国内主要城市

（1）曼谷。

曼谷在泰文中的名字是天使之城、宏伟之城、快乐之城、永恒的宝石之城、坚不可摧的城市、被赋予 9 枚宝石的宏伟首都。曼谷原来是一座湄南河畔的渔村，1769 年成为吞武里王朝的都城，1782 年成为曼谷王朝（也叫暹罗王国）的首都，1939 年后一直是泰王国的首都。曼谷是泰国政治、经济、文化、教育、交通中心，也是泰国第一大城市和泰国唯一省级直辖市。该市下设 54 个区，常住人口约 1000 万，面积1600平方千米。曼谷与周边的沙没巴干府、佛统府、暖武里府、龙仔厝府、巴吞他尼府等5府组成的曼谷大都会区是泰国第一大都会区，面积7761平方千米。曼谷的气候为热带季风气候，日照时间长，气温高，较潮湿，全年分雨季、旱季和热季。年平均气温24℃~30℃。

曼谷的支柱产业是农业和旅游业，商业、工业、建筑业和服务业也都较为发达，泰国50%以上的工业企业集中在曼谷。作为东南亚重要的旅游城市，曼谷拥有众多名胜古迹，全市有400多座佛寺，被称为"佛庙之都"。曼谷交通发达，曼谷港为泰国最大港口，是泰国著名的稻米输出港；素万那普国际机场是泰国最大的航空港；泰国铁路和公路都以曼谷为中心，通往全国各地。泰国80%的高等学府和大部分中学、中专设在曼谷。

曼谷是亚洲重要的国际大都市，联合国亚洲及太平洋经济社会委员会的总部设在曼谷，世界卫生组织、国际劳工组织、世界银行等一些国际性机构均在曼谷设有分支机构。曼谷曾举办过4届亚运会，是举办亚运会次数最多的城市。北京市、潮州市、广州市均与曼谷是友好城市。

（2）清迈。

清迈市是泰国北部地区最大的城市，是泰北地区的政治、经济、文化中心，为清迈府的首府（清迈府是泰国面积第二大府，面积20107平方千米），面积40平方千米，下设室利佛逝区、卡威拉区等4个区，人口约110万，是泰国第二大城市。清迈市南距曼谷700千米，地处泰国北部一山间盆地，海拔310米，湄南河的大支流——宾河穿城而过。清迈气候宜人，环境清幽，遍植花草，是泰国著名的避暑胜地，有"泰北玫瑰"的美称。

清迈历史悠久，1296年被认为是清迈建城之年，1996年清迈举行了建市 700 周年的庆祝活动，清迈在 13 世纪末期至 18 世纪中期一直是兰纳泰王国的首都，14 世纪以来成为中南半岛的佛教圣地，16~18 世纪一度被缅甸控制，19 世纪中后期成为暹罗国北部重要城市，现为泰国北部地区的中心城市及旅游中心，纺织、酿酒、食品等工业发达，出产的丝绸、纺织品在东南亚一带深受欢迎。

清迈作为历史上重要的佛教圣地，有柴迪隆寺、松达寺等上百座寺庙，坐落在清迈古城中央的柴迪隆寺是泰国最重要的佛寺之一，始建于 15 世纪初，主体建筑是混合印度、锡兰式的原高 98 米的佛塔，现存塔高 60 米，该寺曾在 1477 年兰纳泰王国时召开第 8 次世界佛教大会。清迈著名的旅游景点还有清迈古城、清迈素帖山、清迈艺术文化中心等。清迈古城建于 13 世纪末期，为边长 1.5 千米的有城墙和护城河的四方形古城，至今保存完好；清迈郊外素帖山上的素帖寺（也叫双龙寺）海拔 1053 米，是清凉避暑、俯瞰清迈城的理想之地，是清迈旅游的热门目的地。清迈的节庆活动十分丰富，主要有 2 月初的花卉节、4 月中旬的泼水节、11 月的水灯节等。

（3）沙没巴干。

坐落在曼谷东南 15 千米、湄南河河口东侧的沙没巴干市是沙没巴干府的首府城市，是沙没巴干府最大城市，华人称北榄市，人口约 40 万。沙没巴干在 18 世纪是湄南河流域重要的对外贸易港，1893 年泰国的第一条铁路（长 23 千米）从曼谷修到这里，促进了稻米、水产、水果等商品的流通。沙没巴干工业化发展始于 20 世纪 60 年代，建有多个工业园区，是泰国重要的工业基地，汽车装配、汽车零部件、电子电器、半导体、食品等工业发达，是丰田汽车公司在东南亚最大的工厂所在地，年汽车产能 70 万辆。

（4）华欣。

华欣位于曼谷以南约 220 千米，是泰国西海岸著名的避暑胜地。曼谷王朝六世王时期起陆续修建的泰国南部铁路以及泰国王室避暑行宫，使华欣从昔日的渔村发展成为泰国最早成形的海滨度假胜地。华欣的海滩狭长，呈巨弓形，细沙如雪，有“泰国迈阿密”之称。华欣的高尔夫球运动和温泉洗疗尤为知名，华欣火车站也以其独特的建筑结构和设计风格，被誉为泰国最古老、最美的火车站。

（5）芭堤雅。

位于曼谷东南方约 154 千米、泰国湾东侧的芭堤雅市是春武里府的一座“府级特别市”，行政上属春武里府邦拉蒙县，面积 22 平方千米，人口 10 万多。芭堤雅原来只是一个小渔村，泰国政府于 20 世纪 60 年代将此处月牙似的海滨划为“旅游特区”，21 世纪以来，以碧海沙滩、海鲜泰国菜和泰国人妖表演而扬名世界，成为泰国著名的滨海旅游度假城市，有“东方夏威夷”“海滩度假天堂”的美誉。芭堤雅有面临泰国湾 40 千米长的洁白如银的碧海沙滩，有全年都适宜海泳的气候（1 月份的海水温度约 28℃），有较低廉的物价和较优质的接待服务，如今已成为东南亚著名的海滨旅游度假胜地。帕塔亚酒店业、旅游业、餐饮业发达，风光旖旎，夜生活丰富，别具东南亚热带风情。潜水、钓鱼、高尔夫球等各类休闲、娱乐、运动设施资源丰富，深受游客青睐。

（6）普吉岛。

普吉岛是泰国最大的海岛，面积约 560 平方千米，北以巴帕海峡与泰国本土攀牙府相邻，东隔攀牙湾与甲米府相望，有跨海大桥与泰国本土相连。普吉市就坐落在该岛的东南部，是普吉岛上最大的城市。普吉市的发展大约始于 17 世纪锡矿的开采与贸易，19 世纪中期大批来自马来西亚槟城地区的华工来此开采锡矿，促进了普吉城的兴起，20世纪初渣打银行来普吉城开设了一家分行，之后医院、学校、码头、发电站、商场陆续建起，20世纪60年代以来泰国政府投巨资建设道路、机场、宾馆酒店，打造泰国最大的国际旅游岛。如今普吉市是泰国最大的海岛度假旅游城市。普吉岛也是世界级的旅游度假胜地，被称为安达曼海的“珍珠”。围绕着普吉岛的是安达曼海的温暖海水、美丽的海滩、奇形怪状的小岛、钟乳石洞、天然洞窟等自然景观，再加上沿岸海水的清澈湛蓝，美不胜收。

六、社会组织和公共交通

（一）社会组织

1. 工会

目前泰国共有9个全国性工会组织，总部多设在曼谷或北榄府。泰国工人大会、泰国国家工人代表大会和泰国行业工会3家工会为国际劳工组织成员。

2. 主要媒体

泰国媒体以私营为主，按市场规则运作。泰文媒体是主流媒体，英文、华文媒体居辅助地位。

（1）广播媒体。

广播电台有230多家，其中由政府民众联络厅掌管的有59家。泰国广播电台为国家电台，设有国外部，用泰、英、法、中、马来、越、老、柬、缅、日等语言广播。大多数波段由各类政府机构管理并经营，包括军队、公立大学、邮政部门、公共关系部门和泰国大众传播机构。

（2）报纸媒体。

泰文报刊有综合性日报《泰叻报》和《每日新闻》，发行量为全国前两位。

英文报纸主要有《曼谷邮报》《民族报》等。

中文报纸主要有《世界日报》《新中原报》《中华日报》《星暹日报》《亚洲日报》《京华中原报》等。

（3）电视媒体。

泰国共有 6 家无线电视台，都设在曼谷，大部分电视节目通过卫星转播。电视网覆盖全国。

（4）网络社交媒体。

根据《数字 2023：泰国》研究报告，2023 年 1 月，泰国有 6121 万互联网用户。到 2023 年初，泰国的互联网普及率为总人口的 85.3%。在泰国流行的社交媒体平台中，LINE 以 5000 万活跃用户位居榜首；紧随其后的是拥有 4400 万活跃用户的 Facebook，尽管该平台的青少年用户有所下降；而 YouTube 拥有 3800 万活跃用户，其中 35~55 岁的用户群有所增长；TikTok 在社交网络中增长最快，用户量从 2020 年 7 月的 2180 万跃升 91%，至 2021 年 7 月的 4180 万。

（二）公共交通

1. 公路

泰国的公路交通较发达，公路网覆盖全国城乡各地，分为国道及附属公路、地方公路、特别高等级公路。据泰国交通部统计，2020 年泰国全国公路总里程为 70.3 万千米，其中，国道及附属公路 10.1 万千米，地方公路 60.1 万千米，特别高等级公路 224.6 千米。

泰国与周边国家互联互通情况如下：

（1）与中国。

主要通过“昆曼公路”前往中国。

R3A 线路：泰国曼谷—老挝—中国昆明，全长约 1880 千米；

R3B 线路：泰国曼谷—缅甸—中国昆明，全长约 1850 千米。

（2）与老挝。

有 11 个府与老挝接壤，陆路口岸 14 个（含跨湄公河水路口岸），主要可通过清莱、廊开、穆达汉、那空帕农等府的泰老友谊大桥前往老挝。

点评：

第 5 座泰老友谊大桥计划于 2024 年初开通，2023 年年中将完成桥梁中段部分的建设。该桥梁总造价达 36 亿泰铢，泰国政府承担 25 亿泰铢，其他由老挝政府承担。开通后，从泰国经老挝达越南的距离将缩短至 150 千米。桥梁通车后，将加速泰老边境贸易，为汶干府带来新的经济增长点，促进泰国、缅甸、老挝、柬埔寨、越南和中国（云南）之间的贸易，为湄公河次区域带来新的发展动力。

（3）与缅甸。

有 10 个府与缅甸接壤，陆路口岸 3 个，主要通过泰国达府美索口岸、清莱美塞口岸前往缅甸。

（4）与马来西亚。

有 5 个府与马来西亚接壤，陆路口岸 9 个，主要通过沙墩等 5 个口岸前往马来西亚。

（5）与柬埔寨。

有 7 个府与柬埔寨接壤，有陆路口岸 6 个，主要通过沙缴府口岸等前往柬埔寨。

点评：

曼谷市内交通包括公共巴士、城市轻轨和地铁、出租车、双排车、嘟嘟车和摩托车。曼谷出租汽车很多，可打表。乘坐开放式车辆时请注意看管好财物。

出租车服务：电话叫车电话为+66-1681和+66-1661，网络叫车可使用GrabTaxi App。

在泰合法驾车需持有泰国驾照，中国驾照在国内经公证后可在泰换取临时驾照（两年有效），两年后可换发正式驾照（5年有效）。泰国驾考内容分笔试和实际操作两部分，笔试可选择中文答题，实际驾驶考试无须在驾校学习，可自带车赴考。

与中国不同，泰国乘用车普遍为右舵设置，靠左行驶。初在泰国驾车需特别注意调整方向感，尤其在大小转弯、绕行环岛、掉头超车时，需格外注意。曼谷道路拥挤、堵车严重且摩托车横行，新手驾车在并线超车时需特别小心。

在泰驾车必须购买车辆保险。车险大体分一等、二等和三等三种。一等保险为全险，发生事故时可以全额赔付，保费也最贵。二等、三等保险随着保费降低，赔付范围和金额也随之减少。

2. **铁路**

泰国铁路系统相对较落后，据泰国交通部统计，2020年泰国铁路网里程约为4952千米，其中，4736千米为米轨铁路，覆盖全国47府；151千米为城市轨道交通，集中在曼谷及周边。4条主要铁路干线以曼谷为中心向北部、东部、南部及东北部延伸。

2014年12月，中泰双方签订《开展铁路基础设施发展合作的谅解备忘录》。作为中老泰泛亚铁路的一部分，中泰铁路项目采用中国标准设计建造，分两期执行。一期项目总金额为402.75亿泰铢（约合87

亿元人民币），铁路工程总长度为 101.15 千米，预计 2025 年建成投入运营。目前，中泰铁路一期工程已进入全面建设阶段，呵叻、大城、北标等沿线各府路段都在紧张施工中。

据泰国交通部轨道交通厅最新评估，中泰铁路曼谷–呵叻一期工程预计 2026 年竣工通车，呵叻–廊开二期工程已设计完毕，预计 2024 年开工，将实现与中老铁路的衔接，并有望于 2029 年建成投入使用。

泰国铁路和海关部门代表团访问老挝时，双方讨论了合作事宜，中老泰铁路可能在未来 3~5 年内降低 30%~50%的货物运输成本。最近一年来，泰国对接中老泰铁路的配套进程也实现大提速，包括升级国内交通网络和更新铁路硬件设施，提高东北部货物仓储、集散和检疫能力等。中老泰铁路的贯通，将大幅提升次区域发展水平，中南半岛将全面进入高铁时代。泰国国家铁路局局长尼禄表示："这一高铁网络不仅将连接泰国部分地区，还将组成东盟的铁路网络。当高铁项目全部建成并连为一体时，将成为一个运送旅客和货物的巨大铁路运输网，把中国、马来西亚、新加坡、老挝和泰国连接起来。"

中老昆万铁路已于 2021 年 12 月开通运营，2022 年泰国通过中老铁路对中国出口额估计达 20 亿泰铢，占泰国对中国过境贸易出口总额的 5.1%。在中国西南市场有潜力的泰国商品包括：水果、化妆品、辣椒酱、咖喱酱、木薯、坚果和家居用品等。

此外，由曼谷搭火车到马来西亚，日夜都有定期车次，无论是特快或普快，都有冷气设备。曼谷至吉隆坡，约需 40 小时。曼谷至新加坡，约需 46 小时。

3. 空运

泰国航空业比较发达。搭乘飞机是外国游客入境泰国的主要方式，占入境外国游客总人数的 80%。泰国机场公共有限公司是隶属于泰国交通部的国有企业，负责监管泰国所有机场。泰国全国共有 74 个机场，包括 36 个商业机场和 38 个非商业机场。共 55 个国家和地区的 100 家航空公司设有赴泰国固定航线，89 条国际航线可达欧洲、美洲、亚洲及大洋洲的 40 多个城市，国内航线遍布全国 21 个大、中城市。北京、上海、广州、昆明、成都、汕头、香港等都有固定航班往返曼谷。

在货物运输方面，由于航空货运的费用较高，航空货运总额仅分别占国内货运比重和国际货运比重的 0.02%和 0.3%。

点评：

曼谷的素万那普国际机场，在泰语中意思是“黄金之地”。素万那普国际机场总面积为 32 平方千米，位于曼谷以东约 25 千米的 Bangna-Trad 公路第 15 里程碑处，是泰国最大、最重要的航空枢纽。素万那普国际机场通过机场轻轨同市区连接，此外还可乘坐机场大巴和出租车往返。

4. 水运

泰国的水运分为海运和河运两种。内陆水道超过 4000 千米，湄公河和湄南河为泰国两大水路运输干线。

目前全国共有 47 个港口，其中海湾港口 26 个，国际港口 21 个。海运线可达中国、日本、美国、欧洲和新加坡。

泰国所有主要深海港口的开发和管理均由泰国港口管理局负责管辖，港口管理局为一家国有企业，隶属于泰国交通部。其余港口则归海港局管理。目前，有 8 个正在运营的国际深海港口，包含 4 个私人港口。泰国主要港口包括曼谷港、林查班港、麦普塔普特港、拉农港、普吉港、宋卡港、撒达衣港和四拉查港等。

曼谷港有 3 个码头，分别是曼谷 BMT 港、曼谷 PAT 港、曼谷 SCT

港。PAT 港通过升级其服务器系统，并在曼谷港安装了 e-Gate，在林查班港安装了 e-Toll，实现了现代化。此外，泰国港口管理局于 2011 年开始使用射频识别（RFID）技术来提供电子港口服务，以提高其效率，并为物流服务提供商提供支持。e-Port 状态不仅使物流服务提供商与港口当局之间的通信更加容易，还有利于电子文档和电子表格在服务提供商与当局之间的实时传输。这将有助于缩短进出口文件的处理时间，并更好地计算出服务提供商车辆到达港口的预计时间。

林查班港位于泰国东部的春武里府，离曼谷约 110 千米，占地 2572 亩（约 1.71 平方千米），是泰国主要的深水港口，也是国际重要港口之一，为世界物流运输发挥必不可少的作用。目前，林查班港是泰国最大的港口，有 18 个码头分为 A 组、B 组、C 组和 D 组，并进入 2016 年世界 100 强港口榜单，位于第 21 位。林查班港于 2019 年完成三阶段扩建计划并投入运营。目前，该港口处理的货物总进出口量占到了泰国进出口货物总量的 54%。每个泊位都提供了现代化、高效的集装箱装卸设备，并达到国际标准水平。

麦普塔普特港位于泰国东部地区，距离曼谷 220 千米。1973 年在海港外发现了天然气，为了开发天然气和石油，政府有意在当地扶持能源产业发展，因而该港口在 1981 年东部沿海地区发展项目（东海岸项目）政策下成立，旨在通过港口建设支撑该地区工业区的发展，并带动泰国新经济发展中心的发展。因此，该港口周围主要有石油、化工、钢铁、制铜等金属工业，也是泰国规模较大的石油化工产业园区所在地。

宋卡港位于泰国南部的宋卡府，该港口是泰国南部沿岸的主要港口之一，港口建设的目的是将南部地区的货物运输出口，其主要运输的产品是橡胶，同时进口所需的货物以刺激南方工业的发展。

宋卡港也是泰国主要港口和国际港口之一。1988 年 4 月港口建设完工并对外开始运营，可以容纳船只的大小为 9000～20000dwt，一开始只有 2 个货物码头和 1 个集装箱码头，随后港口大面积扩建和改造，1997 年聘请公司进行调查和设计，扩大港口区域范围，增加更多的停泊码头和集装箱码头，改进后的码头区可以满足货物吞吐量的需求，并能够快速和安全地进行作业。泰国政府制定实施交通发展战略，宋卡港正逐步成为南部沿海重要港口，并带动当地经济和临港工业区的发展，有效支撑宋卡府“成为制造业中心和水陆空交通枢纽，大力推进区域商品运输和集散地建设”的发展战略。

目前宋卡港主要分为 3 个码头，可以停泊总计不超过 173 米的船只，具体情况如下：码头一和码头二运输普通的货物，年吞吐量约 60 万吨；码头三运输集装箱，年吞吐量约 16 万 TEU。目前港口主要出口货物包括冷冻海鲜、家具半成品、橡胶及其制品、罐装食品等，主要进口货物有钢管、化肥、机械设备、冷冻金枪鱼等。目前宋卡港准备第二期建设工程，港口建设预算为 110 亿泰铢。港口建设改造完成以后，可以为更多大宗贸易提供集散服务。

近年来，中国和泰国贸易额不断增加，其中宋卡港成为承运与中国的贸易货物的主要港口，港口未来的规划之一是加大与中国的进出口货物运输，中国提出与泰国进行“一带一路”的建设，宋卡港正好能够为中泰贸易提供中转服务，从宋卡港出发三天可以把货物运输到中国南部港口。

普吉港位于泰国南部普吉岛，邻安达曼海。普吉港是与宋卡港同一时间建设的，目的是把该地区发展成为南部安达曼海地区的经济中心和社会发展中心。普吉港所在地区由于采取填海的方式进行建设，港口沿岸是沼泽地区，停靠在港口的船主要为货船和客轮。货物装卸能力一般每年 45 万吨。

拉廊港位于泰国西南部拉廊府。2003 年 3 月 25 日，泰国政府内阁批准港务局管理和经营拉廊港，其最终目标是把该港口作为安达曼海岸货物运输的主要港口，用于连接南亚、中东、欧洲和非洲国家的贸易路线。拉廊港的航运路线连接着安达曼海岸周边的各个国家，在区域经济一体化进程中发挥日益重要的作用，影响的区域经济体包括环孟加拉湾多领域技术经济合作倡议、印度尼西亚-马来西亚-泰国金三角和东盟经济共同体。

七、外交关系

1. 对外政策

泰国奉行独立自主的外交政策和全方位的外交方针。泰国是东盟成员，以东盟为依托，注重发展同中国、美国、日本和印度的关系，维持大国平衡；重视开展睦邻外交，积极改善与柬埔寨、缅甸等邻国关系。

同时泰国强调经济外交，推动双、多边自贸安排。目前泰国已与印度、澳大利亚、新西兰、日本等国签署了双边自贸协定或经济伙伴关系。与中国签署多项贸易协议。

泰国重视国际及区域合作。积极参与东盟一体化建设，积极参加亚太经济合作组织、亚欧会议、世界贸易组织、东盟地区论坛和博鳌亚洲论坛等国际组织的活动。目前泰国与中国、美国、俄罗斯、日本、韩国、印度、新加坡、马来西亚、菲律宾、印度尼西亚、缅甸、老挝、柬埔寨等国家建立了外交关系。

2. 同东盟关系

东盟一直是泰国外交政策的基石，泰国非常重视加强东盟内的合作，以促进该区域的和平、稳定与繁荣。1961 年 7 月 31 日，泰国在曼谷与马来西亚、菲律宾成立东南亚联盟。1967 年 8 月，印度尼西亚、泰国、新加坡、菲律宾四国外长和马来西亚副总理在曼谷举行会议，发表了《曼谷宣言》(即《东南亚国家联盟成立宣言》)，正式宣告东南亚国家联盟成立。1992 年签订东盟自由贸易协定。泰国在 2008—2009 年担任东盟轮值主席国期间，推动《东盟宪章》，使东盟成为一个真正以规则为基础的组织。泰国一直是东盟区域经济一体化的坚定倡导者。2019 年由泰国担任东盟轮值主席国。

3. 同亚太地区国家的关系

泰国重视区域合作，2012—2015 年担任中国-东盟关系协调国，积极推进东盟一体化和中国-东盟自贸区建设，支持东盟与中日韩合作。泰国重视经济外交，推动贸易自由化，主动发起并推动亚洲合作对话机制，积极参加亚太经济合作组织、亚欧会议、世界贸易组织、东盟地区论坛、博鳌亚洲论坛、澜沧江-湄公河合作、大湄公河次区域经济合作等多边合作机制。2018 年 6 月主办“伊洛瓦底江-湄南河-湄公河三河流域经济合作战略”第八届峰会。2022 年泰国任亚太经合组织轮值主席国。

4. 同其他国家及国际组织的关系

泰国与其他国家及国际组织保持和发展友好关系，自 1946 年加入联合国后，根据国家优先事项和计划，支持包容性和可持续发展。1978 年，欧洲共同体（欧共体）在曼谷设立了欧洲联盟（欧盟）委员会办事处，是欧共体在东南亚的第一个代表团，后更名为“欧盟驻泰国代表团”。泰国和欧盟建立了双边关系机制，自 1992 年起，双方开始举办泰欧高级官员会议。泰国作为东盟成员国，在东盟区域组织框架中与欧盟开展外交活动。泰国还积极发展与伊斯兰国家关系，谋求在国际维和、气候变化、粮食安全、能源安全及禁毒合作等地区和国际事务中发挥积极作用。此外，泰国还是世界贸易组织、77 国集团的成员。

5. 同美国的关系

泰国和美国长期以来一直是亲密的盟友和外交伙伴。泰国与美国于 1833 年签署《友好通商条约》，正式建立外交关系。1954 年，泰国加入了东南亚条约组织，成为美国在亚洲冷战中的积极盟友。1962 年，美国签署了《腊斯克-塔纳特协定》，其中美国承诺保卫泰国并资助其军队。自第二次世界大战以来，美国和泰国建立了密切的关系，1966 年泰美签订《友好与经济关系条约》，该条约促进美国和泰国公司进入彼此的市场。其他重要协定涉及原子能的民用、农产品销售、投资担保以及军事和经济援助。

作为东盟发起国及核心成员之一的泰国，是美国在亚太地区的重要盟友和美国亚太同盟体系的支柱之一，也是美国在东南亚多边军事合作的协调平台和日益重要的经济合作伙伴，无论是奥巴马政府重返亚太推行“亚太再平衡”，还是特朗普推动实施“印太战略”，泰国都有着不可忽视的重要地位，扮演着“关键性的地缘战略角色”。

泰国是美国安全盟友，享有“非北约主要盟国”地位。双方联合军事活动频繁，其中最突出的是自 1982 年以来每年在泰国举行的“金色眼镜蛇”军事演习。这是每年举行的最大规模的亚太军事演习，也是美国参加的最大规模的多国军事演习之一。

尽管 2014 年泰国军事政变后双方外交关系恶化，但 2019 年泰国选举后，美国增加了与泰国的外交接触，双方关系有所缓和。2019 年底，美国恢复了对泰“国际军事教育和训练项目”，从2019年底至2020年约15个月的时间，美国政府就为该项目投入高达260万美元的经费。美国对泰军事援助的另一个重要项目“对外军事资助项目”在特朗普时期也有显著提升，仅2020年美国政府就为泰国提供了3440万美元的资助，是奥巴马政府在该项目上投入最多年份金额（2009年和2010年均为每年160万美元）的约21倍。

2022年7月10日，布林肯访泰，双方签署关于战略联盟和伙伴关系的联合公报。

6. 同中国的关系

1975年7月1日，中国与泰国建立外交关系。两国关系保持健康稳定发展。

两国保持高层密切交往。江泽民主席（1999年）、李鹏委员长（1999年、2002年）、胡锦涛副主席（2000年）、朱镕基总理（2001年）、胡锦涛主席（2003年）、温家宝总理（2003年、2009年、2012年）、吴邦国委员长（2010年）、习近平副主席（2011年）、全国政协主席贾庆林（2012年）、李克强总理（2013年、2014年、2019年）、全国政协主席俞正声（2015年）等中国领导人先后访泰或赴泰出席会议。

2000年，泰国诗丽吉王后代表普密蓬国王对中国进行访问。哇集拉隆功王储（时任）、诗琳通公主、朱拉蓬公主等王室成员多次访华，历任总理、国会主席和军队领导人亦曾访华。

2001年8月，两国政府发表《联合公报》，就推进中泰战略性合作达成共识。2012年4月，两国建立全面战略合作伙伴关系。

2013年10月，两国政府发表《中泰关系发展远景规划》。

2017年9月两国签署《中华人民共和国政府和泰王国政府关于共同推进“一带一路”建设谅解备忘录》。中泰两国在科技、教育、文化、卫生等领域的交流与合作稳步发展。

2019 年 11 月，两国发表《中华人民共和国政府和泰王国政府联合新闻声明》。

2020 年 1 月，王毅国务委员兼外长在北京会见泰国外长敦。2 月，王毅国务委员兼外长就新冠疫情同泰国外长敦通电话，并在老挝出席特别外长会期间同敦外长会见。7 月，习近平主席同巴育总理通电话。李克强总理、王毅国务委员兼外长就中泰建交 45 周年同巴育总理、敦外长互致电函。10 月，王毅国务委员兼外长对泰国进行正式访问。

2021 年 4 月，王毅国务委员兼外长与泰国副总理兼外长敦通电话。6 月，王毅国务委员兼外长在重庆会见前来出席中国东盟特别外长会的泰国副总理兼外长敦。7 月，全国人大常委会委员长栗战书同泰国国会主席兼下议院议长川・立派举行视频会晤。

2022 年 2 月，王毅国务委员兼外长会见来华出席北京冬奥会开幕式的泰国公主诗琳通。4 月，王毅国务委员兼外长在安徽屯溪同来华访问的泰国副总理兼外长敦举行会谈。5 月，中共中央政治局委员、全国人大常委会副委员长王晨在京与泰国国会下议院第一副议长素察・陈乍仑举行视频会晤。

两国互设大使馆，中国在泰清迈、宋卡、孔敬设有总领馆，在普吉设有领事办公室。中国香港在曼谷设有驻泰经贸办事处。泰在广州、昆明、上海、香港、成都、厦门、西安、南宁、青岛设有总领馆。

2022 年是中泰建立全面战略合作伙伴关系 10 周年。应巴育邀请，11 月 17 日习近平主席赴泰出席 APEC 峰会并对泰国进行访问，双方领导人见证签署《中泰战略性合作共同行动计划（2022—2026）》《中泰共同推进“一带一路”建设的合作规划》以及经贸投资、电子商务、科技创新领域合作文件，赋予“中泰一家亲”新的时代内涵。

八、民族和宗教

（一）民族

泰国第一大民族为泰族，其他民族还有华族、马来族、高棉族、克伦族、苗族等。泰族人曾称“暹罗人”，属汉藏语系壮傣语族民族，和中国的傣族、壮族族源相近，在全国都有分布，约占总人口的75%，主要信仰佛教。

华人在人数上仅次于泰族，占总人口的14%左右。华人大批移民泰国是在19世纪下半叶到20世纪30年代这段时间。泰国华人多数居住在首都和外府城市。据估计，首都曼谷的居民中华人占40%。华人华裔在泰国政治、工商、金融、旅游业、传媒业中有着举足轻重的位置和影响。

马来族主要分布在泰国南部半岛，大多信仰伊斯兰教；高棉族主要分布在与老挝和柬埔寨接壤的泰国东北部和东南几个府；克伦族主要分布在西北部的泰缅边境山区；苗族分布在北部和东北部的泰国-老挝、泰国-缅甸边境地带的山区。

（二）宗教

泰国的宗教主要有佛教、伊斯兰教、天主教和印度教。佛教是泰国的国教，是泰国宗教和文化的重要组成部分，全国90%的人口信奉佛教（主要为小乘佛教），共有佛寺3.2万座，僧侣30万人。伊斯兰教是泰国第二大宗教，信徒占全国人口3.8%，主要信徒为泰国南部的马来人。还有少数民众信仰基督教、天主教、印度教和锡克教。

九、语言和习俗

（一）语言

泰国国语是泰语，官方语言为泰语和英语。每个地区都有自己的方言，但以中部曼谷地区的方言为标准语。潮州话、海南话、广东话在泰籍华人中使用较为普遍。此外还有马来语和高棉语。

（二）习俗

1. 常见习俗

（1）礼仪。

人们见面时通常将双手合十于胸前，互致问候。觐见王室成员时一般鞠躬致敬。见僧侣一般以双手合十回礼。女性不得与僧侣握手或递送物品。长辈在座时，晚辈或下级必须绕道或弯腰穿行。

（2）禁忌。

泰国人视头部为最神圣的部位，忌讳别人触摸。泰国人认为人的右手清洁而左手不洁，左手只能用来拿一些不干净的东西。因此，重要东西用左手拿会招来嫌弃。在比较正式的场合，还要双手奉上。与左手一样，脚掌也被认为是不净的。在入座时，应避免将脚放在桌子上。用脚尖撞人或指人都会被严厉地呵斥，也绝对不能把脚掌冲向佛像。泰国人认为脚部是卑贱的，只能用来走路，不能干其他事情，例如用脚踢门和用脚指东西等。坐着时，不要跷起脚和把脚底对着别人。妇女落座，要求更为严格，须并拢双腿，否则会被认为是不文明，缺乏教养。谈话时，忌用手指指向对方。进入寺庙时，须衣冠整洁，脱鞋。不得在公开场合议论与皇室有关的话题，或发表有损皇室名誉的言论。因为有佛教背景，所以泰国人避免食用大块的动物肉。

在泰国的公众场合，不要做出有损风貌的举动，如拥抱、亲吻或握手，这被认为是不符合当地风俗的。另外，仅在某些海滩允许裸体晒日光浴，在其他地方，泰国人不喜欢这种行为，尽管未构成犯法，但是违背泰国人的佛教理念。泰国男女间讲究授受不亲，即使在公开场合跳舞时，身体也不可接触。

点评：

中国公民在泰国应尽量做到入乡随俗，尊重当地的风俗习惯。

2. 服饰与饮食

（1）着装。

在漫长的历史发展过程中，泰国服饰文化虽然受到了外来文化的影响，却始终保持着本民族特有的风格。当今的泰国人在日常生活中以时髦的服装代替了传统的服饰，但是在一些重要的正式场合或仪式上，泰国传统服饰仍然焕发着绚丽的光彩。

在古代，由于天气炎热，泰国男子大多不穿上衣。曼谷王朝拉玛四世时期，由于与西方交往的增多，政府官员开始穿衣穿鞋上朝。二十世纪初，受西方社会着装的进一步影响，男子不穿上衣的习惯逐渐被摒弃。古代泰国女子上身围一块齐腰的胸布，外出时披上披巾，披挂时由右腰斜搭向左肩，再从背后自然垂下。

纱笼是泰国的传统民族服饰，纱笼是两头对缝、筒状的一块布。纱笼为下装，男女都可以穿。穿着纱笼时，先将其套在身上，用两手把它的两端拉开，再将两端从左右往中间包裹，在肚脐上方处打一个圈便成。

筒裙是泰国女子的下装，比纱笼要窄短一些，曼谷王朝拉玛六世时期开始流行。筒裙和纱笼一样，布的两端宽边缝合成圆筒状，穿着时先把身子套进布筒里，然后用右手把布拉向右侧，左手按住右侧的布，右手再把它折回左腰，在左腰处相叠并塞紧。

泰国人着装考究，衣服穿着前均要熨烫。正式场合和庄重的仪式上，男士穿西装或民族服装，妇女穿过膝裙服，一般不着长裤。政府官员出席有王室成员参加的活动时，需着白色文官服。

（2）饮食。

泰国饮食是在融合了各种饮食文化的基础上，衍生出的一种全新的饮食风格。历史上，泰国与印度、中国、中东以及欧洲国家之间的经济文化往来，使得泰国饮食文化受到了极大的影响。

泰国菜的调味来自印度南洋菜系，炒菜等烹饪手法学自中国。泰国的饮食不是简单照搬，一些外来的饮食特点被本民族的习惯所代替，如印度饮食中使用的酥油被椰子油所取代，椰子汁代替了其他乳制品，食材中增加了新鲜的草药，等等。泰国饮食把西方和东方的饮食特点有机地结合在一起，并将这些外来的饮食概念融合在一起，在长时间的潜移默化中衍变成一种纯粹的当地美食，形成了独特的泰国饮食文化。

“田中长稻，水中有鱼”是形容泰国物产丰富的一句俗语。泰国地处热带，气候湿热，自古以来泰国人民就以种植水稻为生，以米饭为主食。由于河流众多，濒临大海，鱼、虾、蟹等水产品是泰国人日常饮食中的最爱。在泰语中，“米鱼”就是食物的代名词，而“吃米饭吃鱼”就代表着吃饭的意思。由于受到中国西南和潮汕饮食文化的影响，各种米制品也颇受欢迎，如河粉、米粉、米线等，北部和东北部人民还喜欢吃糯米和米浆制成的米糕。

泰国的菜肴种类繁多，风味独特。除了各种水产品外，肉类以及各种蔬菜和水果都是泰国菜肴的主要成分。泰国菜的口味通常以咸、酸、辣为主，尤其以酸辣为重，这与泰国菜中的调料有很大关系。善于运用调料是泰国菜肴的一大特色，泰国人能够用纯天然的素材调制出所需口味。

在烹饪方法上，泰国传统的烹饪方法是蒸煮、烘焙或烧烤。其中烧烤食品广受欢迎，如烤鸡翅、烤鱼、烤香蕉等等。由于受到中国饮食文化的影响，泰国饮食在烹饪上也引入了煎、炒和炸的方法。

（三）节假日

泰国节日较多，除国际性节日如公历新年外，许多与宗教相关的节日及王室纪念日都是法定假日。泰国华人众多，民间也庆祝春节、中秋节等中国传统节日。

具有代表性的传统节日是宋干节。此节日标志着泰国新年的开始。宋干一词源自梵文作品“宋干”，意思是占星术。此节日是一个传统的佛教节日，通常在 4 月 13—16 日，除非政府宣布修改日期。

宋干节也被称为泼水节。庆祝宋干节的人们会参加传统的倒水仪式，标志着人们用水将罪孽与霉运从一个人的生命冲走。有些人也会在仪式用水当中加入草药。

作为全国性的节日，企业和银行会在节日的三天关门。很多人将这一天作为陪伴家人的机会。除了传统泼水节仪式和街道派对，泰国人还会在佳节期间拜访寺庙或参与一年一度的春季大扫除。

宋干节的第二天，很多家庭会早起并参加传统的佛教仪式。人们会向佛教僧侣布施。此外，人们也会参与一些诸如“沐浴佛像”的宗教仪式。在此仪式当中，虔诚的信徒会向他们家里或当地寺庙里的佛像泼水。

除了法定节日以外，泰国的政府机关普遍实行每周 5 天工作制，周六、日公休，部分企业周六需工作。

十、货币与物价

（一）货币兑换

泰国货币单位为铢，官方货币泰铢由泰国中央银行发行，1 铢相等于 100 萨当。每种铸币的正面均铸有泰王普密蓬·阿杜德的头像。泰铢为可自由兑换货币。2023 年 2 月 23 日，中国央行公布的美元对泰铢的汇率中间价为 1∶34.6313，人民币对泰铢的汇率中间价为 1∶5.0170。

点评：

人民币或泰铢可在全泰国各银行直接结算后存入对应的泰铢账户或人民币账户。人民币可通过预结汇产品直接汇入国内的人民币账户，无须像过去先将泰铢兑换成美元后再兑换成人民币。

（二）消费水平

1. 消费水平

2021 年泰国人均 GDP 为 7336.1 美元，与一般发达国家相比，整体消费水平较低。2021 年泰国人均可支配收入水平是 11.2 万泰铢（每户每月收入 27352 泰铢，户均 2.92 人），折合成人民币是 21892 元。由于新冠疫情缓解后，家庭和企业收入恢复，经济活动正常化，社会消费支出有所增长，2022 年前三个季度，泰国民间消费支出增长 6.5%，政府消费支出增长 2.9%。

2. 物价水平

泰国各地物价水平不同，曼谷地区最高。根据城市生活数据平台 Expatistan 数据显示，曼谷生活成本高于 63%的亚洲城市，高于 36%的世界其他城市。曼谷整体生活成本与北京相差不大，其中住房成本低于北京 27%，交通成本高出 54%。

2021 年 5 月 27 日曼谷超市本地产茉莉香大米 2.5 千克袋装的价格为 129 泰铢，1 千克装面粉为 43.5 泰铢，普通鸡蛋 10 枚为 55 泰铢，500 克带皮猪肉为 190 泰铢，500 克猪肋排为 180 泰铢，230 克鸡翅中为 69 泰铢，1 千克牛肉为 250 泰铢，1 千克冷冻虾为 240 泰铢，1 升全脂牛奶为 45 泰铢，1 千克西红柿为 40 泰铢，300 克胡萝卜为 29.5 泰铢，300 克大白菜为 31.5 泰铢，500 克西蓝花为 79.5 泰铢，1 千克土豆为 49 泰铢，1 升食用油为 76 泰铢。

十一、金融服务

（一）外汇管理

自 1997 年 7 月开始，泰国实行监管型浮动汇率制度。泰铢币值由市场决定，反映了外汇交易市场上的实际供需情况。泰国针对外汇监管有专门立法，即《外汇管理法》以及财政部根据该法制定的第 13 号部门规章。泰国中央银行经泰国财政部授权负责外汇监管。在泰国从事外汇交易通常都受到监管，并需要泰国中央银行的许可。外汇交易通常都可以经由商业银行或其他授权机构进行。

对于汇入泰国的外汇金额没有控制或限制，但居住在泰国的自然人或泰国法人在经由已授权的银行收到外汇后，必须在收到之日起 360 天内将这些外汇兑换为泰铢或存入外汇账户。在泰国停留不超过 3 个月的外国人、外国使馆和国际组织不受上述规定限制。

对于能带入泰国的外国货币的数量没有限制。对于携带泰铢出境，赴越南、中国云南省和其他周边国家/地区旅行的人员，最多允许携带200万泰铢。携带超过45万泰铢的出境人员必须在离境前向泰国海关申报。对于上述以外国家/地区，免税申报上限为5万泰铢。

点评：

非泰国居民可以在已授权的泰国银行开立并持有外汇账户，存款必须来自国外，这些账户对余额转存没有限制。非泰国居民还可以在泰国的授权银行开立泰铢账户，包括非居民泰铢证券账户和非居民泰铢账户，每种类型账户的每日未结余额总额不得超过2亿泰铢，不同类型的账户之间不允许转账。

（二）银行与保险

1. 银行

泰国中央银行前身是泰国国家银行局，1942年《银行法》规定其为泰国的中央银行。泰国中央银行的主要职能包括：印制和发行货币；保持币值稳定，制定货币政策；管理中央银行资产；为政府提供银行服务，并担任政府债券的注册机构；为金融机构提供银行服务；建立并支持支付系统；监管金融机构；根据外汇制度管理本国的外汇汇率，根据《货币法》管理外汇储备资产；依照《外汇管理法》管理外汇。

泰国商业银行共有30家，其中，泰资银行11家，其余是外资银行及合资银行。泰国大型银行大多提供综合性、一体化金融服务，业务范围覆盖保险、投资、租赁等。

盘谷银行是东南亚最大的国际性商业银行，创立于1945年，总行设立于泰国曼谷，在泰国拥有近900间分行，海外分行19处，分别设立于中国、印度尼西亚、老挝、马来西亚、缅甸、菲律宾、新加坡、英国、美国、越南，全球化程度较高。

泰国汇商银行是依据皇家宪章成立的第一家本土商业银行，创办于泰王拉玛五世时。

开泰银行于 1945 年由泰国华商联合创立，原名为泰华农民银行，主要为农业服务，随后扩大服务范围至工、商业。泰华农民银行集团自 2012 年 4 月 3 日起改名为开泰银行。

以上 3 家商业银行是泰国主要本土银行，为个人和公司提供全方位金融服务，旗下包括资产管理、证券及相关保险服务。泰国主要外资银行提供与当地商业银行完全相同的主要金融业务服务。

泰国还有许多中资银行。目前，中国银行和中国工商银行已在曼谷设立分行，在曼谷各主要区域及泰国主要地区也均设有营业网点。国家开发银行、中国进出口银行等政策性银行在泰国派驻工作组开展业务，为中泰重大合作项目提供融资贷款服务。

2. **保险**

截至 2022 年 4 月，在泰国保险监管委员会备案的人寿保险公司有 22 家，非人寿保险公司有 52 家。最大的两家保险公司为 AIA 泰国有限公司和泰国人寿保险有限公司（简称 AIA），AIA 是泰国市场占有率最高的人寿保险公司，在泰国经营超过 70 年，也是亚太地区主要的保险公司之一。泰国人寿保险公司成立于 1942 年，是泰国第一家保险公司，主要为泰国家庭提供财产安全和生命安全保障。

（三）信用卡

泰国当地使用信用卡较普遍，国际通行的 VISA 卡和万事达卡在当地均可使用。目前，中国银行（泰国）有限公司以下［简称中国银行（泰国）］等部分本地银行均在当地发行了中泰双币信用卡。中国的银联卡在大部分场所均可以使用，泰国商场也积极开展了银联卡优惠促销打折活动。以中国银行（泰国）为例，该行办理的双币银联卡可以在中国内地使用，还款时可使用人民币。若需申请，非泰籍人员需提供身份证、工作证、护照及三个月流水证明到柜台填写申请表。

中国银行（泰国）提供外国人个人开户服务，需要提供护照、工作证及工作签或者其他长期签证，具体视开户人的用途而定。

（四）融资

在融资方面，外资企业与当地企业原则上享受同等待遇，具体贷款条件由各商业银行根据其对贷款企业或项目的分析及风险控制情况而定，泰央行对商业银行存贷款利率无硬性规定。

影响融资成本的因素包括借款人自身经营情况、贷款产品类型、借款用途、借款币种、期限、担保结构等。总体来说，借款人自身经营状况越好，融资成本越低，担保结构越扎实，具体利率视产品和项目情况而定。

[**案例** 2-1]

中泰两国银行为中资企业提供支持。来自中国东部地区的某出口型清洁能源设备制造企业来泰国投资时，选择同时与一家泰国大型银行以及一家中资银行合作，两家银行联手为该企业提供项目长期贷款。该企业利用双方互补优势，比如中资银行可以为该企业提供其所在行业的风险分析，而泰国银行能提供从选址定位到泰铢资金支持等的全方位支持。目前该企业在泰国经营状况良好。

点评：

中资企业应深入了解中泰两国金融机构对于企业赴泰国投资能够提供的资金支持与金融服务，借助两国金融机构的优势条件，助力企业在国际市场上做大做强。

除了在泰国融资外，“走出去”企业还可以通过如下途径开展融资。

1. 在中国境内融资

中国企业在境内融资方式分为债务融资和权益融资两大类，其中，债务融资分为信贷融资和债券融资，权益融资（股权融资）分为普通股融资、优先股融资及股权互换融资。此外，跨境并购项目中，境内直贷和内保外贷也是企业境内融资的主要方式。

2. 在国际市场融资

企业在国际市场融资，可多关注权威国际金融机构提供的融资支持，同时用好在国际资本市场发行债券、上市等融资方式。

亚洲基础设施投资银行、欧洲复兴开发银行、国际金融公司等国际多边金融机构，在其业务涵盖的地区和领域往往具有明显优势和先进经验。对于符合其融资条件的项目和企业，这些机构以贷款、股权投资等方式提供融资支持，具有融资期限较长、利率相对较低、性价比较高的特点。

境外发债逐渐成为中资企业重要融资方式之一，其优点在于境外债券在产品结构上有足够的空间利用利率、汇率等方法降低融资成本。中国企业发行较多的是中资美元债。

境外上市具有门槛低、筹备上市时间短、条件明确、易于操作等特点。企业可以根据自身情况，选择在境外上市，充分利用境外资本市场，筹集企业发展所需资金，不断提高企业的国际竞争力。就上市地点而言，企业还需根据自身发展战略和市场定位以及不同证券交易所的上市要求和比较优势进行准确评估，选择适合的上市地点。

3. “一带一路”多双边合作基金

为推进“一带一路”建设、企业“走出去”和国际产能合作，中国发起设立了多支多双边合作基金，如丝路基金、中国–东盟投资合作基金、中国–中东欧投资合作基金、中国–欧亚经济合作基金、中非发展基金、中非产能合作基金、中拉合作基金等。

多双边合作基金主要以股权类投资为主，可在不增加企业债务负担的情况下，为项目建设提供长期、可靠的资金支持，契合大型项目建设周期长、资金需求量大的特点，是对信贷融资、债券融资等融资方式的有益补充。中国企业可根据项目特点及所在地区，多与对应的多双边合作基金进行对接，获得融资支持。

（五）证券市场

泰国证券交易所于 1975 年开始正式运营，是亚洲最具流动性的交易所之一，提供包括股票、债券、衍生品等投资产品交易服务。泰国证券交易所交易量在东南亚排名领先，上市公司质量良好，国际投资机构参与性强，国际规则接轨程度高。但从上市企业结构来看，大多数属传统行业。泰国证券监管委员会对外资企业在泰国市场发行股票提供政策支持，但证券市场目前尚未成为外资企业主流融资渠道。

截至 2022 年 4 月，泰国证券交易所市值达到 5910 亿美元，上市公司共计 781 家，在东盟证券交易市场中排第三位，日均成交金额及过去五年累计首次公开发行金额（IPO）居东盟首位。按日均成交金额计算，其投资者类型主要有国内机构（7%）、自营交易（8%）、国内散户（42%）、境外投资者（43%）；按上市公司市值计算，其行业分布主要为服务（25%）、资源（22%）、金融（15%）、基建（10%）、科技（14%）、农业和食品（7%）、工业（6%）、消费品（1%）。

十二、通信与电力

（一）电话

泰国国际电话区号 0066，按国际标准写法泰国电话号码通常写成“0066-地区号-本地号码”或“0066-手机号码”，例如，泰国曼谷某用户的手机号为 0066-158××××2424。

近年来，泰国政府提出泰国 4.0 战略，把数字经济列为优先发展领域，加大对数字经济基础设施的投入。泰国的电信服务符合国际标准，固定电话线、移动电话、拨号上网和 ADSL 宽带一应俱全。在曼谷等城市地区，固定线路覆盖办公室和住宅区域。

泰国仅有一家固定电话运营商 TOT。他们可以在短短几天内完成上门安装。本地电话不计时，每次呼叫收取 3 泰铢的固定通话费用。TOT 拥有超过 200 万条电话线的网络，其中包括最新的数字交换和长途电话设备。它的全国性服务涵盖基本电话以及许多其他增值服务，例如传真、寻呼、在线数据、公用电话、视频文本和综合业务数字网等。

固定电话服务仍然是泰国电信基础设施的重要组成部分，截至 2022 年，泰国在全国范围内拥有 443 万固定电话用户。

近年来，移动电话的拥有量比固定电话拥有量的增长速度快得多。根据国家广播和电信委员会办公室的数据，2022 年泰国拥有 1.29 亿移动用户。

点评：

泰国的手机卡可以在当地购买，国内手机卡开通国际漫游服务也可以在泰国漫游使用。

（二）网络

泰国的移动互联网发展迅速。高带宽的互联网连接对于提高生产力、社会福利变得越来越重要。在许多光纤普及率较低或价格较高的新兴市场，人们往往更加依赖无线技术（包括移动和固定无线）来满足对可扩展的连接不断增长的需求。目前，泰国的移动互联网采用率为每 100 名居民 90.3 人，固定宽带为 16.6 人。3G 和 4G 服务的网络覆盖率为全国人口的 98%。

泰国的 5G 发展迅速，根据泰国电信管理局的数据，截至 2021 年，泰国已有超过 1000 个 5G 基站，具备了良好的 5G 网络基础设施。目前 5G 网络已覆盖泰国 76%的人口，5G 连接数为 430 万左右。预计未来 3 年 5G 部署和采用的速度将加快，到 2025 年，5G 连接数预计将达到 2670 万，5G 网络将覆盖 92%的人口。

目前，中资企业深度参与泰国数字基础设施建设。华为已在泰国建立东盟首家 5G 生态系统创新中心；中兴与泰国第一大电信运营商 AIS、素罗那立科技大学合作部署 5G 技术，建立智慧工厂，通过扩展 5G 应用助力泰国制造业升级；阿里巴巴、京东等中国电商企业积极搭建泰国网络零售、跨境电商和移动支付平台。近年来，电子商务在泰国发展迅速，其中跨境电商尤其突出，2021 年泰国电子商务市场规模达到 191 亿美元，同比增长 28%，是全球第 19 大电子商务市场。

［**案例** 2-2］

建设 5G 生态系统创新中心。华为泰国公司将投资 4.75 亿泰铁在泰国建设一个5G生态系统创新中心，用于研究5G用例，并在3年内孵化100家当地中小企业和初创企业。该中心将作为一个用于发展数字创新的沙箱，并为泰国各个行业的5G应用和服务提供概念验证。

启动世界级5G智慧医院项目。华为泰国公司联合泰国玛希隆大学附属诗里拉吉医院、泰国国家广播和通信委员会启动"世界级5G智慧医院"项目。该项目为东盟区域首个大规模正式启动的5G智慧医院项目，旨在通过引入5G、云计算和人工智能等技术，为患者带来更高效、便捷的体验，推动诗里拉吉医院成为泰国乃至全球智慧医院的典范。

积极融入泰国发展战略。泰国数字经济和社会部2022年2月25日在曼谷与华为签署谅解备忘录，持续深化双方在政务云领域的合作，支持泰国建设数字政府，增强在数字经济领域的竞争力，进而促进泰国成为东盟数字中心。在5G医疗、交通、网络安全等领域继续加强合作，为泰国建设东盟数字枢纽作出更多贡献。

促成泰国5G联盟。华为公司和泰国数字经济和社会部、数字经济促进局、全球移动通信系统协会亚太5G行业社区等于泰国曼谷共同举办"2022年泰国5G峰会"，成立泰国5G联盟，促使5G与泰国各产业融合，提升泰国竞争优势。

（三）电力

目前，泰国发电能力基本能满足国内需求。泰国电力局数据显示，2021年，泰国总装机容量为46682.37兆瓦，其中国家电力局发电占34.45%，独立发电商发电占33.20%，小型发电商发电占20.10%，外国进口占12.25%。

泰国发电使用天然气作为主要燃料，2021 年天然气发电总量为 110052.10 万千瓦时，占比 56.47%；其次是煤炭，总发电量为 34174.55 万千瓦时，占比 17.54%。

点评：

泰国电压为220V，频率为50Hz，国标两相插头可以直接插入泰国的插座中，如手机充电器、电动牙刷、充电宝等插头。但是国标三相插头无法直接在泰国使用，如笔记本电脑、电熨斗等插头，如需使用三相插头，需注意携带转换插头。

十三、医疗与安全

（一）医疗

1. 泰国医疗体系

泰国拥有国际先进水平的医疗队伍和现代化的医疗器械，除公立医院外，泰国共有 400 多家私人医院，其中，曼谷康民医院、曼谷国际医院等都是兼具高科技设施和高水平医护队伍的国际化私立综合医院。

在医疗保障方面，泰国主要有三类保障制度：一是社会福利型的医疗保障制度，对于国家公职人员及其家属、低收入家庭、退伍军人等实行免费医疗；二是强制性的医疗保险，即对于企业雇员的强制性社会保障计划以及对雇员因工受伤的工人补助计划；三是自愿医疗保险，包括私人健康保险和健康卡制度，主要针对没有参加前两项保障计划的其他泰国公民。

任何机构或公司都必须无条件给所雇佣职员提供医疗保险。泰国卫生部现在正努力建立外籍公民健康医疗保险系统，鼓励到泰国边境地区接受医疗服务的外籍患者购买社会保险，寻找国外团体购买健康医疗保险的合法模式，例如外籍游客以及外籍泰国养老人士。

点评：

泰国曼谷医疗条件较好，分公立、私立医院两种，一般来说，私立医院医疗服务水准较高，多数提供中文翻译服务，但治疗费用也较高。泰国零售药店较多，药物也比较齐全。强烈建议在旅行开始以前购买适合的人身意外和医疗等保险，以防万一，并将购买保险的资料告知家人。

2. 泰国新冠疫情情况

据 2021 年 12 月 8 日由核威胁倡议组织和约翰霍普金斯大学健康安全中心发布的全球卫生安全（GHS）指数报告显示，泰国 2021 年的平均得分为 68.2 分（满分 100 分）。泰国在检测和报告方面获满分 91.5 分，位居全球第一。在快速反应方面获 67.3 分，仅次于芬兰，排名第二。

该报告主要对 195 个国家和地区应对疫情的能力进行评估。在全球范围内，泰国在 195 个国家和地区中排名第 5 位，在亚洲排名第 1 位。

泰国从 2022 年 10 月 1 日起将新冠疫情从“危险传染病”名单中删除，并将其列入“受监控的传染病”名单。入境泰国不再需疫苗及检测证明。10 月 27 日，泰审议通过了 2023—2027 年传染病防控、预防执行计划草案，取消了不戴口罩的相关处罚规定，以及因预防、防控疫情产生损失补贴相关法草案。此外，当局也决定让地方医院能够自行采购抗病毒药物，无须等待政府制药组织提供，如同其他传染病的做法，让公众能更方便地获得药物。

点评：

根据世界卫生组织网站数据，截至2023年2月21日，泰国感染新冠病例总数达到4727831例，其中33902例死亡。截至2023年2月9日，共接种了138977890剂疫苗。

（二）安全

1. 治安

泰国风险等级偏低，社会治安状况整体较好。事故和灾难问题（涉水安全与交通事故频发）以及社会治安（偷盗、诈骗、毒品）比较突出。

点评：

泰国很多旅游胜地靠海，季风时节，周边海域风急浪高，海况瞬息万变，浮潜、游泳等涉水项目安全事故多发。如普吉岛、攀牙湾、皮皮岛、丽贝岛等位于西海岸，每年5—10月受印度洋季风影响，苏梅岛、涛岛则位于东海岸，每年11月至次年4月受东北季风影响，风浪较大，不适合游泳。不可自恃水性好逞能，不可在风浪大或暗流、激流处下水，不可在危险地带（如插有红旗等警示标志的海滩）下水，更不可酒后下水。参加涉水项目务必全程穿戴救生衣，浮潜者应接受正规培训，掌握浮潜设备使用方法。年长者、高血压、心脏病患者勿浮潜。另外，当地酒店泳池一般不配救生员，最好结伴前往。

泰国右舵左行。过马路应先看右，再看左，注意避让“摩的”。选择愿意打表的出租车，记下车左前方挡风玻璃处的车牌及司机执照信息。购买正规长途客车公司的车票及保险，不坐夜班车。未持泰国本地驾照或国际驾照者，在泰国租驾摩托车及自驾属违规无证驾车，中国驾照在泰无法换取国际驾照，仅持中国驾照或驾照英文翻译、公证在泰不受法律保护，不仅会被警察罚款，且一旦发生事故都将承担全责。护照是中国公民出入境和在国外证明国籍和身份的重要证件，须妥善保管。切勿在租车时抵押护照，以免产生纠纷，影响后续行程。如不熟悉当地交规、路况，发生交通事故概率较大，事后难以维权。一旦发生交通意外，应立即报警（191），如有人员伤亡，呼叫救护车（1669，1691，1554）。

2. 自然灾害

泰国主要自然灾害包括洪涝、暴雨、山体滑坡和泥石流、地震、海啸等。泰国中部地区湄南河流域沿岸在雨季洪涝灾害频发。暴雨往往在泰北部山区地带引发山体滑坡和泥石流灾害。

点评：

建议中国公民及时关注驻泰使领馆网站发布的灾情提示信息，密切关注天气情况，提前做好应对，尽量避免在恶劣天气出行或前往灾区。

3. 卫生安全

泰国天气炎热，饮食和烹饪习惯与中国不同，应注意饮用水和食品卫生。不要喝生水，前往卫生条件较好的正规餐馆用餐，避免食用未经充分加工和未煮熟的肉类和蔬菜，以免发生食物中毒。

Chapter 3

第三章

前往泰国手续办理及相关须知

一、泰国签证入境

泰国的签证分过境签证、旅游签证、商务签证、非移民类签证、外交签证、官方签证、礼遇签证等。旅游签证有效期为3个月（单次）或12个月（多次），可以停留60天。持旅游签入境需携带相当于每人20000泰铢或每个家庭40000泰铢的现金或等值外币，作为经济能力证明。

2021年9月27日起，对赴泰中国公民实施电子签证。中国境内签证申请人无须向泰国驻华使领馆递交护照和相关纸质版签证资料，只需在线申请即可。签证一经批准，系统将自动向签证申请人发送电子签证证明信，申请人可凭打印的电子签证证明信入出境。

点评：

泰国要求护照有效期必须在6个月以上，否则将被拒绝入境。中国公民在出国前应仔细检查护照有效期限，以免造成不必要的损失。

（一）短期入境

1. 免签证

根据中国与泰国签订的互免签证协议，持外交、公务护照的中国公民可免签证进入泰国，停留不超过30天。

2. 旅游签证

泰国自2016年5月1日起对持因私普通护照的中国公民开放普通旅游签证、落地签及过境签（72小时），不需要面签。

（1）落地签。

中国公民持因私护照赴泰国旅游可以以下两种方式申请泰国落地

签证：一是在允许落地签证的51个入境口岸申请落地签证；二是在素万那普国际机场、廊曼国际机场、清迈国际机场、普吉岛国际机场的电子签证通道办理落地签证。

2022年10月1日至2023年3月31日期间，落地签证在泰国停留期由原来的15天延长至30天，无须提前通过旅行社申请，也无须提供担保人，但是入境泰国时，必须持有离境机票和有效的泰国地址，如酒店预订单等，护照有效期必须超过30天，否则不准许入境。落地签时，在飞机上填写一个入境卡（飞机上会发），如办理一次入境有效落地签证，收费2000泰铢。

点评：

如果持非落地签证，签证到期而仍计划在泰国停留，则需在签证到期前赴泰国移民总局申请延期，正常情况下只能延期一次，不超过30天。持落地签证，一般情况下不予延期。

（2）过境签。

旅客提供已支付出票并与航空公司确认过的从中国飞往泰国的去程和离开泰国的返程或去往第三国的电子机票和相应签证，可办理泰国过境签，可停留期限为30天以内，收费190元人民币。

（3）个人访问签证/普通旅游签证。

个人申请泰国普通旅游签证建议在出发前一个月办理，签证有效期为自签发之日起90天内，停留时间为60天，入境次数单次，办理费用为240元人民币，办理多次入境签证费用为1200元。

（二）长期入境

1. 工作签证

泰国工作签证签发对象为进入泰国工作的外籍人士，工作签证有效期一年，如果没有转换工作、离职或辞退的情况，每满一年后续签一年。

2. 居留证

持有泰国非移民签证至少连续 3 年的外国人可以申请在泰国永久居留。申请必须在每年 10 月初至 12 月底提交。申请人必须符合的要求包括：

（1）持有有效护照，以及至少连续 3 年在泰国合法停留的泰国非移民签证；

（2）对于年满 14 岁的申请人，须持有无犯罪记录证明；

（3）体检合格；

（4）提供财务、家庭、社会地位、就业和教育背景相关资料；

（5）能够使用泰语沟通。

另外必须同时能够满足以下类别之一才能申请：

一是投资类别。申请人须汇入至少 1000 万泰铢等值货币入境（必须提供此类投资进入泰国的证明）。

二是工作/业务类别：

· 须在注册资本至少 1000 万泰铢的泰国公司担任高级管理职位，并且必须有至少 50000 泰铢的月收入；

· 须在过去两年每年缴纳不少于 10 万泰铢的个人所得税；

· 须在过去两年内每月收入不少于 80000 泰铢；

三是人道主义原因，满足泰国对出于人道主义原因申请居留的相关要求；

四是专家类别，申请人必须至少获得学士学位，并拥有至少 3 年为泰国经济社会作出贡献所需的特殊能力。

点评：

泰国内阁日前批准调整长期居留签证原则，通过根据刺激经济和投资策略，增加新投资目标行业，提高目标产业人员的专业技能，吸引拥有潜力且持有泰国长期居留签证的外籍人士到泰国。包括：运输和物流、石油化工、国际商务中心和其他行业。申请资格认证的外国人，必须使用九个方面中任何一个方面的专业技能工作，例如目标行业或目标技术（生物技术、纳米技术）的研究和开发。同时，将致力于开发职业或高科技领域人力资源，解决如人工智能、自动化和机器人应用等高科技知识人才的供应问题。通过政府政策获得长期居留签证的外国人，可以长期从事有利于泰国经济发展、贸易和投资的活动，对泰国的全面发展起到推动作用。

二、入境须知

游客携带植物、动物、动物制品等入境泰国，须事先向泰国农业合作部申请，获准后凭动植物检验检疫合格单向泰国海关办理通关手续。严禁携带猪肉及猪肉制品入境泰国。

根据泰国法律规定，每名游客仅允许携带 1 条烟（200 支烟或 250 克烟草）和 1 瓶酒（不超过 1 升）入境。同时请注意不要将多人的烟酒放在一人行李内，或在机场区域内交由一人保管，否则会被视为超量携带，需缴纳罚款。请遵守电子烟有关规定，切勿携带或使用电子烟及其相关产品，违者将被判处监禁或罚款。

旅客携带 45 万以上泰铢入境或 5 万以上泰铢出境，须向海关申报。旅客前往缅甸、老挝、柬埔寨、马来西亚、越南、中国云南携带泰铢金额不得超过 200 万，超过 45 万泰铢须向海关申报。可携带任何外币出入境泰国，总额如超过等值 1. 5 万美元，须向海关申报。

点评：

出入境时应配合海关、移民官员检查，如实申报。沟通时应保持冷静和理智，避免出现过激言行，以免带来不必要的麻烦。

三、新冠疫情对出入境的影响

根据泰国卫生疾病控制中心 2023 年 1 月 10 日发布的关于实施入境泰国相关措施规定：

（1）不需要出示接种新冠疫苗证明。

（2）若始发国（如中国）在入境时要求出示核酸检测阴性证明，需要购买保额 10000 美元以上且涵盖新冠治疗费用并覆盖在泰停留时长再加 7 天的医疗保险。

（3）对于赴泰工作或进行其他活动的旅客，例如：航空公司机组人员、赴泰留学生等，可提供由派遣单位出具的医疗费用治疗担保函或提供其他形式的健康医疗保险。

（4）泰国卫生疾病控制中心工作人员将随机抽查抵泰旅客的健康保险，经查无法出示健康保险的旅客必须在入境前购买符合要求的健康保险。

（5）持有泰国护照或在泰转机旅客无须出示健康保险。

（6）航空公司必须遵守并执行相关要求及规定，例如：要求旅客全程佩戴口罩，除机上用餐或其他紧急情况除外。

（7）在乘坐航班期间出现疑似症状的旅客，建议在抵泰时进行检测。

四、泰国紧急求助电话

中资企业及公民在泰国如遇突发状况，或遇有语言不通等特殊情况，应尽快通过各种联系方式与中国使馆领事部门取得联系，告知所遇困难及地理信息，以便尽快解决。

在中资企业间、华人内部发生的纠纷，应尽量内部协商解决，避免矛盾扩大，如需通过法律途径解决纠纷，可通过国内有关单位进行。

如遇恐怖袭击、绑架、抢劫等恶性治安事件，请及时报警，并与中国驻泰国大使馆和工作单位取得联系。

中国驻泰国使领馆依法维护我公民在泰国合法权益不受侵害，对于违反当地法律法规的中国公民将提供法律咨询，最大限度提供必要协助。

相应的联络方式如下：

· 外交部全球领事保护与服务应急呼叫中心：+86-10-12308，+86-10-65612308

· 驻泰国大使馆领保电话：02-245-7010

· 驻清迈总领馆领保电话：081-882-3283

· 驻宋卡总领馆领保电话：081-766-5560

· 驻孔敬总领馆领保电话：080-936-6070

· 驻普吉领办领保电话：094-595-6158

· 泰国报警电话：191

· 泰国急救电话：1669

· 旅游警察热线：1155

· 泰国疾病控制厅：1422

· 泰国移民局电话：1178

Chapter 4 第四章

泰国有关法律规定

一、泰国法律体系概述

泰国是一个君主立宪制国家，其法律体系主要基于大陆法系，以成文法作为法院判决的主要依据。宪法是泰国的最高法律，规定了国王、国民议会、内阁、法院和宪法机关的权力。宪法的修改，须经国会议员二分之一以上表决通过，并经国王同意：若国王不同意，则须经国会三分之二以上表决通过。构成泰国法律支柱的基本法律已编纂为四部法典：民商法典、刑法典、民事诉讼法典和刑事诉讼法典。《泰王国民商法典》（以下简称《民商法典》）包括有关一般原则、义务、合同法、财产法、家庭法和继承法的规定。有关一般原则的规定特别重要，因为它们经常适用于《民商法典》以外的法律。

现代泰国法律体系的建立可以追溯到朱拉隆功，即曼谷王朝拉玛五世，他在法律、财政、教育、体制和军事等方面进行了一系列的改革，使得泰国成功地由落后的封建国家转型成为现代化国家。拉玛五世主动移植西方法律制度。一是在立法方面，其以西方法律为蓝本，颁布了《暂行民事诉讼法》《办理清算破产企业和股份公司的破产诉讼程序法》《贷款银行企业法》等。二是在司法方面，1892 年成立司法部，将司法机关独立出来，改变泰国长期以来司法混乱的局面。1907 年建立了单一的法庭制度，明确了案件审级制，规定了各省的法庭所属的诉讼初审制度。在立法和司法方面的改革，逐步消除了以往无法可依、法出多门和随意执法的问题。拉玛五世的改革，使泰国现代化的法律体系和司法制度初步确立。

朱拉隆功的改革促进了现代化的进程，但改革也使部分权贵失去了特权，从而对政治现状产生极大不满。1927 年，泰国历史上第一个资产阶级政党——民党，在这样的背景下诞生。1932 年，民党在军事首领披耶帕风将军的率领下发动了政变，迫使拉玛七世签署了临时宪法，泰国 700 年历史的君主专制制度至此结束，进入了君主立宪制时代，这对泰国近代法律产生深远影响。此次政变的主要领导人具有法国留学背景，这也使得泰国宪法和之后其他法律的制定深受法国法律影响，同时，与多数大陆法系国家法律不同，泰国法律在商事法、程序法和证据法方面还受到英美法系法律的影响。1932 年政变后，泰国加大推进民商事法律制度的建设，于 1934 年颁布《泰王国民事诉讼法典》。又于 1935 年制定了《泰王国民商法典》，即泰国现行的民商事法典，内容和体例上都以法国法典为蓝本。该法典保留了一些泰国的传统思想，但总体来看，《泰王国民商法典》大篇幅吸纳了西方的法律思想和规定，体现了西方男女平等的思想。

泰国的司法系统由宪法法院、司法法院、行政法院和军事法院构成。宪法法院主要职能是对议员或总理质疑违宪、对已经国会审议的法案及政治家涉嫌隐瞒资产等案件进行终审裁定，以简单多数裁决。宪法法院由 1 名院长及 14 名法官组成，院长和法官由上议长提名呈国王批准，任期 9 年。行政法院主要审理涉及国家机关、国有企业及地方政府间或公务员与私企间的诉讼纠纷，行政法院分为最高行政法院和初级行政法院两级，并设有由最高行政法院院长和 9 名专家组成的行政司法委员会。最高行政法院院长任命须经行政司法委员会及上议院同意，由总理提名呈国王批准。

军事法院主要审理军事犯罪和法律规定的其他案件。司法法院主要审理不属于宪法法院、行政法院和军事法院审理的所有案件，分最高法院、上诉法院和初审法院 3 级，并设有专门的从政人员刑事厅。另设有司法委员会，由最高法院院长和 12 名分别来自三级法院的法官代表组成，负责各级法官任免、晋升、加薪和惩戒等事项。司法法院下设秘书处，负责处理日常行政事务。

二、在泰国投资注册企业需要办理的手续

（一）主管部门及相关法律

泰国投资促进委员会是直属于泰国国务院的政府招商引资机构，其主要职责是负责制定投资鼓励优惠政策并为投资者提供协助服务。

泰国商业部是泰国经贸事务的主要主管部门，其下属机构商业发展厅负责企业注册、工商登记、财务报表审计、业务成果核查等职责。

泰国规制外资控股公司商业经营的主要法律是《外商经营企业法》。《外商经营企业法》对外国人在泰国开展的特定商业活动进行规制。除此之外，还有其他针对特定行业或商业活动的单行法律对外商投资施加直接或间接限制，例如《航空法》《陆地运输法》《农业土地租赁法》《就业安置和求职者保护法》等。在外商直接投资领域，泰国没有专门适用于国有企业的相关规定。除非适用特殊条约或双边协议，否则一般对所有外商实体都一视同仁。

（二）设立企业的形式

泰国承认三种类型的公司实体，分别是合伙企业、有限公司和其他形式的公司实体。

1. 合伙企业

合伙企业分为一般合伙企业和有限合伙企业两种形式。在一般合伙企业中，所有合伙人共同对所有义务承担全部连带责任。有限合伙企业必须存在两种合伙人，包括有限合伙人和普通合伙人，分别对企业债务承担有限责任和无限连带责任。注册合伙企业的费用为每 10 万泰铢注册资本需支付 100 泰铢注册金，注册费用最低为 1000 泰铢，最

高为 5000 泰铢。

2. 有限公司

在泰国，有限公司分为两种类型，私营有限公司受《民商法典》管辖，公共有限公司受《公共有限公司法》管辖。有限公司拥有独立的法人主体资格，可对外承担责任，对于其境外股东起到隔断风险的作用，普遍被境外投资者所采用。私营有限公司至少应包含 3 名股东，一般情况下，外国股东至多持有私营有限公司 49%的股份。公共有限公司须至少有 15 个发起人，公共有限公司可以公开发行股票、债券，也可申请在泰国证券交易所上市。

3. 其他形式的公司实体

（1）分支机构。外国公司可在泰国设立其分支机构，须至少任命一名管理人员。分支机构只允许维持与其公司在泰国相关业务的账目往来，外国公司应预先将机构的收入组成向泰国税务部门进行说明。

（2）代表处。外国法人实体可以在泰国设立其代表处，从事有限的非营利活动。代表处须申请税务编号，向税务厅和商业发展局提交退税收入证明和财务报表。外籍人士和所有本地员工都须取得纳税卡，依法上缴个人所得税。

代表处不得从事接受采购订单、销售订单、洽谈业务等事项。代表处不能产生经营收入，仅能从总部获取资金用于必要的日常开支，所有支出必须由总公司承担。

（三）注册企业主要程序

泰国对于外国投资企业的设立并没有进行单独的立法，因此外国投资者在泰国注册企业只需要按照泰国企业的注册程序进行便可。由于外国投资者在泰国设立企业的形式主要是设立有限责任公司，故这里主要介绍泰国有限责任公司的设立流程，有限公司设立流程见表 4-1。

表 4-1　在泰国设立有限公司注册程序

序号	步骤	具体内容
1	公司名称核准	商事登记所允许的名称为英文和泰文，核准后公司名称预留期限为 30 天。
2	登记公司组织大纲	组织大纲有固定版式，内容包括已核准的公司名称、公司详细注册地址、公司目标和经营范围、公司发起人的姓名等个人详细资料、股东的股份认购情况及公司注册资本信息。
3	召开成立公司法定会议	完成认购后，发起人召集所有认购人，召开认购人会议（即法定会议），会上批准通过以下事项： （1）公司章程及规章制度。 （2）批准发起人设立公司时订立的合同或发生的费用（如有）。 （3）支付给发起人的费用（如有）。 （4）确定拟发行优先股的数量（如有），以及由此产生的优先权的性质和范围。 （5）确定分配给已缴足或未缴足的非货币形式资本的普通股或优先股数量（如有）。 （6）任命公司经理和审计师，并分别确定其职权范围。
4	注册公司	在召开法定会议后的 3 个月内，公司董事必须递交登记成立公司的申请。否则原法定会议失效，需重新召开法定会议。 对于私人有限公司，为每 10 万泰铢注册资金支付 500 泰铢注册费用，最低为 5000 泰铢，最高为 25 万泰铢。发起人和出资人应至少实缴 25%的认缴份额。 对于公共有限公司，为每 100 万泰铢注册资金支付 1000 泰铢注册费用，最高为 25 万泰铢。发起人和出资人应缴纳 100%的认缴份额。

续 表

序号	步骤	具体内容
5	税务登记	企业须在设立60日内申请获得税务编号。 年营业额超过180万泰铢的公司，需自年营业额超过该数额之日起30日内，登记缴纳增值税。
6	社会保险登记	自聘用员工之日起30日内，企业须为员工设立社会保险账户。一般情况下，企业向社会保险办公室提交完整的资料和文件后，可在一天内完成社会保险账户的设立。

资料来源：泰国商业发展厅。

（四）公司审计与合规要求

泰国《民商法典》规定了公司在泰国必须遵守的审计和会计要求。

1. 审核和合规性要求

公司必须保留适当的账目和账簿，包括公司所有商品和服务的销售和采购账目、公司收到和支付的每笔款项、公司所有资产和负债的记录。

2. 年度股东大会

根据泰国《民商法典》规定，公司至少每年举行一次年度股东大会，会议时间应为公司财务年度结束后4个月内。公司董事应至少于会议召开日提前7天（如涉及需要法律规定特别表决数通过的事项则应至少提前14天），以挂号信或亲自送达形式将会议通知公司全体股东。召集年度股东大会的通知，须载明地点、日期、时间和将讨论的事务，通知亦须刊登于当地报纸。

股东大会应至少考虑并审议以下事项：

（1）截至上一财务年度结束之日经审计的财务报表；

（2）任命董事以替换轮换退职的董事，即每年股东大会上，必须有1/3比例的董事退出董事会，如果董事人数不是3的整数，则以最接近1/3的数量退职；

（3）任命审计师并决定其薪酬；

（4）利润分配及法定公积金提存（如有）；

（5）其他业务事项（如有）。

自股东大会之日起1个月内，公司必须向泰国商业发展厅以电子方式提交最新的股东名单以及经审计的财务报表。

任何未在规定的期限内举行股东大会，或未将经审计的财务报表进行电子备案的公司，该公司及其董事可能会分别被处以最高20000泰铢和12000泰铢的罚款。

3. 会计期间

有限责任公司或股份有限公司董事会须至少每隔12个月编制财务报表。财务报表须包括公司在该财年的资产负债情况以及损益表。董事会必须委任公司股东大会指定的注册会计师对财务报表以及收入报表进行审计，并在财年结束后的4个月内将报表提交股东大会批准。应运用XBRL（可扩展商业报告语言）技术将财务报表通过电子系统提交至商业发展厅。上述报表须在经审计的财务报表获得股东大会批准之日起一个月内提交。

4. 会计准则

上市公司或需公开披露财务信息的个体应根据《泰国财务报告准则》编制财务报表。非公开披露财务信息的个体则依《泰国非公开个体财务报告准则》编制，但可自行选择适用以《泰国财务报告准则》编制。《泰国财务报告准则》和《泰国非公开会计个体财务报告准则》均与《国际财务报告准则》原则上一致。这些财务报告准则由泰国会计专业人员联合会根据泰国《会计师法》和《会计法》颁布。

5. 年报

企业必须在每个财务年度结束后 4 个月内召开年度股东大会，年度股东大会应批准该年度的财务报告。企业应在财务年度结束后 150 天内向税务局提交年度报告。年度报告应包含：企业名称、业务类型、董事详情、经审计的财务报表、资产负债表、损益表、截至年度股东大会当日的股东名单、年度股东大会的会议纪要。

企业的财务报表和经营记录应以泰文书写，如以外文制备，则应附上泰语翻译版。

6. 对违规行为的处罚

如违反上述规定，可被处以最高 10 万泰铢的罚款。企业如少报年度利润超过 25%，将被处以相当于少报利润额 20%的罚款。企业如提交了不准确的纳税申报，将被处以相当于应纳税额 100%的罚款；如未按时进行纳税申报，将被处以相当于应纳税额 200%的罚款。

三、泰国对外国投资的市场准入

（一）投资主管部门

泰国在外资准入方面的管理和服务部门是泰国工业部下属的工业促进厅以及泰国投资促进委员会。两者在分工上有所不同，一个主要负责实施投资管理，另一个负责投资促进工作。

虽然泰国实行的是开放的市场经济政策，但并非所有行业都对外开放。泰国工业部采取对行业进行分类的措施，将不对外资开放的行业列入禁止和限制外国人经营的行业分类之中。泰国工业部设立了专门的案情调查委员会，由三个专家组成，此外还有政府成立的指导委员会，由政府代表和私有部门代表组成。他们的工作就是根据经济发展的趋势，定期对禁止和限制外国人经营的行业分类进行审议，同时根据经济发展的需求进行调整。虽然泰国工业部工业厅不涉及直接的审批工作，但是其主要职业中涉及行业分类的问题，而外资进入是否需要进行审批则根据其指定的行业分类来决定。

泰国投资促进委员会主要是负责制定投资鼓励优惠政策，并为投资者提供协助服务的招商引资机构。外国投资者若是想要根据泰国的投资政策来申请投资鼓励和优惠政策，则需要向泰国投资促进委员会递交申请，最终由泰国投资促进委员会进行审批。

（二）投资相关法律法规

泰国在吸引和保护外资政策方面的法规较为齐全，《投资促进法》规定了若干促进投资的相关举措，包括税收和非税收激励。除了《投资促进法》以外，还有《税法典》《土地法典》《外汇管理法》《劳动保护法》等。

（三）投资行业的规定

泰国商业部发布的《外商经营法》规定了三类禁止或限制产业。

第一类为禁止业务，是一些由于特殊原因禁止外商投资经营的业务。

第二类限制行业包括涉及国家安全稳定或对艺术文化、风俗习惯、民间手工业、自然资源、生态环境造成不良影响的投资业务，是须经商业部长根据内阁的决定批准后外国投资者方可从事的行业。

第三类为限制业务，是本国人对外国人未具竞争能力的投资业务，是须经商业部商业注册厅长根据外籍人经商营业委员会决定批准后可以从事的行业。

（四）投资方式的规定

1. 股权投资

外籍人在泰国开展投资经营活动的方式可分为以下两类：一是按照泰国法律在泰国注册为某种法人实体，具体形式有独资企业、合伙企业、私人有限公司和公共有限公司等；二是成立合资公司，通常指一些自然人或法人根据协议为从事某项商业活动而组建的实体。根据泰国《民商法典》，合资公司不是法人实体，但是根据《税法典》，合资公司在缴纳企业所得税时被视为单一实体。

2. 上市

泰国法律规定，只有公共有限公司才有资格申请登记加入证券交易市场。根据 1992 年颁布的《公共有限公司法》的有关规定，有限公司可以转为公共有限公司。泰国没有关于外资公司在泰国上市的特殊限制，在泰国注册成立的公共有限公司，符合泰国证券交易委员会和股票交易所的有关规定，即可申请上市。

3. 兼并收购

泰国没有关于跨国并购的专门法律法规，规范收购行为的法律法规包括《民商法典》《公共有限公司法》和 1992 年颁布的《证券交易法》。收购行为通常有全资并购、股票收购和资产收购等三种方式。收购私人有限公司，须符合《民商法典》有关规定。而收购上市公司，须符合《证券交易法》和泰国证券交易委员会的有关规定。

[案例4-1]

中资企业合理规避在泰收购风险

一家中国公司A拟在泰国投资收购一家泰国循环再生企业B。经调查确认，B公司享有泰国投资促进委员会投资优惠权益，持有有效的工厂许可，同时拥有土地、厂房、机器设备等重要资产。但B公司股东持股较为分散，最大股东持股比例仅为33%；存在大额银行贷款及土地抵押；正在申请有害健康事业经营执照，尚未获得批复；同时还存在与第三方的未决诉讼，且B公司为被告。

经综合评估，采用股权收购的方式，先由主要交易股东完成对B公司其他现有股东的股份收购，实现股权集中。然后由A公司分两期审慎完成对B公司的收购：第一期完成60%股份收购，第二期是在间隔一年后完成对剩余40%股份的收购。股份收购协议中将取得银行同意、获得有害健康事业经营执照等作为支付对价先决条件，并约定由原股东承担管理层变更之前的所有公司债务（包括或有债务）。最终完成40%股权收购时，B公司原股东已为B公司办理完备经营资质，并自行负担支出，与诉讼相对方达成了和解。

四、泰国对外国投资的优惠

（一）优惠政策框架

泰国投资促进法案是1954年政府颁布其工业促进法时制定的促进政策之一，政府根据此法案制定吸引外商投资优惠政策，泰国是东南亚地区第一个出台此类投资法案的国家。在享受投资促进优惠权益方面，申请人必须严格遵循泰国投资促进委员会颁发的投资促进证书上所注明的条件，方可享受投资优惠权益。

点评：

相关企业需向泰国投资促进委员会申请投资促进优惠资格。

（二）优惠标准

1. 按行业类别给予优惠权益

泰国投资促进委员会按行业类别的重要性制定了 A1、A2、A3、A4、B1、B2 六个小类的优惠权益。A 类享受的优惠包括了税务优惠及非税务优惠，其中 A1 包括的优惠权益最多，而 B 类的优惠权益只有非税务优惠。

2. 按项目的价值给予额外优惠权益

泰国投资促进委员会鼓励对泰国或者工业整体发展有利的方面进行投资，这类的项目可申请额外的优惠权益。符合此类规定的项目包括：

（1）为提高竞争力而给予的额外优惠。

（2）为促进内地繁荣而给予的额外优惠。设立于加拉信、猜也蓬等人均收入较低的 20 个府的项目可获得额外投资权益。

（3）为发展工业区而给予的额外投资权益。泰国工业园区分为两类，一般工业区是用于制造、服务或其他相关工业目的的指定区域；IEAT（Industrial Estate Authority of Thailand，IEAT）自由贸易区是具有制造、商业，或其他有利于经济、维护国家安全、公共福利、环境管理等相关工商业用途的指定区域，对进入该区域的产品，将依法享有税收优惠。泰国工业园管理局主要负责发展工业园区和科技园区等，目前泰国共建立了 63 个工业园。

泰国工业园的优惠政策与泰国投资促进委员会的地区鼓励政策基本一致，入园企业根据园区所处的府分别享受当地最高的投资优惠（包括税收、土地、人员引进及机械设备进口或原材料免税等优惠），无须特别申请即可享受泰国投资促进委员会的投资优惠政策。泰国内阁于 2015 年 9 月通过了产业集群经济特区政策，拟给予符合条件的区内企业所得税减免、进口机器免税以及专家等人员所得税减免等优惠。泰国政府现致力于发展超级产业集群和其他产业集群，超级产业集群包括运用先进技术的领域以及未来产业，如汽车和零配件、电力产品、电子产品和通信技术、数字经济、环保型石化产品和化工产品等产业；其他产业集群包括农产品加工、纺织服装。

（三）经济特区鼓励政策

当前，泰国正积极推进东部经济走廊（EEC）建设。东部经济走廊是泰国国家级经济特区，是当前泰国执政政府的旗舰项目，被视为经济增长的新引擎，被泰国上下寄予厚望。东部经济走廊旨在帮助泰国应对世界科技的高速发展，服务泰国目标产业，是连接东盟新成员国柬埔寨、老挝、缅甸和越南以及对接“一带一路”的新工业基地，能够提升泰国未来的综合竞争力。

泰国政府还专门制定了《东部特别经济开发区法案》，在税收、劳工、土地政策等方面制定了一系列新的措施和优惠政策，包括调整优化 PPP 模式（政府和社会资本合作模式）、增加优惠政策等，此类优惠政策均为东部经济走廊量身定做，在泰国其他地区投资不能享受。

1. 经济特区介绍

为促进与邻国之间的贸易和投资发展，泰国于 2014 年设立特别经济开发区政策委员会，并在全国 10 个府建立经济特区，为其基础设施建设、吸收投资和行政服务等提供支持。在经济特区投资的企业可享受一站式服务、税收及费用减免和优先使用外国劳动力等便利条件。

2014 年泰国特别经济开发区政策委员会会议上确定了首批 5 个地处边境地区的特别经济开发区，包括：泰国西部来兴府夜束特别经济开发区、东北部莫拉限府边境特别经济开发区、东部沙缴府亚兰特别经济开发区和桐艾府边境特别经济开发区，以及南部宋卡府昔罗特别经济开发区。

西部来兴府夜束特别经济开发区与缅甸接壤，范围涵盖夜束等 3 个县，辖下共 14 个乡，总面积 886872 莱（1419 平方千米）。开发区位于东南亚东西经济走廊，为泰国西部门户位置。开发区与缅甸美瓦迪特别经济区相对，交通运输可延伸至毛淡棉海港和仰光。该地区拥有较好的投资基础，纺织业等产业雇佣了大量劳动力，主要产业还包括农业加工产品、家具等。可继续发展工业生产，打造仓储基地和物流中心。来兴府夜束特别经济开发区的基础建设项目包括扩大来兴-夜束公路为四车道公路、修建第二座泰缅湄河大桥，以及发展夜束机场。

东北部莫拉限府边境特别经济开发区所处边境与老挝相连，区域覆盖莫拉限等 3 个县，共 11 个乡，总面积 361542 莱（578.5 平方千米）。开发区位于东南亚东西经济走廊，地处泰国东部门户位置。开发区与老挝沙湾-色诺经济特区相邻，交通运输线向东可延伸至越南岘港，最远还可以延伸到中国广西南宁。该地区为电子工业生产基地、产品批发中心，可以深化发展工业生产，建立产品集散中心、仓储基地和物流中心。莫拉限府边境特别经济开发区基础建设项目包括拓展 12 号公路，修建、发展通过该地区的双轨铁路。

东部沙缴府亚兰特别经济开发区与柬埔寨比邻，区域涵盖亚兰等 2 个县，共 4 个乡，总面积 207500 莱（332 平方千米）。开发区位于南部经济走廊，地处泰国东部门户位置。开发区与柬埔寨桑科-波贝经济特区、吴哥窟和诗梳风邻近，交通运输线可延伸至越南海港。该地区是泰国著名批发零售市场、农产品加工基地，未来可发展成国际仓储中心。现有泰、柬双边委员会准备成立经济特区。沙缴府亚兰特别经济开发区的基础建设项目包括拓展 304 号、33 号和 3511 号公路以及呀兰-边境公路的路面为 4 个车道。

东部桐艾府边境特别经济开发区与柬埔寨接壤，范围涵盖空艾县，辖下 3 个乡，总面积 31375 莱（50. 2 平方千米）。开发区位于南部海岸经济走廊，为泰国东部门户位置。开发区与柬埔寨戈公省经济特区邻近，交通运输线向柬埔寨可延伸至西哈努克港，对内可延伸至林查班港。该地区是泰国知名旅游区，可以加强发展自然旅游，未来可能设立边境免税区，建立产品集散中心和物流中心。现有泰、柬双边委员会准备成立经济特区。桐艾府边境特别经济开发区的基础建设项目包括拓展 3 号公路为 4 个车道，发展铁路运输以及空艾港口。

南部宋卡府昔罗特别经济开发区所处边境与马来西亚相连，区域覆盖昔罗县，共 4 个乡，总面积 345187 莱（552. 3 平方千米）。开发区位于南北经济走廊，为泰国南部门户位置，是泰国连接马来西亚和新加坡的陆路及铁路运输干道，与马来西亚槟城港和中央港，以及主要橡胶工业、清真食品工业及多种重工业地区相邻。该地区临近工业地区，便利的跨国陆路及铁路运输有助于出口贸易，主要货运产品包括橡胶、清真食品、海鲜产品等。宋卡府昔罗特别经济开发区的基础建设项目包括发展合艾-边境高速公路，修建、发展通过该地区的合艾-巴丹勿刹双轨铁路，以及建设宋卡港。

特别经济开发区政策委员会制定了经济特区发展战略，其目标为吸引外国投资、促进边境地区经济发展、缩小收入差距、提高居民生活质量等，为经济特区发展提供了框架。

2. 经济特区优惠政策

为了支持经济特区内相关投资项目，在泰国特别经济开发区进行投资的投资者，可获得泰国投资促进委员会的优惠政策支持。泰国政府现已出台措施促进10个边境经济特区的投资。投资涵盖以下13个类目：农业、渔业及相关产业；医疗产品和服务的制造；车辆、机械及零部件制造；电子电气制造；陶瓷、金属制品及材料制造；塑料和纸浆制品制造；公共事业业务；工业园区；纺织品、服装和皮革制造；珠宝首饰制造；家具制造；支持旅游业的活动；服务业务。对于目标业务类型（89类），将授予以下权益：

（1）一般企业。

免除机械进口关税；免征附加企业所得税，为期3年，但累计不超过8年；自首次经营业务获得收入之日起10年内，允许双倍扣除交通、电力和供水成本；除正常折旧扣除外，允许扣除25%的设施安装或建造投资。如果是在陶公府投资，将获得南部边境府投资促进措施或南部边境府示范城市项目投资促进措施的权益。

（2）特别经济开发区政策委员会规定的特惠工业。

免除机械进口税；免征企业所得税，为期8年，占比不超过投资的100%，不包括土地和营运资金成本；自免征企业所得税期满之日起，5年内投资所得净利润减免50%的企业所得税；自首次经营业务获得收入之日起10年内，允许双倍扣除交通、电力和供水成本；除正常折旧扣除外，允许扣除25%的设施安装或建造投资；免征原材料和出口生产必需材料的进口关税，为期5年；获得非税收优惠和福利。

在资金方面，国家储蓄银行提供额度在100万~2000万泰铢的低息贷款，小型工业信贷保证公司为企业免除首期2年的信贷担保手续费，且后2年手续费按贷款额度，以年息1.75%计。

在外籍人士租用土地方面，允许外籍人士以商业和工业为目的租用房地产，期限可超过30年，但不超过50年，且租期届满可续约，期限不超过50年，符合1977年版《投资促进条例》者有权拥有一定面积土地的所有权，用于经营投资促进委员会规定的业务类别，在出现结束经营或转让企业的情况下，投资者须于 1 年内出售拥有所有权的土地。

五、泰国贸易的法律规定

（一）贸易主管部门

泰国主管贸易的政府部门是商业部，其对内负责促进企业发展，推动国内商品贸易和服务贸易发展，监管商品价格，维护消费者权益和保护知识产权等；对外负责参与世界贸易组织（WTO）和各类多边、双边贸易谈判，推动促进国际贸易良性发展等。

（二）贸易法规体系

泰国与贸易相关的主要法律有 1960 年《出口商品促进法》、1979 年《出口和进口商品法》、1973 年《部分商品出口管理条例》、1979 年《出口商品标准法》、1999 年《反倾销和反补贴法》、2000 年《海关法》等。

（三）贸易管理的相关规定

在泰国，大部分进口商品都需要缴纳关税和增值税。关税一般为按价计税，也有部分商品按照特定单位从量征税。一般情况下，进口商品关税计算公式为商品到岸价乘以该项商品的进口税率，绝大部分商品的进口关税为 0%～80%；增值税的计算公式为进口商品包含关税和消费税（部分商品需缴纳）的总价值乘以 7%。

泰国给予东盟成员国和与其签订多双边贸易协定的国家和地区不同程度的关税减让，具体商品的关税税率和减让情况均可以通过税号或商品名称在泰国海关网站上查询。

1. **进口管理**

（1）禁止进口。

根据《关税及贸易总协定》，泰国进口禁令仅用于保护公序良俗、国家安全、人类、动物和植物的生命和健康，以及保护知识产权、执行联合国制裁等。绝对禁止进口的产品包括：商场游戏机（游戏币或光碟），在生产过程中使用氯氟化碳（CFC）的电冰箱冷水机、冰柜，二手摩托车引擎及车身车架，二手/翻新轮胎，陶瓷品和搪瓷器皿。为了防止非法伐木，从2005年起泰国已经禁止从达克和北碧府边境进口柚木树、橡胶树和禁伐林的原木或锯材。此外，大量进口濒危鱼类、软体动物、两栖动物和珊瑚也被《濒危野生动植物物种国际贸易公约》所禁止。

（2）进口许可证。

泰国规定42种产品需要进口许可，包括原材料、石油、工业原料、纺织品、医药品及农产品，进口许可分为自动进口许可和非自动进口许可。非自动进口许可产品包括关税配额产品和加工品，如鱼肉、生丝、旧柴油发动机等。自动进口许可产品包括部分服装、凹版打印机和彩色复印机。泰国商业部负责制定受进口许可管理的产品清单。

（3）关税配额。

根据WTO《农业协定》，泰国对24种农产品实行关税配额管理，这些产品在配额内实行低关税，在配额外实行高关税，但关税配额措施不适用于自东盟成员国的进口产品。

泰国通告WTO关税配额承诺的23项农产品的关税配额，包括：生奶和即饮牛奶、颗粒或其他固体形式的脱脂奶粉、咖啡豆、咖啡、茶叶、马铃薯、洋葱、洋葱种子、大蒜、干龙眼、胡椒、椰子、干椰子肉、椰子油、大米、玉米、大豆、大豆油、棕榈油大豆粉、糖和生丝。

泰国在各种贸易自由协定中的承诺通常是为了减少或消除关税配额产品的配额内税率，如《东盟与中国自由贸易协定》《日本与泰国经济合作关系协议》《东盟与日本国全面经济伙伴协议》《东盟与韩国自由贸易协定》，且不留出额外配额。《泰国与澳大利亚自由贸易协定》和《泰国与新西兰自由贸易协定》两个协议中，额外配额被留出，旨在增加产品数量以及在20年或25年内逐步废除配额内税率。但是配额外税率将会保持在WTO税率减让10%的水平或取消。

关税配额的管理交由相关国家委员会处理，该委员会由农业与合作部主持下的各机构代表组成。国家委员会每年对关税配额的分配方式、覆盖进口商和最终用户的范围进行讨论和作出决定。为了适应国内超额需求，部分产品的关税配额可以高于或者低于泰国在WTO作出的承诺。采样结果显示一些产品大大超过最低配额，如土豆、大豆和豆油饼，而另一些配额几乎不用，如大蒜、椰子、椰干和玉米。

关税配额不适用于从东盟国家进口的产品，因为原则上可以按照东盟自由贸易区的优惠汇率提供无限量的产品，除非进口产品被排除在东盟自由贸易区计划之外，比如棕榈油。到2000年1月，所有的产品原则上都被囊括在东盟自由贸易区计划之中，最高关税20%，目前仅为0%~5%。

外贸局根据符合条件的进口商申请发放不同的许可证，根据WTO、各类自由贸易区和东盟共同有效优惠关税规定的配额内税率和配额外税率来缴纳关税。进口商必须申请进口商身份证明，同时提交申请按照配额内税率和配额外税率缴纳关税，或依照东盟自由贸易协定的许可。外贸局须在大米进口之日起15日内、其他商品进口之日起

30日内，取得进口商提交的相关表格以及海关出示的清关证明复印件。

2. **出口限制**

泰国除通过出口登记、许可证、配额、出口税、出口禁令或其他限制措施加以控制的产品外，大部分产品可以自由出口。

3. **进出口商品检验检疫**

泰国负责商品质量监督、检验和标准认证的管理部门主要是卫生部下属的食品与药品监督管理局及农业合作部下属的国家农业食品和食品标准局。

食品与药品监督管理局根据相关法律法规对商品的市场准入进行控制，审核发放各类商品相应的卫生证明、GMP（良好操作规范）证明、HACCP（危害分析及关键控制点）证明和自由销售证明等。

国家农业食品和食品标准局的主要职责是制定初级农产品、食品和加工农产品的标准，发放许可证明，对有关产品的认证机构及企业进行认证等。此外，还协助和参与技术问题、非关税措施及国际标准等方面的对外谈判。

4. **海关管理规章制度**

《海关法》是泰国实施海关管理的根本法律制度，最新一次修订是在2018年，规定对于法律规定的禁止进出口物品或需申请许可的物品，走私行为或任何非法进出口行为将被予以没收、罚款或判处监禁等处罚措施。

（四）泰国进出口程序

当一票货物抵离泰国关境时，进出口商应向海关提交货物报关单，并随附相关单证，办理货物通关手续。为加快合法货物的流动，泰国海关署提供两种报关模式：纸质形式和电子数据交换形式。

点评：

根据联合国、世界海关组织和东盟协议中关于东盟单一窗口的规定，泰国在2011年10月正式运行国家单一窗口。国家单一窗口实现了国家间关于进口、出口和物流的电子数据和信息的共享和融合，也促进了泰国和其他国家政府与商事主体之间关于国际跨境数据和信息的共享。36个国家机构和125000个泰国公司可以进入电子文件共享注册系统，使用单一窗口输入，追踪物流以及享受安全保障。国家单一窗口旨在减少进出口过程和程序的耗时，每年至少将泰国交易成本降低32亿美元。

AEO（经认证的经营者）项目被引进，涉及出口商（始于2011年）、进口商和报关行（始于2013年2月）。AEO项目意在使国际贸易变得快捷、低成本和节约时间。该方式受到泰国在亚洲、欧洲和美洲的贸易伙伴的认可。截至2015年5月28日，有128家企业进入“报关行”之列。目前，亚洲海关局有意与泰国海关局签订双边互认协议（MRAs），从而促进泰国企业家的国际贸易。泰国已于2015年6月11日与中国香港签订了双边互认协议，并与韩国根据于2014年1月24日签订的实施计划继续协商双边互认协议事项。与新加坡海关讨论双边以协议的提案也在进行中。

泰国作为最早的《关于简化和协调海关业务制度的国际公约》（《京都公约》）的签署国，于2015年6月12日成为以促进贸易为目的的《京都公约》（修订）的第100个缔约国。

1. **关税**

进口商品通常需要缴纳关税和增值税。关税计税方法一般为按价计税，也有部分商品按照特定单位税率的方式征税。一般情况下，进口商品关税额计算公式为商品到岸价乘以该项商品的进口税率，绝大部分商品的进口关税税率为0%～80%；增值税的计算公式为缴纳进口商品关税和消费税（部分商品需缴纳）后的总价值乘以7%。

点评：

除普通税率外，大部分进口产品可根据自贸协定、特定产业等不同情况享受不同的优惠税率，具体商品的关税税率和减让情况可在海关网站上查询。

2. 自由贸易协定

泰国是世界贸易组织（WTO）的正式成员，同时是东盟成员国，成员国之间签署了东盟自由贸易协定。此外，泰国与印度、澳大利亚、新西兰、日本等国家或地区已签署双边自由贸易协定，作为东盟成员与中国、韩国等国家地区签署了多边自由贸易协定。泰国签署并核准了《区域全面经济伙伴关系协定》（RCEP），该协定已于2022年1月1日正式生效。

泰国已经与秘鲁和智利分别达成双边自由贸易协定，使两国成为其通向拉丁美洲的门户。目前，泰国正在与巴基斯坦、土耳其磋商达成双边自由贸易协定。

六、泰国关于劳动就业的法律规定

（一）劳动就业主管部门及相关法律体系

泰国劳工部负责监管用人单位、保护劳动者权益、提高劳动者技能水平和就业水平。《劳动保护法》是泰国政府关于劳动的主要法律，于1998年制定。第7版《劳动保护法》于2019年5月5日起正式实施。《劳动保护法》明确规定了雇主和雇员的权利与义务，确立了在工资报酬、解除劳动关系等方面的标准，赋予了政府协调雇主和雇员间劳动关系的权利。

除《劳动保护法》之外，泰国政府在劳动方面的相关立法还有《劳动关系法》（1975 年）、《工会法》（1979 年）、《社会保险法》（1990 年）和《工人补偿金法》（1994 年）等。

（二）劳工（动）法的核心内容

在泰国，劳工受到法律的保护。现有的《劳动保护法》针对普通劳动力的使用，妇女和童工的使用，报酬、遣散和职工福利基金建立了最低标准，还规定了政府官员可为保护劳动力提供干预措施，以确保公平和健全的职业健康来实现雇主和雇员最大限度的利润。

1. 工资

泰国政府规定了不同地区的最低工资标准，并根据实际情况对最低工资标准不定期进行调整。

2. 工作时间及加班规定

机构的工时取决于工作的性质和种类。多数情况下，每天的工作时间不超过 8 小时或一周不超过 48 小时。根据法律规定，对雇员健康有威胁或损害的工作，工作时间是有限的，每天不超过 7 小时，每周累计不超过 42 小时。只要工时不超过每周 48 小时，雇主和员工可以自行约定工作时间。

所有员工每天连续工作 5 小时即可休息不少于 1 小时。双方可以约定休息的间隔时间，但是总休息时间不得少于每天 1 小时。

每周最多加班时间为 36 小时，雇主不得强迫员工加班，加班须得到员工同意。但是，如果工作内容需要连续工作，且中途停止会对工作造成损害的，或者工作性质紧急的，在必要情况下，雇主可以让员工在工作日或假期加班。

若雇主要求雇员在工作日内加班，加班费应不少于正常工作日平均时薪的1.5倍；计件雇员按平日每件所得工资的1.5倍计算。若雇主要求雇员在假日中超时加班，雇主需支付每小时不少于正常时薪3倍的加班费，或不少于平日计件薪水的3倍工资给计件雇员。

3. **假期**

员工享有以下假期。

（1）周假，雇员每周有1天的假期，且假期不得超过6天。

（2）年假，工作1年的员工享受6天的带薪休假，可以根据与雇主的协议推迟或累计。

（3）传统假日，员工每年有13天带薪公共假日。如果公共假期与周假重合，下一个工作日被当作带薪假日。13天带薪公共假日必须从16个泰国政府公布的公共假日中选择，且必须有国庆日。雇主必须告知员工有以下公共假期选择，见表4-2。

表4-2　泰国的公共假期

日　期	假期名
1月1日	新年
2月22日	万佛节
4月6日	查库里王朝纪念日
4月13—15日	泼水节
5月2日	劳动节（政府照常工作）
5月5日	泰王登基纪念日
5月9日	春耕节（银行照常工作）
5月19日	佛祖圣诞节
5月20日	阿沙茶节（银行照常工作）
7月20日	守夏节（寺院斋戒）
8月12日	诗丽吉王后生日

续　表

日　　期	假期名
10 月 23 日	五世皇纪念日
12 月 5 日	国王生日
12 月 12 日	行宪纪念日
12 月 31 日	除夕

资料来源：泰国劳动福利保护司。

（4）病假和产假，员工有权获得每年 30 天的带薪病假。如果病假是连续 3 天或以上，需要医疗证明。因工伤造成员工无法上班的请假不能视为病假。怀孕女员工每次怀孕享受不超过 90 天的假期，并享有带薪假 45 天。

4. 社会保险

所有雇主必须依法在雇员每月工资中代扣社保基金，目前规定的社保基金缴纳标准为雇员月工资的 5%（月工资最高基准为 15000 泰铢，最高缴款额为每月 750 泰铢），雇主也必须为雇员缴纳相同金额的社保基金，须于次月的 15 日前向社会保险办公室完成社保基金支付。在社保基金注册的雇员因工受伤、患病、残疾或死亡可以申请补偿，还可以享受儿童福利、养老金和失业金。

点评：

目前泰国财政部准备上调社保基金政府公积金缴款金额部分，从每年 1200 泰铢提高到 1800 泰铢，吸引更多人建立社保养老公积金账户的同时提高他们退休后的生活品质。个人缴纳部分有望提高至每年 3 万泰铢。泰国财政部透露将会在内阁例会上提交关于调整社保金账户政府公积金缴纳部分的金额，希望将最高额从目前的每年 1200 泰铢增加到 1800 泰铢。此举也是希望在完善社保金制度的同时，吸引个人建立账户，更好地应对退休后生活。另外个人公积金缴纳金额也有大幅提高，从规定每次最低 50 铢，每年最高 1.32 万泰铢增加到 3 万泰铢，同时允许每次缴费金额可自定。官员解释有上限额主要是因为这是国家唯一一支收益不低于五大商业银行平均利润的公积金。如不足，财政部需要补足。如果按每年 3 万泰铢计算，18 岁开始缴纳直到 60 岁则账户金额就是 150 万泰铢，退休后每年可获得 7500 泰铢的养老金。而政府缴纳比例为 160 泰铢到 1200 泰铢不等。

5. 童工

泰国劳动法禁止雇佣 15 岁以下的儿童作为童工。若雇佣 18 岁以下的青少年，须自其开始工作后的 15 天内通知劳动监察人员。雇主每 4 小时要让其休息 1 小时。同样，雇主不应要求 18 岁以下的员工在晚上 10 点至早上 6 点上班或加班。

雇主不应把 18 岁以下青少年安排到危险岗位。

禁止雇主要求 18 岁以下的青少年在屠宰场、赌场、娱乐场所内工作。

禁止雇主要求童工提供担保或交保证金，或把童工工资支付给其他人。

6. 劳动关系解除

（1）解雇的原因。

如果员工合同没有明确雇佣期限，或没有明确的终止时间且不包含终止条件，任何一方都可以在提前通知对方的前提下终止该合同。终止雇佣关系的通知期限至少有一个支付周期，除非双方就更长的时间达成了一致意见。如果雇主以允许的法定理由解雇员工，并免除支付遣散费，则解雇通知中必须说明解雇的理由。如果原因不明确，雇主不得在员工提起的任何诉讼中提出抗辩。还要注意，雇主不得因员工怀孕解雇员工，不得解雇参加职工会或工会活动的员工。

（2）遣散费

自雇佣终止之日起的3日内，赔付遣散费后可以无理由解雇员工，遣散费用来代替未使用的年假、加班工资和根据雇佣协议和员工的工作规章制度应付的其他款项，遣散费的支付数额取决于员工的基本工资及工资年限，见表4-3。

表4-3　遣散费规定

工作时长	遣散费
120天至1年	30天工资
1~3年	90天工资
3~6年	180天工资
6~10年	240天工资
10年以上	300天工资
20年以上	400天工资

资料来源：泰国劳动福利保护司。

以下情况不支付遣散费：

①雇佣有明确的固定期限且已超过合同终止期限，此类雇佣用于特别计划的工作，而非正常的行业工作；

②属于有固定期限的周期性工作，或完工后即终止的工作，或季节性的工作，或为不超过2年就要完成的工作，且合同经双方协商书面签订。

（3）非权益性遣散费。

以下情况，员工因以下原因被解雇不需要事先通知和支付遣散费：

①对雇主不忠诚或故意犯罪；

②故意给用人单位造成损害；

③因疏忽给用人单位造成严重损害；

④违反用人单位工作条例或雇主命令，且雇主已经发出书面警告；在严重的情况下，雇主无须发出警告；

⑤连续3天无故旷工；

⑥最终判决入狱，但因疏忽大意或者轻罪除外。

［**案例** 4-2］

一家在泰国注册成立的酒店管理公司由于业务规划需要将某员工的工作地点从曼谷A区转移至曼谷B区，但未征得该员工同意，直接发布了要求该员工变更工作地点的公告。该员工不同意变更工作地点，因此公司提出与其解除雇佣关系。该员工遂将公司诉至劳动法院，要求公司支付其不公平解约的赔偿。

点评：

泰国劳动法规定了特殊遣散费。用人单位搬迁营业地点后，基本上会影响员工或其家人的正常生活时，雇主必须在搬迁前至少30天内提前通知员工，若没有提前通知，雇主应支付员工相当于最后30天工作薪资的补偿费，来代替提前通知搬迁之事。在这方面，如果员工拒绝搬迁到新的地方工作，则有权解除劳动合同，并有权获得不少于按规定比例应支付的遣散费的50%作为特殊遣散费。

中资企业赴泰国开展业务，应严格遵守泰国法律对于企业用工方面的规定，注重保护劳动者的合法权益，有助于维护中国企业在泰国的形象，避免因劳工雇佣问题给企业造成不必要的损失。

（三）劳动力供求

目前泰国劳动力市场主要以外来劳工为主，在高度依赖缅甸、老挝和柬埔寨等邻国移民工人的劳动密集型行业尤为明显，估计缅甸、柬埔寨、老挝等3国在泰劳工总人数不低于300万。

新冠病毒的传播导致近几年大量泰国工厂关闭，有大量的移民工人被解雇，集中在旅游城市的相关从业者纷纷离开或转行，寻求更稳定的收入保障，大多数人甚至回到了他们各自的国家。

在旅游服务行业快速回暖的当下，运输领域和泰国酒店、导游、餐饮等旅游相关行业都出现了用工短缺的问题，并将会随着旅游业复苏而扩大，生产企业呼吁政府尽快制定应对措施增加外劳引进。以生产制造行业为例，目前初步预估的劳动力缺口应该是35万~50万人。虽然目前旅游服务行业复工率还没有达到疫情前水平，但随着大量外国游客涌入，行业内部人力争夺战会越来越激烈。

（四）劳动工会

在泰国的员工可能会组织一个工会，在劳动保护和福利部登记发证后，可以开始活动。具有下列资格者可组织工会：

（1）必须是泰国国民且受雇于同一雇主，在同一省从事同类型工作；

（2）必须年满20周岁，工会须有至少10个支持者。

（五）外国人在当地工作的规定

《外籍人员工作法》是泰国政府管理在泰国工作的外籍人员的基本法律。该法律制定于1978年，于2008年做了修订。除此之外，劳工部就业厅于1979年颁布了《外籍人员工作从业限制工种规定》，并于2004年颁布了《外籍人员工作申请批准规定》，这两项规定是泰国官方受理、审批外籍人员在泰国工作申请的主要依据。

根据《外籍人员工作法》有关规定，所有在泰国工作的外国人在工作前都需取得工作许可。泰国政府对外国人在泰申请工作许可基本持积极态度，但限制外国人涉足农林牧渔行业、传统手工业等 39 类工种。

泰国劳工部就业厅是外籍人员在泰国申请工作许可的主要管理部门。该厅下设外籍人员工作许可证管理局，直接负责外籍人员在泰国工作许可申请的受理与审批。此外，劳工部外籍劳工监察局与泰国警察总署下设移民局、旅游警察局共同协调处理非法外籍劳工问题。劳工部劳动稽查管理局负责受理公众对外籍人员非法务工的申诉和举报，并进行调查取证和最终处理。

除工种外，外国人能否获得工作许可取决于雇主的劳动配额。泰国对外籍人士的雇佣也采取劳动配额管理制度。

[**案例** 4–3]

一家在泰国注册的中资企业拟在泰国聘用 10 位中国籍员工，其中高级管理人员 2 位，业务经理或销售人员 8 位。为招聘 10 位中国员工，该企业需实缴至少 2000 万泰铢的注册资本，并同时雇佣至少 40 位泰籍员工。该企业成功申请泰国投资促进委员会优惠政策并享受投资优惠后，其雇佣外国员工的配额不再受上述比例限制，而取决于泰国投资促进委员会的裁量。

点评：

在泰中资企业应充分了解泰国投资促进委员会关于吸引外资措施，在劳动雇佣、税收减免、市场准入等方面，用好优惠政策，做大国际市场，提高企业竞争力。

七、泰国关于税收的法律规定

(一) 税收管理机构及税收法律体系

泰国财政部是泰国财政和税收的政府主管部门，负责税务征收管理的主要是税务厅、国货税厅以及海关厅。税务厅主要负责征收所得税、增值税、特别营业税等，其组织机构在全国分为两个部分，即中央税收管理机构和各府税收管理机构；国货税厅负责征收货物税；海关厅负责征收进出口关税；地方政府负责征收财产税以及地方税。

泰国关于税收的基本法律是1938年颁布的《税法典》，该法典对企业所得税、增值税、特别营业税以及印花税作出了规定。关税须遵循《海关法》规定、消费税遵循《消费法》规定，而石油所得税则须遵循《石油所得税法》规定。泰国对于所得税申报采取自评估的方法，对于纳税人故意漏税或者伪造虚假信息逃税行为将处以严厉的惩罚。

(二) 主要税赋和税率

1. 企业所得税

泰国企业所得税是对在泰国经营或未在泰国经营但取得来源于泰国的特定收入的企业征收的一种直接税。泰国企业所得税每年进行2次申报纳税，以应税收入减去相关费用、扣除项目后的余额作为应纳税所得额，一般按20%的企业所得税税率计算应纳税款。企业所得税的纳税人分为居民企业和非居民企业。

2. 石油所得税

石油所得税是对在泰国开采或生产石油业务的企业征收的一种直

接税。

（1）纳税义务人及征收范围。

根据《石油所得税法》，取得经营石油购销业务特许的企业，或按照新版石油法以共享合约取得业务资格的企业（简称石油企业）需计算缴纳石油所得税。根据《石油所得税法》计算缴纳石油所得税的石油企业，不需再按照泰国所得税法缴纳企业所得税；根据新版石油法，以服务合约取得业务资格的企业仍须按照泰国所得税法缴纳企业所得税。

（2）税率。

取得特许营业资格的石油企业，其石油业务的年净利润（包括经营特许权移转收益及其他由石油业务衍生的收益）按50%税率计算缴纳石油所得税。

根据2017年6月23日生效的新版石油法，以共享合约取得业务资格的石油企业，其石油业务的年净利润（包括权利移转收入、因转让权利而产生的年金或其他固定收入）按20%税率计算缴纳石油所得税。

3. 增值税

增值税是对纳税义务人在泰国销售货物和提供劳务取得的所得征收的一种间接税。

任何年营业额超过180万泰铢的个人或单位，在泰国销售货物或提供劳务，都应在泰国缴纳增值税。泰国法定增值税税率为10%，现阶段采用税率为7%。原则上，增值税纳税义务人取得与经营相关的收入所产生的销项税可与进项税相抵。

点评：

2022年9月，泰国财政部表示拟将增值税率改为“双税率”

体系。即在维持普通商品和服务7%的现行税率不变的情况下，拟调高烟、酒等奢侈品的税率，以增加政府收入，相关产品税率有上涨风险。

4. 特别营业税

特别营业税是对纳税义务人在泰国从事指定经营活动取得的所得征收的一种间接税。从事指定经营活动取得的所得计算缴纳特别营业税，不需计算缴纳增值税。

八、泰国关于用地的法律规定

（一）土地资源管理部门及相关法律法规

泰国土地部是泰国土地归口管理部门。泰国关于土地和房产的法律主要基于大陆法系而制订，主要内容都参照大陆法系国家的相关法律。泰国《土地法》由泰国内务部颁布，自 1954 年 12 月 10 日起实施。此后，内务部于 1999 年和 2008 年颁布了对《土地法》3 项条款的修订案，分别对外国人用地、土地相关费用及处罚条款进行了调整。原则上禁止外国人拥有土地所有权，有特殊法律许可的除外。除 1954 年《土地法》之外，泰国《工商不动产租赁法》和《工业区法》等法律都有涉及外国人在泰国用地的规定。

（二）土地法的主要内容

《土地法》包括土地分配、土地所有权的授予和界定、相关文件的发布等内容，明确了对于宗教用地、外国人用地、部分行业法人用地的限制条件，并对土地调查、土地交易和费用及处罚条例都作了明确规定。该法对个人持有土地的上限作出了规定。

非泰国企业和公民不得在泰国拥有土地，除非该土地位于政府批准的工业区。外籍人员在泰国投资土地的限制主要表现在两方面：一方面，《外商经营法》禁止外籍人员从事土地交易，限制开展与土地开发建设相关的设计、建筑、工程业务；另一方面，泰国《土地法》也对外籍人员持有土地作了严格限制，即外国公司除特殊情况外均不得持有土地。泰国对建筑物所有权没有限制，外籍人员也可以在租赁的土地上拥有建筑物。

（三）外资企业获得土地的规定

《土地法》对外国人拥有土地作出规定，外国人可根据双边条约关于允许拥有房地产产权的规定，并在《土地法》管辖下拥有土地。根据该法，外国人及外籍法人根据内务部法规，经内务部部长批准后可拥有土地，以作为居住和从事商业、工业、农业、坟场、慈善、宗教等活动需要之用。《土地法》针对不同用途对外国人最多可持有的土地面积作了规定。

为了适应经济与社会发展的需要，内务部于 1999 年 5 月 19 日又颁布了《土地法》修订案，对《土地法》有关外国人及外籍法人产业问题作了修改，允许外国人及外籍法人在符合某种规定的条件下可以拥有土地产业。

对于在泰投资可观并使泰国经济受益的外国企业，其在泰国经营期间若适用泰国《投资促进法》第 27 条、《工业园管理局法》第 44 条或《石油法》第 65 条规定，在持有泰国土地方面可享受一定特权和豁免。

因此，目前按照泰国法律规定，只允许外国人在符合一定条件的情况下拥有用于居住的土地，或满足条件的外国企业有限制地拥有用于企业经营之用的土地。外国企业不得自由开展对泰国土地的投资业务。此外，即便泰国人占多数（按股权人和股权计算）的合资企业，泰国政府也出台了有关条例防范以此为名义从事土地经营的行为。

（四）外资参与当地林业投资合作的规定

泰国严格禁止外资进入林业投资领域，不允许外资获得林业耕地所有权和承包经营权。

九、泰国关于环境保护的法律规定

（一）环保管理部门及相关法律法规

泰国负责环境保护的政府部门是自然资源和环境部，其主要职责是制定环保政策和规划，提出自然资源和环境管理的措施并实施，下设有水资源厅、地下水资源厅、海洋与沿海资源厅等部门。

泰国宪法规定了国家和个人在环境和自然资源方面的权利和义务框架，除《宪法》外，泰国关于环保的基本法律是 1992 年颁布的《国家环境质量促进和保护法》。

其他环保法律法规主要有：1961 年颁布的《国家公园法》、1964 年颁布的《国家森林保护法》、1979 年颁布的《城市规划法》、1978 年颁发的《工业区管理局法》、1979 年颁布的《建筑控制法》、1992 年颁布的《公共卫生法》、1992 年颁布的《清洁和秩序管理法》、1992 年颁布的《工厂法》、1992 年颁布的《国家环境治疗促进和保护法案》、1992 年颁布的《有害物质法》、2000 年颁布的《土地挖掘和填埋法》、1995 年颁布的《总理办公室关于防止和消除石油污染法规》、2000 年颁布的《总理办公室关于保护和利用生物多样性的条例》、

2004 年颁布的《总理办公室关于防止和消除石油污染法规》、2008 年颁布的《国家旅游政策法》等。

点评：

有关各项标准的详细规定可参照泰国自然资源和环境部环境质量促进厅网站有关公告。

（二）环保法律法规基本要点

泰国《国家环境质量法》内容包括污染控制区的规定、建立污染源控制的标准、控制污染源头的分类、污水或废物处置、建立污染控制委员会来制定政策和规划、协调整治污染问题和规定可能的污染防治措施。该委员会由科技部和科技和环境部门（现为自然资源和环境部）的常务秘书主持。

《公共健康法》规定污染控制局部分涉及废物处理，以管制废物和垃圾运输、处理者，以及建立标准来控制有害气体、光、辐射、声、热、危险物质、振动、粉尘、有毒焦油和灰烬，令其不影响人类和环境。污染控制局监督那些可能对公众健康、市场、食品储存有影响的商业活动，要求其提供固体废物收集和处理场，控制其废水和废气排放。

《有害物质法》描述了进口、生产、运输、消费、处置和出口不影响人类、动物、植物、财产安全或控制环境有害物质的标准。工业部将有害物质分为 4 种类型，以正确和适当地控制有害物质的使用，还设立了有害物质信息中心来与其他政府机构协调部分有害物质信息，并规定了危险物质登记的标准和方法。

《公共清洁法》涉及污染管制部门下发的关于垃圾和固体废弃物

的禁令，如果任何公共场所受到污染，如垃圾、气味滋扰和视觉污染等，通常实施公共清洁。该法授权污染管制部门采取预防和补救措施，以管制废物的处理和可能造成废物、气味和视觉污染或滋扰的公共场所污染物。

此外，泰国自然资源和环境部还发布了一系列关于大气、噪声、水、土壤等方面污染控制和保护的公告。泰国有关环保法律法规对于空气和噪声污染、水污染、土壤污染、废弃物和危险物质排放等标准都有明确的规定，对于违法违规行为有相应的处罚。

（三）环保评估的相关规定

泰国于 1975 年第一次提出关于环境影响评估的强制要求。目前，根据《国家环境质量法》第 46 条、第 47 条，国家环境局将授权自然资源和国家环境局制定政府机构、国有企业或私人项目的项目标准和范围，要求其提交项目的环境影响评估报告给自然资源和环境政策与规划办公室。提交的报告可以采用标准范本的形式。环境政策和规划办公室审批同意后，项目审批机构方可发放投资或项目实施许可。如环境政策和规划办公室发现提交的环评报告不符合相关要求或材料有缺失，须于收到报告 15 日内反馈提交人。如各方面材料齐备并符合有关要求，应于收到报告 30 日内出具初步意见并转专家委员会进行进一步审核。专家委员会应自收到报告起 45 日内出具审核结果，如规定时间内未能出具审核意见，则视为审核通过。

点评：

中资企业赴泰国开展业务，应密切关注当地环保法律规定，严格遵守环保要求，注重保护当地的生态环境，维护中国企业在泰国的形象。大型项目投资建设之前，可寻求专业咨询机构帮助，做好环评工作，避免因环保纠纷给企业带来不必要的损失。

十、泰国反对商业贿赂、反腐败、反垄断及反不正当竞争等方面的法律规定

（一）主管部门及相关法律法规

为维护经济、金融和市场秩序，泰国对反商业贿赂、反不正当竞争等事宜进行了规范，该类规范大多分散体现在不同的法律文本中，投资者赴泰投资前应予以了解。

1. 反商业贿赂及反腐败

泰国国家反腐败委员会是独立于政府的机构，拥有广泛的调查权，全面负责对泰国政府官员的贪腐调查。除国家反腐败委员会之外，《宪法》还设立了其他独立机构，其中包括申诉专员公署、宪法法院、选举委员会和人权委员会。

泰国尚未制定关于商业贿赂方面的专门法律。与商业贿赂有关的法律规定体现在不同的法律文本中。其中，针对政府公职人员贪污受贿的法律《反贪污腐败组织法》（1999 年制定，2007 年修订）针对商业贿赂、官员腐败等行为作出了一系列明确规定。此外，泰国《刑法典》《商法典》《公共服务法》《公务人员法》《贸易竞争法》《投标法》等也有关于商业贿赂方面的法律规定。

特别需要指出的是，目前泰国反贪腐方面的法律仅对国内人员行贿国内政府官员作出法律规定，未针对国外人员行贿泰国官员或者国内人员行贿国外或国际组织官员行为作出任何法律规定。目前，泰国司法部及泰国议会正推动在现有法律框架内针对以上条款作出修订。

2. 反不正当竞争

泰国关于反垄断和不正当竞争的法律是《贸易竞争法》。该法于1999年正式颁布实施，取代了1979年制定的《价格制定和反垄断法》。根据《贸易竞争法》，泰国设立贸易竞争委员会，负责制定构成市场垄断的标准及反垄断法实施细则，处理各项反垄断投诉并进行反垄断调查等。根据该法规定，受法律限制的垄断行为主要包括以下几类：一是滥用市场支配地位，二是建立私下协议或集体统一行动以限制市场自由竞争，三是垄断商品进口渠道，四是通过不公平竞争排除或限制竞争对手。

3. 反洗钱及反恐融资

在反洗钱和反恐融资方面，泰国已取得一定成果。根据《反恐融资法案》《反洗钱法》等法律法规，泰国反洗钱办公室负责制定监督、审查和评估报告实体对反洗钱和反恐融资等法案合规性的指导方针，进行国家洗钱和恐怖主义融资风险评估，制定反洗钱、反恐融资政策和策略。此外，通过建立专门的腐败法庭，建立皇家警察打击人口贩运部门，实施各项部级条例以及执行扩散融资综合管控。泰国目前在国际合作、金融情报和没收犯罪所得方面拥有基本健全的法律和体制框架。

（二）反对商业贿赂或官员腐败行为的法规要点

泰国《反贪污腐败组织法》针对政府官员的贪腐行为及行贿者行贿行为的界定、调查、预防、处罚等方面作出了明确规定，并涉及有关官员利益回避、财产公开等内容。根据该法律规定，泰国设置国家反腐败委员会，由1名主席和8名委员组成，均须经参议院推荐，由国王任命，该委员会全面负责涉及泰国高级公职人员的贪腐调查及与之相关的有关事宜。政府官员在该法中被定义为“享有政治职位的个人、中央及地方政府部门公务人员、在国有企业或国家机构任职的人员，以及根据本法及其他法律承担政府公共职责的相关工作人员”。

十一、泰国对保护知识产权的规定

（一）泰国知识产权保护机构

泰国商业部下设知识产权厅，负责相应知识产权的登记、审查及保护工作。该厅主管的知识产权领域包括：专利，包括发明专利、外观设计专利和小专利；版权，包括版权及邻接权、计算机程序、数据库；商标，包括商标、集体商标、证明商标和服务标记；集成电路布图设计；地理标志；商业秘密。

泰国知识产权厅领导设一正三副，三位副厅长分别主管版权、商标和专利业务。下设处级机构包括：专利局、商标局、版权局、知识产权纠纷预防与调解局、打击知识产权侵权局、秘书局、知识产权促进与发展处、法律事务处、知识产权信息技术中心等。

此外，泰国 1997 年成立了中央知识产权和国际贸易法院，负责审理知识产权案件。

（二）泰国知识产权相关法律法规及主要内容

泰国有关知识产权保护的法律主要有三部：《专利法》（1979 年）、《商标法》（1991 年）和《版权法》（1994 年）。三部法律分别针对专利、商标和版权的定义、类型、申请、使用和保护等有关内容作出了明确规定。此外，2000 年《集成电路布图设计保护法》、2002 年《商业秘密法》等法律法规对具体领域的知识产权保护也作出了相关规定。

泰国同时是《巴黎公约》《专利合作条约》等知识产权国际公约成员国，投资者亦需要关注该等国际公约的相关规定。

（三）专利和注册商标程序

1. 申请专利

泰国专利制度分为发明专利、外观设计专利和小专利。

发明专利的保护期为自申请之日起20年，不可续期。小专利的保护期为自申请之日起6年，可延长两次，每次2年。外观设计专利的保护期限为自申请之日起10年。

2. 注册商标

在泰国，商标注册工作由商标局负责，依据的法律是1991年泰国商标法，该法曾于2000年修订。

在泰国申请商标注册时，申请人在申请商标注册前，可以考虑对申请商标进行检索，看是否有相同或近似的商标已经在相同或类似商品/服务上申请注册。若查询结果显示没有他人相同或近似商标在类似商品或服务上存在，申请人可提出申请。

泰国商标局在收到商标注册申请后的3~4月内便会对商标申请进行形式审查和实质审查，以确定所提交的申请文件是否齐备，申请商标是否具备显著性，是否违反商标法有关禁用条款的规定以及是否同他人在相同或类似商品上在先申请或注册的商标相同或近似。如果经审查该申请不符合注册规定，商标申请会被驳回。如果申请人对商标局作出的裁定不服，可向泰国商标委员会请求复审。

点评：

根据泰国商标审查标准，泰国审查员对申请商标的显著性要求较高，且常对商标构成进行拆分理解。因此，经常会因商标本身缺乏显著性或对指定商品或服务具有描述性而驳回。如果商标中包含颜色、数字或两个或两个以上普通字体的英文字母，不能够发音，且未进行设计，应当被认为缺乏显著性，需放弃相关部分文字或数字的专用权。

对于英文商标，如果其中包含有含义的英文单词，泰国审查员往往会将商标中的英文单词和臆造词拆分开来进行审查；如果英文商标本身为无法拆分的臆造词，审查员会根据能否发音，将其拆分为几部分进行审查。拆分后，审查员会将该商标各个组成部分的英文含义与该商标的指定商品或服务进行进一步比较，如果审查员认为该商标的某一组成部分对指定商品具有描述性，就会驳回。

而对于中文商标，因为泰国审查员和商标局工作人员并不精通中文，他们往往依赖于词典的生硬翻译来判断外文商标是否具有显著性，因此具有片面性，往往比较牵强。如：含有中文“安”字的商标，用于第 44 类的医疗服务上；含有中文“记”字的商标，用于第 28 类的游戏器具和玩具、不属别类的体育和运动用品、圣诞树用装饰品上；含有中文“锦”字的商标，用于第 12 类的运载工具上，都会被泰国审查员认为对指定商品或服务具有描述性。

如申请商标因商标组成过于简单被驳回，商标申请人可以选择以下三种方式进行复审：争辩该商标具有显著性、同意审查员的意见放弃专用权或争辩该商标通过长期使用已获得显著性。一般情况下，争辩商标具有显著性复审成功的概率较小。

因此，一个有创意、设计感十足的商标会增强商标的显著性，增强该商标与其他在先商标的区别，降低被驳回的概率，为商标申请人节省大量的时间和费用。

[**案例** 4-4]

(1) 在泰国设立的A公司，其员工在办公用计算机中下载、安装和使用了某盗版软件。该计算机软件版权人B公司发现后，委托泰国当地一家律所对A公司提起刑事和民事诉讼并索要巨额赔偿。A公司被迫与版权人B公司协商补偿，最终达成和解协议，A公司向B公司购买一批正版软件并补偿B公司特定金额后，B公司撤诉。

(2) 商标侵权纠纷案。阿乐斯公司是据德国法律成立的法人企业，专业从事生产设计、制造和销售各种隔热、绝热材料。阿乐斯公司申请注册了多项商标，是“福乐斯”“Armaflex”等商标的持有人。阿乐斯公司发现，杭州阿乐斯福乐斯公司在其保温绝缘材料上单独使用了“阿乐斯福乐斯”。同时，该公司的英文名称“Hangzhou Armacell Armaflex Commerce Co, Ltd.”也使用了阿乐斯公司所拥有的“Armacell”和“Armaflex”商标。中国贸促会专利商标事务所接受阿乐斯公司的委托，向法院提起诉讼并胜诉，有效维护了阿乐斯公司的合法权益、形象及声誉。

(3) 专利权权属纠纷案。此案涉案专利属发明专利，为胜德国际研发股份有限公司所有。北京突破电气公司认为该专利与两公司联合开发的某专利类似，权利应归属于突破电气公司。中国专利代理（香港）有限公司受胜德国际公司的委托，对专利的技术特征进行了深入分析，认为该专利并非联合开发专利的简单叠加，且与联合开发专利无直接关联。相关诉讼请求得到了法院支持，维护了委托人的合法权益。

点评：

在泰国企业应充分了解当地知识产权保护的相关要求，在经

营过程中，严格落实知识产权法律规定，特别是在商标、版权等易发生知识产权纠纷的环节，可聘请专业人员协助，最大限度地避免知识产权侵权发生，减少不必要的损失。同时，在遭遇知识产权诉讼时，应主动利用法律武器维护自身合法权益。

十二、泰国对外国公司承包当地工程的规定

（一）工程建设管理机构及相关法律法规

在泰国，建筑、工程服务业、工程建设等行业属于经特别批准后外国人可以从事的行业，需要通过泰国投资促进委员会的审核和批准。

《外商经营法》规定一般工程业务属于限制外商投资领域。但是，对于需要特殊工具、设备、机械或建筑专业知识的旨在提供公共基础设施或交通基础设施，且外国人投入最低资本在 5 亿泰铢以上的工程项目除外。在泰国，工程承包方面主要适用的法律是泰国《关于负责公共大型项目的法规》和《建筑管理法》。

（二）许可制度

根据《外商经营法》，建筑业和工程服务业为限制外籍人从事的行业，外籍人只有与泰籍人组成合资公司或联合体才能承揽泰国的工程项目，且必须由泰籍人控股。此外，泰国对外国承包商在投标、经营业绩等方面还采取了较为严格的市场准入条件。对于外国承包公司在泰设立办事处、代表处等非营利性机构，泰政府审批很严甚至不批；对于在泰注册经营公司，泰政府要求其与泰籍企业合资，外方占股不高于 49%。

泰国政府部门对投标具体工程项目的承包公司都有相应的资质和

业绩要求。对于泰国境内的国际招标项目，外国承包商只能有资格参与承包外资资本在5亿泰铢以上的公共设施工程的投标。对于泰国政府预算项目，泰国不承认外国公司在泰国以外的工程业绩。泰国没有设立建设部，对建筑业无专门归口管理部门，其政府各部门都有自己认可的一级当地承包商名录，各部门明确规定其认可的一级当地承包商资格是最基本的资格预审条件，因此从制度上就排除了外国承包商单独承建政府预算项目的可能性，若要参与此类项目承建，外国承包商必须与一级当地承包商组成联营体，且当地公司为联营体主办方。外国承包商所用外汇管制受当地《外汇管理法》严格监管。工程项目质量、安全、进口材料等方面基本采用国际标准。这些规定阻碍、限制了外国承包商在泰业务的开拓。

（三）禁止领域

从法律方面看，除关于合资公司或联合体外籍人不得持大股的要求外，泰国未针对外国承包商在承包工程领域作出限制规定。但在实际操作层面，泰国几家大的本土工程承包商在一些项目招标中（尤其是政府公共项目）占有天然优势地位。总体上看，建筑承包工程行业属于非鼓励外籍公司从事的行业。

（四）招标方式

由泰籍法人参与投标泰国政府项目招投标方式一般分为以下三种：

第一，直接投标，适用于一般规模的项目，有资格的投标人在购买标书后直接进行商务投标；

第二，“资格预审+投标”，适用于大型项目，尤其是项目资金来源于国外的大型基础设施项目，投标人根据标书要求先进行资格预审，预审通过后获得参加投标的资格；

第三，特别招标/议标，适用于国家预算不超过1亿泰铢的小项目，以及使用国家预算的国外项目（如驻外使领馆项目）。

私人投资的工程项目通常采用目前通行的国际招标、邀标和议标等招标形式。

点评：

私人项目一般选择与业主有长期合作关系的承包商承建，近年来通过议标合作的情况比较多见。

（五）工程BOT/PPP承包方式

泰国目前没有关于BOT的法律法规，泰国近些年的BOT项目主要集中在国家出资或列入国家预算管理的公共基础设施类项目，主要适用政府采购类的法律法规。泰国也没有关于外资参与BOT项目的特殊规定，只要外商投资者满足项目投资要求并不违反有关外商禁止或限制从事行业的规定，即可参与项目投标。

交通、供水及污水处理、垃圾处理、医疗及护理、教育、科学及行政等领域的公共基础设施，是泰国PPP项目涉及的主要领域。目前，泰国政府重点打造的东部经济走廊五大基础设施项目也均属于PPP项目。

泰国的PPP模式主要为特许经营类。对于特许经营的具体年限无统一标准，一般根据项目本身需要确定，但一般不超过30年。隶属于泰国财政部的司局级部门——国企政策办公室是泰国PPP项目的规划和发布部门，根据国家宪法和国家社会经济发展规划制定发布PPP项目战略规划。

点评：

泰国本地承包商处于垄断地位。亚洲金融危机发生后，泰国不少建筑企业倒闭。但是，经过优胜劣汰，目前现存的各类承包商有1100多家，均具有相当实力。泰国当地有实力的前十位承包商基本上统揽了本地特大型、大型政府项目。相比之下，外国承包商处于劣势地位。泰对外国承包商在投标、经营业绩等方面还采取了较为严格的市场准入条件。外国承包商所用外汇管制受当地《外汇管理法》严格监管。泰国本地承包商在当地工程承包市场处于寡头垄断地位，且常常联合起来阻止外国公司参与项目。一般的政府预算项目，在资审阶段就排除了外国公司参与项目的可能性。即使通过了资审，不是面对围标，就是面对泰国公司的杀价竞争。

然而泰国良好的基础设施、较稳定的政治和经济环境吸引了世界各地的建筑承包商前来争揽工程承包业务，加剧了“僧多粥少”的局面，市场竞争相当激烈。土木结构建筑、劳动密集型项目如民用建筑、厂房、公路等基本被当地承包商垄断，利润空间十分有限。由于某些技术含量较高的特大型项目如地铁、轻轨、隧道、机场等，政府对承包商资审要求较高，本地承包商往往联合国外有实力的企业共同组建联营体，这样可以进行优势互补，在资审、投标过程中处于较为有利的地位。对由外国政府、财团出资的项目，本地企业联合出资国企业夺标的概率较高。

目前，中国在泰国开展经贸合作的企业有100多家，其中从事工程承包的企业20家、实业投资类企业30家、贸易类企业30家、服务类企业20家。在当地开展经贸合作规模较大的企业有：中行、工行、中建、中国水电、中港、中铁建、华为、中兴、泰中有色、海尔、泰中罗勇工业园、三一重工等。

在泰国开展工程承包业务的中国公司近30家，尽管也成立了驻泰中资企业商会，但在对外开拓承揽业务时基本上是分散经营，各自为战，相互联合不够。中国承包企业应加强联合，发挥各自优势，以提高国际竞争力。

十三、泰国对中国企业投资合作的保护政策

1. 中国与泰国签署双边投资保护协议

1985 年 3 月 12 日，中国与泰国签署了《中华人民共和国政府和泰王国关于促进和保护投资的协定》。

2. 中国与市场国签署避免双重征税协定

1986 年 10 月 27 日，中国与泰国签署了《关于避免双重征税和防止偷漏税的协定》。

3. 其他协定及发布的声明

中泰两国签署的其他协定包括：《区域全面经济伙伴关系协定（RCEP）》（2020 年）、《中华人民共和国政府和泰王国政府关于共同推进“一带一路”建设谅解备忘录》（2017 年）、《关于在泰国建立人民币清算安排的合作谅解备忘录》（2014 年）、《中泰关系发展远景规划》（2013 年）、《经贸合作五年发展规划》（2012 年）、《中华人民共和国和泰王国经贸合作五年发展规划》（2012 年）、《联合公报》（2011 年）、《双边货币互换协议》（2011）、《扩大和深化双边经贸合作的协议》（2009 年）、《教育合作协议》（2009 年）、《关于相互承认高等教育学历和学位的协定》（2007 年）、《刑事司法协助条约》（2003 年）、《文化合作协定》（2001 年）、《中华人民共和国政府和泰王国关于中国加入世界贸易组织的双边协议》（2000 年）、《贸易经济和技术合作谅解备忘录》（1997 年）、《民商事司法协助和仲裁合作协

定》（1994 年）、《关于民商事司法协助和仲裁合作的协定》（1994 年）、《旅游合作协定》（1993 年）、《引渡条约》（1993 年）、《科技合作协定》（1978 年）。

十四、在泰国解决纠纷的主要途径及适用法律

中国企业前往泰国投资、建厂、合作、经营过程中，应当遵守当地的法律法规，认真履行签订的合同。如果中国企业在泰国发生商业纠纷，最好先通过协商方式解决，如协商不成，可以通过仲裁、调解、诉讼等方式解决争议。

（一）消费争议解决

一般在泰国发生任何消费问题，包括购买商品或服务问题，可向消费者保护办公室提出申诉、洽询相关权益及寻求其他协助。消费者保护办公室紧急专线为：1166。

（二）小额争议解决

泰国普通民事法院又分为地方法院（或称克瓦恩法院），对涉及金额不超过 300000 泰铢的小额案件具有管辖权。小额诉讼案件是指涉案金额在 300000 泰铢以下的案件；将租户驱逐出房屋或租地的案件，或有关租金争议不超过 300000 泰铢的案件，或是涉及非金钱债务的案件。诉讼费用计算方式与普通一审民事案件相同，但不得超过 1000 泰铢。

（三）调解和仲裁

1. **调解**

调解即各方当事人同意通过谈判解决争议。调解的特色在于其灵

活性和可适用性强、成本低，几乎所有情形下都可以采用调解方式解决争端。通常情况下，双方都会选择在法律顾问或独立第三方的协助下进行谈判。谈判本身不具有法律强制效力和强制拘束力，但通过谈判，双方可以达成书面协议，该书面协议将具有法律效力。当一方违反协议或不履行协议时，协议对方可以依据书面协议将其诉至法院，要求强制履行。

泰国司法办公室于2000年成立了泰国调解中心，旨在推动泰国调解实务的发展，增强使用调解友好解决冲突的意识，提高调解员的专业技能。泰国调解中心与法院紧密合作，发展了一套把案件移送调解的体系，并构建了法律基础设施管理这一体系，如适用调解的规则和管理条例。

[**案例** 4-5]

某大型国有A公司与某民营B公司就海外工程项目款项发生争议，B公司多次向A公司提出补偿前期投入款项，由于当事双方之间就标的工程项目仅有口头上的约定，故A公司对前期B公司所投入的金额存在严重分歧。B公司尝试了多种手段，甚至包括上访去追讨款项，均无果。后B公司向调解中心提出调解申请，调解中心就此事联络A公司，向其普及了调解的作用和优势，A公司同意进入调解。通过调解中心与相关仲裁委员会建立的调解-仲裁联合机制，以和解协议为基础，由仲裁委员会制作了裁决书，为本次调解画上了圆满的句号。

2. 仲裁

泰国的仲裁立法以《联合国国际贸易法委员会国际商事仲裁示范法》为基础，与仲裁相关的法律为《仲裁法》(2002年)。

当事人可以将争议提交泰国境内的机构予以仲裁解决。泰国国内的仲裁分为院内仲裁和院外仲裁两种。院内仲裁由法院主持，院外仲裁由独立仲裁机构主持。两种仲裁的裁决都具有最终法律效力。

目前，泰国国内主要的仲裁机构有泰国仲裁学会、泰国商会和泰国仲裁中心。

泰国为《执行外国仲裁裁决公约》（1927 年《日内瓦公约》）和《承认及执行外国仲裁裁决公约》（1958 年《纽约公约》）的成员国，因此泰国的仲裁裁决可以在包括中国在内的 168 个国家得到承认和执行。根据泰国《仲裁法》（1987 年）第 29 条，只有当一项外国仲裁裁决受双边、多边条约或公约管辖，且泰国是其中的参与方时，该裁决才可以在泰国被认可和执行。目前，这些条约和公约还包括：《泰国和美国双边友好经济关系协议》，泰国和其他国家、地区双边投资协议，双边或多边区域贸易协议。

《仲裁法》明确规定，若要申请仲裁裁决，应在仲裁委员会将仲裁裁决发送当事人之日起，一年之内向泰国法院提出。该法还明确规定强制执行的先决条件，以及泰国对《日内瓦公约》和《纽约公约》作出的保留条款。如果争议的标的物不能通过仲裁解决或承认该仲裁有违泰国的公共政策或公序良俗，那么法院可以拒绝承认外国仲裁。此外，仲裁必须在仲裁地是合法有效的和终局的，并且至少争议的一方当事人应为公约成员的公民。

点评：

要执行在泰国境外作出的仲裁裁决，当事人需向泰国法院提出申请，并支付执行费。如果裁决金额不超过 5000 万泰铢，执行费为裁决金额的 1%且不超过 8 万泰铢；如果裁决金额超过 5000 万泰铢，则需加收 0.1%的执行费。

（四）诉讼

泰国法律遵循欧洲大陆法系国家传统。当纠纷递交到法官面前，法庭将根据法律规定作出解释。法院的解释不像普通法系的法院一样广泛，与普通法系不同，其司法判决不会创设新的法律，即使最高级别法院（最高法院）的解释根据遵循先例原则可以成为判决先例。

泰国民事诉讼程序主要由《民事诉讼法》管辖。泰国的法院分为三个等级，分别为初等法院、上诉法院和最高法院。专业法院包括劳资争议法庭、少年和家庭法院、中央税务法院、中央知识产权和国际贸易法院以及中央破产法院。

点评：

当泰国法院作出一审判决后，当事人即可申请强制执行该判决。即使对方提起上诉的，也不会停止对判决的执行。如果上诉法院判决的金额少于已强制执行金额，那么差额部分应当返还给被强制执行方。

十五、在泰国投资注意事项

（一）投资方面

1. 做好初期市场调研

企业赴泰国投资之前，务必做好充分的风险评估工作，特别是要预先识别拟投资行业生产和经营过程中可能产生的风险，做好预案。企业可向我国政府部门和商业协会进行咨询，或聘请在泰知名律师事务所和会计师事务所，对投资对象的资信、投资行业准入要求等进行咨询，建立起全方位风险评估和管控体系。

2. 尊重当地民族及宗教习俗

泰国是多宗教、多民族国家，佛教是泰国的国教，对泰国的政治、经济、社会生活和文化艺术都具有重大影响。此外，泰国有工会运动传统，其工会力量强大，工会组织遍布全国，对国家政治、经济和社会运行均有一定影响力。“走出去”的企业应充分尊重东道国的文化、特定的民族习俗和宗教特点，注意与当地工会保持良好的沟通，遵守泰国与劳动相关的法律法规。

3. 密切关注当地政策及市场动态

中企赴泰投资应积极联系泰国本土企业、在泰中资企业及行业协会组织，密切关注泰国相关政策，尤其是行业发展相关政策，依托企业自身优势条件，积极寻求与当地企业开展合作。

4. 积极承担社会责任

对于赴泰投资的中企，在推动业务开展的同时，应积极承担企业社会责任，学会与当地非政府组织和媒体打交道，注重宣传企业对当地经济社会发展和就业的积极影响，树立企业正面形象。

[**案例** 4-6]

华为积极为当地经济社会发展、生态环境保护贡献企业力量。华为秉承“在泰为泰”的本地愿景，持续赋能泰国的数字化转型之路和社会价值创造。目前，华为在泰国有员工 3000 余名，其中 88%是本地员工，间接创造超过 8500 个工作机会。为培养泰国数字化发展所需的本地人才，华为于 2019 年成立东盟学院（泰国），学院成立 2 年共培养 3 万多人次，对 2000 余中小企业进行培训，打造本地数字人才生态。此外，华为与世界自然保护联盟等国际组织展开合作，推进 Tech4Nature 环境保护项目，以创新技术帮助泰国更高效地保护和维系良好的生态环境。

华为负责任的企业行为得到泰国各界高度认可，泰国总理巴育于2021年3月9日向华为技术（泰国）有限公司授予2020年度“数字国际企业”特别总理奖，以表彰华为泰国公司扎根本地为促进数字化转型和经济社会发展作出的贡献。华为是2021年度获得该奖项的唯一外国公司。

点评：

中国企业在拓展海外业务的同时，应主动承担和履行社会责任，回馈当地社会和人民。在泰国企业可积极响应当地政府倡议，在公益、环保等领域履行企业社会责任，树立可信赖、负责任的良好企业形象，为当地经济社会可持续发展作出贡献。

（二）贸易方面

在泰国经商必须熟悉并适应当地特殊的贸易环境和文化背景，采取有效措施拓展业务。制造类企业尽量选在经过泰国投资促进委员会认可的工业园内投资，以享受稳定的优惠政策和相对完善的后勤保障服务。

（三）承包工程方面

1. 了解泰国法律法规，依法经营

中国企业在泰国开展业务时，应了解和遵守当地有关法律法规和政策规定，做到依法经营。必要时聘请当地律师，避免陷入一些不必要的法律问题，比如，泰国对本国企业法人从事建筑业经营实行登记制，对外国人经营建筑业限制较多。建筑业不是泰国鼓励外资投资的行业。泰国《外籍人经商法》规定，建筑服务业不对外国人开放。外国投资者从事建筑业经营，必须要通过与当地企业设立合资公司，且当地公司控股（股份占51%以上）。

2. 实施本土化经营策略

本土化战略是跨国企业生存和发展的重要经营策略，本土化使得企业更加熟悉当地市场情况，适应市场的变化，增强其对在建项目的管控能力，从而降低成本，提高企业竞争力。

3. 审慎选择好的合作伙伴

好的合作伙伴是项目成功的关键因素。中资企业来泰国开展业务，切不可急于求成，盲目签约。对于一些中介机构或中间人介绍的各类项目不可轻信。尤其是一些所谓特大型项目，很有可能是“雷声大、雨点小”。要设法了解清楚合作方的背景情况，审慎选择那些信誉好、实力强、懂营销、善合作的合作伙伴。应重视全面了解合作伙伴的背景情况，必要时在签署有约束力的合同前向中国驻泰使领馆经商机构进行咨询。

4. 要高度重视在泰经营的安全问题

在泰开展业务的中资企业必须将安全工作放在首要位置来抓。要制定有效的安全防护措施和紧急事件应急机制，切实维护好企业的人员和财产安全。注意防火、防盗、防骗、防爆炸。同时，采取有效措施切实维护国有资产和信贷资金的安全，加强承包工程项目管理，做好成本核算和资金风险控制，保证承包工程项目的质量。

5. 要注重了解泰国自然条件及社会文化环境

这些因素对承揽项目的影响容易为企业所忽略。如泰国节假日较多，泰国工人经常放假；泰国雨季期间（一般是每年6月至10月）难以施工，签合同时要考虑工期是否足够；泰国人多数性情温和、注重礼仪，但办事效率相对较低，不少事情拖而不决等。

［**案例** 4–7］

在中国糖厂，甘蔗开榨时间一般是11月份，泰国糖厂也是一样，11月份是所有糖厂进行开榨的日子，所以2月中旬到5月中旬恰好是糖厂建设至关重要的阶段。但是由于2月中旬到5月中旬为泰国的热季，温度高达32°C~38°C，同时由于糖厂建设大部分为户外作业，这对于由国内外派的劳务工人来说是一个严峻的考验，也有可能会因为不适应当地气候导致工期滞后。而5月下旬到10月中旬又是雨季，长期的雨季对于糖厂的户外作业有很大的影响，许多子项由于下雨不能进行，从而引起后面的作业推迟。工期的滞后对于签订总承包合同的项目来说，主要责任在于项目建设方，但是由于糖厂项目的特殊性，项目投资方也必须面临甘蔗不能及时收购，造成甘蔗积存，甘蔗质量和重量下降，从而造成伤农的后果，更会降低蔗农来年种甘蔗的积极性，导致来年无蔗可榨的后果。

点评：

由于泰国大部分地区属热带季风气候，全年明显分为热季（2—5月中旬）、雨季（6—10月中旬）和凉季（11—次年2月）3季。最高气温可达40℃以上。其中，雨季几乎每天下雨，且降雨量大，对施工造成一定影响，所以在施工组织设计中，工期安排应考虑该项因素，适当延长施工工期。而热季又持续高温，户外人工工效会受此因素影响，所以在人工工效测算时需考虑气候因素的影响。

（四）劳务合作方面

截至目前，泰国与中国尚未签订任何劳务合作协议，驻泰中资企业只允许从国内引入部分管理和技术人员，普通劳工禁止到泰国工作。近几年，国内有部分黑中介通过非法途径欺骗国内劳工到泰国工作，产生了许多纠纷，损害了工人的人身财产权益。值得提醒的是，国内赴泰国工人，应进一步增强法制观念和风险意识，如有疑问可与当地官方主管部门或中国驻泰国大使馆联系，核实有关情况，避免上当受骗。各国内派出人员在泰国工作如遇紧急情况可与中国驻泰国大使馆或泰国当地移民、劳动部门取得联系。

（五）防范投资合作风险

在泰国开展投资、贸易、承包工程和劳务合作的过程中，要特别注意事前调查、分析、评估相关风险，事中做好风险规避和管理工作，切实保障自身利益。包括对项目或贸易客户及相关方的资信调查和评估，对项目所在地的政治风险和商业风险分析和规避，对项目本身实施的可行性分析等。企业应积极利用保险、担保、银行等保险金融机构和其他专业风险管理机构的相关业务保障自身利益，包括贸易、投资、承包工程和劳务类信用保险、财产保险、人身安全保险等，银行的保理业务和福费廷业务，各类担保业务（政府担保、商业担保、保函）等。

建议企业在开展对外投资合作过程中，使用中国出口信用保险公司提供的信用风险保障产品，包括政治风险、商业风险在内；也可使用中国进出口银行等政策性银行提供的商业担保服务。同时要充分利用泰国当地丰富而优质的金融资源。

中国出口信用保险公司是由国家出资设立、支持中国对外经济贸易发展与合作、具有独立法人地位的国有政策性保险公司，是中国唯一一家承办政策性出口信用保险业务的金融机构。支持企业对外投资合作的保险产品包括短期出口信用保险、中长期出口信用保险、海外投资保险和融资担保等，对因投资所在国（地区）发生的国有化征收、汇兑限制、战争及政治暴乱、违约等政治风险造成的经济损失提供风险保障。

如果在没有有效风险规避情况下发生了风险损失，要根据损失情况尽快通过自身或相关手段追偿损失。通过信用保险机构承保的业务，则由信用保险机构定损核赔、补偿风险损失。由于泰国当地政策调整、商业欺诈等原因造成损失，要通过各种途径向泰国有关方面积极反映，并向中国驻泰大使馆经商处报告有关情况。

Chapter 5 第五章

工程项目投建营全生命周期中的合规要求

作为企业风险管理重要组成部分的项目合规管理，首先要识别合规义务，即合哪些规。企业应以适合其规模、复杂性、结构和运行的方式记录其合规义务。合规义务的来源包括合规要求和合规承诺。

1. 合规要求

企业必须遵守的外部各项法律法规、监管规定。

（1）境内经营：境内工程建设相关的法律、法规、部门规章。

（2）境外经营：强调所在国的法律法规、国际条约、规则等。强调对外承包工程相关的投标管理、合同管理、项目履约、劳工权利保护、环境保护、连带风险管理、债务管理、捐赠与赞助、反腐败、反贿赂等方面的要求。

2. 合规承诺

企业自愿遵守的指引、合约、协议、内部章程、规定等。

按内容划分，合规义务又可以分为以下四类：

（1）法律、法规、规章、政策；

（2）行业协会等自律性组织的规范、标准、惯例等；

（3）公司章程及企业内部规章制度；

（4）诚实守信的职业道德。

我们按工程项目投建营全生命周期，梳理了生命周期各个阶段的合规要求。

一、第一阶段：项目前期论证

在泰国开展工程项目的投资、建设和运营势必需要严格遵守泰国关于投资、工程建设、环保、法律、税务等方面的要求和规定，这是企业在泰国正常经营的前提，也是企业在泰国获得长期稳定发展的必要条件。

（一）中国境内合规要求

中资企业开展境外投资活动前，应当完成中国境内的核准、备案程序，避免出现境外工作完成后因境内合规问题导致投资失败的风险。

1. 中国境内相关政策法规

中资企业境外投资需要遵守的国内相关政策法规主要包括：国家发展改革委、商务部、国家外汇管理局、国务院国资委等部门制定的相关政策法规等，具体内容见表5-1。

表5-1　中资企业境外投资需要遵守的国内相关政策法规

序号	部门规章	发文机构	发布时间
1	《境外投资管理办法》	商务部	2014年
2	《企业境外投资管理办法》	国家发展改革委	2017年
3	《境内机构境外直接投资外汇管理规定》	国家外汇管理局	2009年
4	《关于境内居民通过特殊目的公司境外投融资及返程投资外汇管理有关问题的通知》	国家外汇管理局	2014年
5	《关于进一步改进和调整资本项目外汇管理政策的通知》	国家外汇管理局	2014年
6	《关于进一步简化和改进直接投资外汇管理政策的通知》	国家外汇管理局	2015年
7	《关于驻外经商机构为企业办理对外承包工程项目投标（议标）核准意见的暂行规定》	商务部办公厅	2015年

续 表

序号	部门规章	发文机构	发布时间
8	《关于进一步推进外汇管理改革完善真实合规性审核的通知》	国家外汇管理局	2017 年
9	《中央企业境外投资监督管理办法》	国务院国资委	2017 年
10	《关于进一步引导和规范境外投资方向的指导意见》	国家发展改革委、商务部、人民银行、外交部	2017 年
11	《对外承包工程管理条例（2017 修订）》	国务院	2017 年
12	《境外投资敏感行业目录（2018）》	国家发展改革委	2018 年
13	《对外投资备案（核准）报告暂行办法》	商务部、人民银行、国务院国资委、银监会、证监会、保监会、国家外汇管理局	2018 年
14	《关于做好国内企业在境外投资开办企业（金融企业除外）核准初审取消后相关工作的通知》	商务部办公厅	2018 年
15	《对外投资备案（核准）报告实施规程》	商务部办公厅	2019 年
16	《关于加强疫情期间境外工程项目和在外人员统计的通知》	商务部办公厅	2020 年
17	《关于促进对外设计咨询高质量发展有关工作的通知》	商务部等 19 部门	2021 年
18	《对外投资合作绿色发展工作指引》	商务部、生态环境部	2021 年
19	《数字经济对外投资合作工作指引》	商务部、中央网信办、工业和信息化部	2021 年
20	《对外承包工程业务统计调查制度》与《对外承包工程业务统计调查制度》（修订）	商务部	2022 年

点评：

法律法规动态更新，可查询我国商务部“走出去”公共服务平台查看最新的政策法规。

2. 境内核准/备案流程及主要规定

（1）国家发展改革委相关规定。

对敏感类项目实行核准管理，对非敏感类项目实行备案管理。具体见表5-2。

表5-2　国家发展和改革委员会相关规定

项目分类	境内企业直接开展投资	境内企业通过其控制的境外企业开展投资	具体内容
敏感类项目	核准（国家发展改革委）	核准（国家发展改革委）	实行核准管理的，投资主体向核准机关提交项目申请报告并附具有关文件，项目申请报告应当包括以下内容：投资主体情况；项目情况，包括项目名称、投资目的地、主要内容和规模、中方投资额等；项目对我国国家利益和国家安全的影响分析；投资主体关于项目真实性的声明。 核准机关应当在收到项目申请报告之日起5个工作日内一次性告知投资主体需要补正的内容。核准机关应当在受理项目申请报告后20个工作日内作出是否予以核准的决定。项目情况复杂或需要征求有关单位意见的，经核准机关负责人批准，可以延长核准时限，但延长的核准时限不得超过10个工作日，并应当将延长时限的理由告知投资主体。符合核准条件的项目，核准机关应当予以核准，并向投资主体出具书面核准文件。

续　表

项目分类	境内企业直接开展投资	境内企业通过其控制的境外企业开展投资	具体内容
非敏感类项目	央企、大额：备案（国家发展改革委） 央企、非大额：备案（国家发展改革委）	央企、大额：报告（国家发展改革委） 央企、非大额：无须履行手续	实行备案管理的，投资主体通过网络系统向备案机关提交项目申请报告并附具有关文件。项目备案表或附件不齐全、项目备案表或附件不符合法定形式、项目不属于备案管理范围、项目不属于备案机关管理权限的，备案机关应当在收到项目备案表之日起5个工作日内一次性告知投资主体。备案机关在受理项目备案表之日起7个工作日内向投资主体出具备案通知书。 投资主体通过其控制的境外企业开展大额非敏感类项目的，投资主体应当在项目实施前通过网络系统提交大额非敏感类项目情况报告表，将有关信息告知国家发展改革委。投资主体提交的大额非敏感类项目情况报告表内容不完整的，国家发展改革委应当在收到之日起5个工作日内一次性告知投资主体需要补正的内容。
	非央企、大额：备案（国家发展改革委） 非央企、非大额：备案（省级发改委）	非央企、大额：报告（国家发展改革委） 非央企、非大额：无须履行手续	

其中的“敏感类项目”指涉及敏感国家和地区的项目和涉及敏感行业的项目。

“敏感国家和地区”指未与我国建交的国家和地区；发生战争、内乱的国家和地区；根据我国缔结或参加的国际条约、协定等，需要限制企业对其投资的国家和地区；其他敏感国家和地区。

“敏感行业”指国家发展改革委发布的敏感行业目录（2018 年 1 月 31 日发布）中涉及的行业，例如武器装备的研制生产维修、跨境水资源开发利用、新闻传媒、房地产业，根据我国法律法规和有关调控政策需要限制企业境外投资的行业等。

“大额”指中方投资额 3 亿美元及以上。

（2）商务部相关规定。

2018 年 1 月 25 日，商务部、人民银行、国务院国资委、银监会、证监会、保监会、国家外汇管理局共同发布了《对外投资备案（核准）报告暂行办法》，规定由商务部牵头对外投资备案（核准）报告信息统一汇总，各部门定期将备案（核准）信息和报告信息通报商务部，实行“备案为主、核准为辅”的管理方式。

2018 年 8 月和 2019 年 7 月，商务部分别出台《关于做好国内企业在境外投资开办企业（金融企业除外）核准初审取消后相关工作的通知》《对外投资备案（核准）报告实施规程》，明确了相关工作细则。

企业境外投资涉及敏感国家和地区、敏感行业的，实行核准管理。企业其他情形的境外投资，实行备案管理。实行核准管理的国家主要是未与中华人民共和国建交的国家、受联合国制裁的国家。必要时，商务部可另行公布其他实行核准管理的国家和地区的名单。实行核准管理的行业主要是涉及中华人民共和国限制出口的产品和技术的行业、影响一国（地区）以上利益的行业。

（3）国家外汇管理局相关规定。

银行按照国家外汇管理局《直接投资外汇业务操作指引》直接审核办理境外直接投资项下外汇登记，国家外汇管理局及其分支机构通过银行对直接投资外汇登记实施间接监管。详见表 5-3。

表 5-3　国家外汇管理局相关规定

分类		规定内容
银行直接办理的事项	境外直接投资前期费用登记	境内机构（含境内企业、银行及非银行金融机构，下同）汇出境外的前期费用，累计汇出额原则上不超过 300 万美元且不超过中方投资总额的 15%。 境内机构汇出境外的前期费用，应列入其境外直接投资总额。 银行通过资本项目信息系统为境内机构办理前期费用登记手续后，境内机构凭《业务登记凭证》直接到银行办理后续资金购付汇手续。 申请材料： （1）《境外直接投资外汇登记业务申请表》。 （2）营业资质许可（尚未办理“五证合一”的企业，还需提供组织机构代码证）。 （3）境外投资资金来源证明、资金使用计划和董事会决议（或合伙人决议）、合同或其他真实性证明材料。 注意： 境内机构为其境外分支、代表机构等非独立核算机构购买境外办公用房的，需提交以下材料： （1）《境外直接投资外汇登记业务申请表》。 （2）境外设立分支、代表机构等非独立核算机构的批准/备案文件或注册证明文件。 （3）境外购买办公用房合同或协议。 （4）其他真实性证明材料。
	境内机构境外直接投资资金汇出	银行要求的审核材料主要有： （1）《境外直接投资外汇登记业务申请表》。 （2）营业资质许可或注册登记证明及组织机构代码证（多个境内机构共同实施一项境外直接投资的，应提交各境内机构的营业资质许可或注册登记证明及组织机构代码证）。 （3）非金融企业境外投资提供商务主管部门颁发的《企业境外投资证书》，金融机构境外投资提供相关金融主管部门对该项投资的批准文件或无异议函。

续 表

分类		规定内容
银行直接办理的事项	境内机构境外直接投资资金汇出	(4) 境外投资资金来源证明、资金使用计划和董事会决议(或合伙人决议)、合同或其他真实性证明材料。 (5) 外国投资者以境外股权并购境内公司导致境内公司或其股东持有境外公司股权的，另需提供加注的外商投资企业批准证书和加注的外商投资企业营业资质许可。 (6) 其他真实性证明材料。

点评：

企业开展对外投资之前，应针对具体投资项目向各部门进行确认具体流程及要求。同时，国家对于境外投资行业的政策可能随时变化，因此，投资者应当关注我国针对具体行业的境外投资政策，特别是敏感行业或国家战略不支持行业的政策变动，及时向相关部门咨询、核实。

(二) 泰国工程建设行业相关法律法规

泰国在工程承包方面主要适用的法律有《关于负责公共大型项目的法规》《建筑管理法》《民商法典》《城市规划法》《国家环境质量法》《工业区法》《工厂法》《建筑控制法》《国家森林保护法》《工商用地租赁法》《土地开发法》等。

一般来说，泰国的建筑受《建筑控制法》和《城市规划法》的监管。《建筑控制法》和其修订案及其配套的部级法规是管理建筑施工许可证申请，建筑施工限制、安全、消防和其他各个方面的具体法律来源。因此，在开始建造建筑物之前，开发商或承包商必须仔细考虑《建筑控制法》的相关要求。

《城市规划法》及其配套的部级法规是管理城市规划和土地利用

的具体法律来源。《国家环境质量法》及其配套的部级法规是管理环境质量和环境影响评估的具体法律来源。在规划项目开发之前，开发商和承包商必须考虑这些法律的相关要求。

国家和平与秩序委员会第3/2559号（2016）公告暂停了一般城乡规划下的某些限制，允许在宣布为经济特区的地区建设工业厂房，经济特区的项目不受《城市规划法》和《建筑控制法》的监管。但是，该公告可能会根据当局的决定而改变。

（三）前期论证各子阶段

1. 泰国工程承包市场分析

（1）泰国整体营商环境。

泰国人口总数位列世界第20位，经济规模居世界第30位，是东南亚第二大经济体，仅次于印度尼西亚（截至2022年数据）。泰国地理位置优越，位于东南亚的心脏地带，能够方便到达东南亚国家联盟的其他9个成员国，因此，泰国有望作为中国进入东南亚地区其他市场的“跳板”。

泰国基础设施建设完善，航空、陆地、海上和铁路运输系统发达，高效率的数据连通、高素质的劳动力和高质量的生活水平，使泰国在成本效益考量中凸显出独特的优势与价值。

在习近平主席提出的“一带一路”倡议下，泰国可以通过南北和东西走向的道路和铁路网实现与中国在空间上相连接。并且，泰国与其他国家的友好关系和不断扩大的自由贸易协定网络，截至2022年底，泰国已经与13个国家或地区签署了自由贸易协定，进一步开放了区域内外贸易的市场准入。截至2022年底，泰国已与18个国家，包括澳大利亚、中国、新西兰和韩国等全球主要经济体，以及东盟共同体，开展几乎免关税贸易，且泰国出口商品享受美国、瑞士、挪威、俄罗斯和独联体国家的普惠制待遇。这更是促使泰国成为国际旅行和贸易的中心，以及多种工业产业的枢纽，例如汽车产业和农产品加工业。此外，2022 年 1 月 1 日生效的《区域全面经济伙伴关系协定》（RCEP）大大推动区域经济发展，进一步增强了泰国的商业信心，完善了多边贸易体系。

与此同时，泰国率先采用国家“单一窗口”通关体系，以增强东盟十国之间的连通性。由于通关手续得到简化，该制度成功减少了区域贸易壁垒，提高了区域经贸体系的效率。

（2）泰国工程承包市场的总体情况。

泰国是“一带一路”倡议的重要合作伙伴。中国企业在泰国投资和承包工程的发展较快。据中国海关统计，2021 年中泰贸易额达 1311.8 亿美元，中国常年是泰国第一大贸易伙伴。2021 年 1—6 月，中国企业在泰国新签工程承包合同额 17.3 亿美元，同比增长 7.0%；完成营业额 14.1 亿美元，同比增长 16.1%。

泰国对外国投资和承包工程整体持开放态度，对于中国企业而言，在泰国进行投资和承包工程面临如下问题：

①泰国工程承包市场规模有限，且泰国有传统优势的产业投资市场几乎被先期投资者占领，市场竞争非常激烈，企业赴泰国投资和承包工程将面临较大挑战。

②泰国的工程承包市场准入较为严格。对于外国承包公司在泰设立办事处、代表处等机构，泰政府审批很严甚至不批；对于在泰注册经营公司，泰政府要求其与泰籍企业合资，外方占股不高于 49%。此外，泰政府对投标工程项目的承包公司都有相应的资质和业绩要求。对于泰国境内的国际招标项目，外国承包商只能有资格参与承包外资

资本在 5 亿泰铢以上的公共设施工程的投标。对于泰国政府预算项目，泰国不承认外国公司在泰国以外的工程业绩。

泰国没有设立建设部，对建筑业无专门归口管理部门，各府各部门都有自己认可的一级当地承包商名录，各部门明确规定其认可的一级当地承包商资格是最基本的资格预审条件，因此从制度上就排除了外国承包商单独承建政府预算项目的可能性，若要参与此类项目承建，外国承包商必须与一级当地承包商组成联营体，且当地公司为联营体主办方。这些规定阻碍、限制了外国承包商在泰业务的开拓。

③泰国对外籍劳工进行严格限制。由于泰国是劳务输出国，除特殊技能外的建筑劳务人员严禁进入该国，这对工期紧张或对劳务人员有一定技能要求的工程项目会造成一定影响。

（3）泰国工程承包市场的 SWOT（优势、劣势、机会和威胁）分析。

基于泰国工程承包市场的状况，对中国工程承包企业在泰开拓工程承包市场进行 SWOT 分析，分析如下：

S（优势）：相对于泰国当地承包商，中国承包企业特别是国有大型企业背后有中国政府的大力支持，拥有较强的综合技术实力和融资能力，对于附带融资条件的大型基础设施 EPC（交钥匙）工程有较强的竞争力；相对于外国承包商，中国公司的管理人员人工成本较有竞争力，中泰两国政治关系稳定友好，经贸联系日趋紧密，为中国公司在泰发展业务提供了较好的大环境。

W（劣势）：泰国承包业目前对外国承包商设置的准入壁垒使得中国公司无法发挥人工成本低、工效高的优势，无法依托在国内、国际上的声誉和骄人业绩与当地公司竞争。中国国有承包商由于机制的原因，在市场开发手段、营销策略上不如当地公司灵活；在公司本土化方面除了中水电、中建、中港等少数几家已进入泰国市场二十多年的老牌中资公司，多数公司尚待提高，较低的本土化水平使得中国公司对于开拓当地市场的渠道不够顺畅，对于在建项目的风险控制不够有力，对于泰国文化的理解、融入不够到位，因而在政府预算项目竞争中中国公司相对于当地公司处于劣势。

机电产品的设计、制造、供货和安装是工程承包中重要组成部分，中国机电产品在泰国市场中还难以与西方产品竞争。泰国实行市场经济多年，市场相对成熟，西方公司进入该市场已久，许多西方品牌的机电产品已在当地生产、组装，且泰国社会的精英阶层多曾留学西方，因此西方品牌已深入泰国人心，相比之下在泰中国机电产品的特点是价格低廉，质量尚可，但售后服务跟不上，因此在泰国市场上口碑一般，虽然近年来中国厂家积极进取，改革创新，使得中国机电产品的品质有了很大的提高，服务得到改善，且价格仍具有较强的竞争力，但相对于西方机电产品在泰的影响力，中国产品还有相当大的差距。

O（机会）：中国-东盟自由贸易区服务贸易协议已经签署，《区域全面经济伙伴关系协定》（RCEP）也已经签订生效，在此框架下，中泰两国之间的相关协议谈判也会随之启动，泰国建筑业市场的准入壁垒将随之削弱，对于中国公司开拓泰国承包市场是有利的。

随着经济全球化的发展、中国国力的提升、经济发展的需求扩大，中国政府近年来鼓励中国公司“走出去”，开拓海外市场，并从政策、资金上给予支持，这为中国公司以传统承包以外的方式开拓泰国承包市场提供了良好的机遇，以 EPC、BOT（建设-运营-移交）等方式开发泰国工程市场会使中国公司在与当地公司竞争中取得优势。虽然目前来自中国的资金，无论出口信贷、优惠买贷还是政府软贷款，其贷款利率、还款期、担保等条件还不太被泰国政府接受（泰国政府更倾向日本国际协力基金的软贷款)，但相信随着中泰政治、经贸联系更加紧密，更多的中国资金将进入泰国工程承包市场，中国公司在泰国工程市场中将大有作为。

泰国国内许多基础设施是在1997年金融危机前建设的，目前普遍面临设施老化、功能不足的问题，需要提升或新建。为保证泰国经济的可持续发展，这些项目将被政府逐步提上日程，因此建筑业前景看好。

中国十分重视与东盟发展友好合作关系，中国与东盟经贸联系日趋紧密，而泰国为东盟发起国之一，是东盟的核心国家之一，处于中南半岛的中心，经济辐射周边缅甸、老挝、柬埔寨等国家，随着东盟一体化进程的加速，资本、人员、商品在东盟内会更加自由地流通，因此以泰国为基地，利用周边国家丰富的资源，以开拓整个东盟市场，是许多跨国公司将东南亚总部放在泰国的原因，立足泰国。放眼整个东盟工程市场，为中国承包公司提供了更广阔的发展空间。

T（威胁）：对于中国公司在泰开拓工程市场的威胁除了来自当地大承包商以及西方公司的强有力竞争，来自第三世界国家企业的威胁也不容忽视，特别是越南、马来西亚等国家的承包商利用其东盟会员国政策上的优惠，在泰承包市场的份额逐年增加。另外由于目前泰国承包市场还是当地承包商的天下，因此中国公司之间尚无激烈竞争，然而随着中国-东盟自贸区的发展和泰国建筑业市场的放开，估计将有更多中国公司进入泰国市场，彼此间竞争也会加剧，应加强彼此间的协调，尽可能防止恶性竞争，维护整体利益。

[案例5-1]

近年来，中泰在交通领域签署多个合作项目，涵盖轨道交通、机场和公路等多个领域。2020—2021年上半年，中国在泰国的新签交通项目有16个，新签合同总金额达23.9亿美元。其中，中国铁建股份有限公司承建东部经济走廊连接三机场高速铁路项目，合同金额为7.42亿美元，为近三年中泰新签合同金额最大的项目。此外，中国港湾和中国铁建分别承建泰国拉玛三-道卡农-曼谷西外环高速路桥项目第二标段和泰国巴蜀至春蓬复线铁路项目——巴蜀-邦萨潘诺伊段等项目。中国拥有领先全球的基建技术和大量的实践经验，未来双方合作空间较大。

泰国鼓励可再生能源电力行业投资，光伏及垃圾发电项目稳步发展。根据Fitch Solutions数据，2020—2021年泰国电力领域共有4个新签项目，均由泰国本地企业主导。2018—2021上半年，中国与泰国签署36个电力项目（含工程承包），其中由东方电气集团国际合作有限公司承建的泰国武通城市固废气化发电项目合同金额最高，达1.1亿美元。此外，中国电建集团中南勘测设计研究院有限公司承建的泰国EA公司风电II期HNM8项目在风电项目中合同金额最高，达7272万美元。在全球控制碳排放的背景下，中泰两国企业在可再生能源发电领域具有较多合作空间。

点评：

泰国市场不同于一般的亚非拉市场，具有准高端市场的特点：一是泰国本土资金充裕，中方融资优势不明显；二是泰国本土承包企业实力很强，特别是在土建方面具有明显优势；三是劳务政策严格，泰国建筑工人主要来自周边国家，中国劳务无法大规模进入泰国市场；四是有本土保护主义倾向，政府项目基本授予本土企业，外国公司只能与泰国公司合作开展业务。为此，中国企业可主动调整经营方式，如可探讨以投资方式开展合作。

在市场选择上，可由施工向设计、咨询等上游产业链拓展，带动中国标准“走出去”，重点跟踪超高层建筑、大型桥梁、隧道等技术含量高、增值空间大的项目，避免与本土企业低水平竞争；在属地化经营方面，可与本土企业建立稳定的合作关系，泰本土企业信息灵通，人脉资源丰富，拿项目能力强，但需要中国企业在技术、资质和资金上提供支持，双方合作互补性强，是中国企业开拓泰国市场的重要渠道。

2. 初步可行性研究

建设项目可行性研究是项目意向经过投资机构研究认为具有投资的可能性后，进一步对拟建项目建议进行的粗略的技术经济分析。建设项目可行性研究主要内容一般包括：（1）市场和生产能力；（2）物料投入分析；（3）坐落地点和厂址的选择；（4）项目设计，包括项目总体规划、工艺设备计划、土建工程规划等；（5）项目进度安排；（6）项目投资与成本估算，包括投资估算、筹集资金渠道及初步筹集方案。

通过对泰国拟建项目进行初步可行性研究，可以为以下决策建议提供依据：（1）投资机会是否有希望，甚至根据初步可行性研究的结论就可作出投资决策；（2）项目虽未能决策，但项目是否具有可行性，项目范围是否值得通过可行性研究进行详细分析；（3）项目是否有一些方面对其可行性是关键性的，并且有必要通过职能研究或辅助研究（如市场研究、实验室试验、中间试验等）进行深入调查；（4）项目建议经过初步可行性研究后，是否足以使投资者或投资者集团失去对项目的投资兴趣，或者判断项目建议没有可行性。

3. 可行性研究

确定拟投资项目后，企业需要开展可行性研究。除财务可行性调研外，境外投资前期调研还应包括投资必要性、技术可行性、组织可行性、经济可行性等调研。

（1）可行性研究框架。

投资必要性。根据市场调查及预测的结果、有关产业政策等因素，论证项目投资建设的必要性。在投资必要性的论证上，一是做好投资环境分析，对构成投资环境的各种要素进行全面的分析论证；二是做好市场研究，包括市场供求预测、竞争力分析、价格分析、市场细分、定位及营销策略论证等。

技术可行性。应从项目实施角度，合理设计技术方案，并进行比选和评价。各行业不同项目技术可行性的研究内容及深度差别较大。工业项目可行性研究的技术论证应达到能明确列出设备清单的深度；非工业项目可行性研究的技术论证应达到工程方案初步设计的标准，以便与国际惯例接轨。

组织可行性。制定合理的项目实施进度计划，设计合理的组织架构，选择经验丰富的管理人员，构建良好的协作关系，制定合适的培训计划等，以确保项目顺利执行。

经济可行性。从资源配置的角度，衡量项目的价值，评价项目在实现区域经济发展、有效配置资源、增加供应、创造就业、改善环境等方面的效益。

社会可行性。分析项目对当地社会的影响，包括经济发展、就业增加、法律道德、宗教民族、妇女儿童及社会稳定性等。

风险因素及对策。对项目的市场风险、技术风险、财务风险、组织风险、法律风险、经济及社会风险等进行全面评价，制定能规避风险的对策。在泰国开展投资、贸易、承包工程和劳务合作过程中，需特别注意在事前调查、分析、评估相关风险，事中做好风险防控等工作。境外投资项目可行性评估报告框架可参考表 5-4。

表 5-4 境外投资项目可行性评估报告框架（参考）

一、总论	五、项目经济效益估算
二、项目实施必要性分析	5.1 投资估算依据
2.1 项目宏观背景	5.2 项目总投资估算
2.1.1 宏观政经概况	5.3 项目收益估算
2.1.2 宏观政经形势判断	5.4 财务评价
2.2 项目必要性	六、项目组织机构与运作模式
2.3 项目必要性结论	七、项目实施进度方案
三、项目实施可行性分析	八、风险与规避措施
3.1 宏观政治经济条件对项目形成有力支撑	8.1 风险因素识别
3.2 地区产业经济环境有利于项目实施开展	8.2 风险影响程度评价
3.3 项目拟选址已初步具备项目实施条件	8.3 风险规避措施
3.4 结论	九、结论与建议
四、项目实施方案	9.1 可行性研究结论
4.1 建设规模与内容	9.2 项目实施关键建议
4.2 产品方案与产值预测	9.3 专家意见
4.3 项目技术方案	—

（2）可行性研究应关注事项。

在编制可研报告时候，特别需要注意以下方面：

①做好尽职调查。对拟投资的项目展开全方位的尽职调查工作，包括：财务尽职调查、商业运营尽职调查、税务尽职调查和法律尽职调查。

②确定交易价格范围。对投资项目全方位的财务测算，对宏观参数、政策变化、关键财务指标等因素进行敏感度分析，确定交易的价

格范围。

③制定融资方案。明确融资需求，设计融资结构并制定资金安排计划。

④税务架构设计。进行供应链筹划，并开始税务架构的设计。

4. 项目评估及决策

通过前期的可行性研究内容收集整理，分析项目建设的必要性，对项目建设相关方面，包括市场、生产规模评估、项目选址、建设条件、技术方案展开综合评估，在此基础上，进行项目投资估算、资金筹措以及财务基础数据的测算与评估；在基础数据评估基础上，进行项目财务效果评估、国民经济效益评估、环境影响评估、社会评估以及项目不确定性评估，并进行项目的总评估与决策分析。该阶段作为前期论证的总结性阶段，内容性和结构性必须全面，同时出具必要的总结报告文件供后期的项目后评价与二次经营使用。

对最终评估和决策阶段的相关建议如下：

（1）制定交易执行策略。综合考虑项目尽职调查工作发现、分析结果、融资需求等因素，并制定交易执行的策略，还需明确项目退出机制。

（2）商业谈判。明确谈判的要点，制定谈判策略和原则、交易保护条款；就项目运营控制权达成一致，明确公司治理相关事宜。

（3）相关部门审批。开始境内审批流程（商务部、国家外汇管理局等）和境外审批流程。

（4）新建项目。开始工程项目策划、管理、协调，预计相关咨询服务。

（5）建立风险管理体系。制定海外风险管理的相关政策和流程，建立公司海外风险监控体系，包括境外投资项目风险跟踪与内部审计等内容。

(6) 完善与优化海外运营体系。设计与优化海外控股公司的管理模式与组织架构，明确业务活动的职能与授权体系，挖掘境外业务的协同效应。

(7) 财务、税务、审计和法务等相关工作。

①制定财务管理的目标与工作计划，建立与完善海外财务管控体系；

②税务合规、税务优化、税务争议解决、转让定价、应对海关质疑及合规性管理等；

③准则差异分析和准则转换规划、定期上报财务报表、海外业务专项检查或审计、海外业务升级和资产证券化相关审计；

④项目运营相关法务工作。

(8) 人力资源管理相关工作。做好海外业务人力资源相关的管理工作，包括组织结构调整和岗位设计、能力评估、绩效考核、薪酬福利、个税申报等。

点评：

中国承包企业特别是大型国有企业应充分发挥其自身优势，充分利用国家提供的优惠融资条件，积极推动带有融资条件的EPC工程或投资类项目等，此类项目较少面临来自当地承包商的竞争；利用中国政府的软贷款，积极创造、寻找机会，努力承揽大型项目。

二、第二阶段：建设准备

（一）工程合同

1. 工程合同的作用与意义

合同是交易参与方之间权利、义务和风险分配载体，是当事人之间的“法律”。境外商事主体，特别是欧美企业，都十分重视交易文件，特别是合同文件的起草和谈判工作，做到交易文件的严谨、规范，保护己方利益。相对来说，我国企业对于交易文件的设计和管理较为粗放，对合理利益的争取力度不够，所面临的合同风险更大。

在签订合同的时候，如招标文件中没有相关约定，中企特别需要慎重考虑所签合同模板的选择。一般在国外签订工程建设合同，合同示范文本一般来自三个方面：第一，国际上的通用合同示范文本，如国际咨询工程师联合会（FIDIC）合同模板；第二，中国自己的建设工程合同示范文本；第三，所在国的建设工程合同示范文本。

点评：

中资企业赴泰国承包工程必须全面了解相关的法律法规，并严格遵守。在实际操作过程中重视合同签订，明确双方的权利义务，明确工程建设的工作范围、标准、质量、工期、合同形式、货币、支付方式、付款条件、保函要求、误期罚款、性能指标罚款、税收、保险、设备材料的交货方式、劳务国籍限制、产品标准认证等重要条款，严格按合同条款办事。如对方违反合同条款，应利用相关法律法规维护自身合法利益。

在进行国际合同评审时，须组建专业的合同评审小组，从头到尾仔细审核合同所有的相关条款及所有附件，避免遗漏任何潜在的风险。尤其是大多数国际合同签订所使用的语言为业主所在国家的语言，尽可能地用原合同版本语言进行逐条解析和评审，确认无误后再进行合同的翻译。在聘请专业翻译公司或者专业翻译人员进行翻译时，必须配备懂专业技术、法律等的相关人员进行配合，不仅要避免在翻译过程中由于懂语言不懂技术产生较大的歧义，也要避免由于不同语种语言对于专业词语定义的不同产生纠纷。

针对合同金额较大的国际EPC项目，各经营单位应合理评估自身管理水平，必要时可外聘具备充足海外经验的国内律所或项目所在国的当地律所，协助参与合同文本的评审，以提高评审效果。

中国对外承包工程商会为规范国际承包工程项目中国企业间分包合同，合理分配风险，维护当事人的合法权益，于2019年制定了《国际工程分包合同示范文本（2019年第1版）》，供中国总承包工程企业与中国分包工程施工企业、设计咨询公司、安装工程企业、设备和材料供货商在国际承包工程项目中使用。

2. 泰国工程承包合同

（1）法律渊源。

目前，泰国没有规范工程承包合同的具体法规，《民商法典》通常被视为管理和规范具体合同（包括工程承包合同）的主要法律来源（第587~607条），其条款规定了签订工程合同缔约方的义务和责任。原则上，工程合同的条款和条件适用于工程建设项目的设计或施工，法律允许双方以口头或书面形式就合同的条款和条件达成一致，前提是这些条款不违反强制性法律、公共秩序或泰国的良好道德，否则这将使合同或某些条款无效。

除合同另有约定外，《民商法典》的下列规定适用于建筑物的建造：

第593条：如果承包商未按照合同条款开始工作，或者如果雇主在没有过错的情况下，按照当前的延误状况，可以预见承包商无法在约定期限内完工的，发包人有权解除合同。

第594条：如果可以确定地预见在工程进行期间，由于承包商的违约，工程将以有缺陷的方式或违反合同条款的方式执行，雇主可以要求承包商在合理的时间内修复缺陷或遵守合同条款，否则雇主有权交由第三方承担修复或开展相关工作，承包商承担此部分的费用。

（2）泰国工程承包合同范本。

泰国最常用的工程承包合同范式包括国际咨询工程师联合会（FIDIC）的《施工合同条件》（新红皮书）、泰国业主（包括政府部门或私人企业）自己成熟的合同范本及我国的标准建设合同模板。合同范本的选择通常取决于双方谈判的结果，合同语言一般为泰文或英文。

对于公共工程项目，泰国财政部《关于公共采购和供应管理法条例》的标准合同通常适用于与政府机构签订的任何建筑合同。在公共采购方案中，通常不允许承包商更改或调整标准合同的重要条款和条件。如果需要对标准合同下的重要条款和条件进行更改，则需要获得财政部总审计厅的批准。

对于私营工程项目，尽管某些公司已经制定了标准合同样本，但各方可以根据标准合同样本或其他方式签订建设合同。

［**案例** 5-2］

在某中企承包的泰国东北部呵叻府地区风电总承包项目中，主合同条款由业主泰国电力局编写，无谈判空间。而该公司的管理模式高度成熟，且随着其运作项目经验的逐步丰富，合同条款也不断升级完善，对业主利益的保护性非常强。

点评：

根据泰国法律，特别是《外商经营法》的有关规定，外籍或者外国公司不能在泰国向工程建设项目提供建筑业务，除非获得商业发展局颁发的外商营业执照。另外泰国对于外籍经营管理类人员实行严格的配额限制。任何外籍人违法打工，将视情节处以监禁或罚款。除了从事投资、经商、教育以外的外籍工作人员，申请工作许可均十分困难。泰国海关及移民局对签证问题十分敏感，因此外国驻泰工作人员携旅游或商务签证频繁往返中泰两国存在诸多问题。针对上述问题，在泰国签订工程建设合同时可采用境外合同和境内合同模式将合同范围内的整体设计、设备/材料采购归入境外合同，从中国执行，土建设计及建筑安装施工分包给当地建筑安装施工企业，从泰国执行。

（二）对外承包工程资质及工程许可

1. 中国对外承包工程资质

现在我国对外承包工程的相关国家规定是《对外承包工程管理条例》（2017 修订版）。修订版将原来《对外承包工程管理条例》第二章“对外承包工程资格”全部删除。这意味着民营建筑企业与央企一样，不再受对外承包工程资质的限制。

根据 2017 年修订的《对外承包工程管理条例》第十六条规定，对外承包工程的单位与境外工程项目发包人订立合同后，应当及时向中国驻该工程项目所在国使馆（领馆）报告。

根据对外承包工程项目备案管理规定，在境外工程项目投（议）标前，中企需要向国内商务主管部门（中国驻泰国大使馆经商处）办理项目备案手续；在订立合同后，及时向中国驻泰国大使馆经商参处报告。报告应书面提交项目具体信息，包括但不限于项目名称、金额、资金来源、业主、地点、签约日期、开工日期、工期、项目内容、中外员工数量等，并附《对外承包工程项目备案表》，对于未按规定进行报告的，记入负面清单。

2. 泰国工程承包资质与工程许可

（1）泰国工程承包资质。

泰国没有国家统一的工程承包资质注册，在不同部门（如内政部、交通部、农业合作部等）注册的资质只适用于该部门，不能相互替代。泰国承包公司（泰国法人）可在政府各部门进行资质申请，该部门会根据申请人的公司情况审批其资质，最高资质为一级，其次为二级、三级等。必须具有各级资质的承包公司方能有资格参加相应的国家预算（非外资）项目的投标，而招标人在招标文件规定中通常会规定投标人必须具备的资质等级。但是参加某些大型基础设施项目，特别是建设资金来源为外资的项目，投标的外国承包商或投标联营体中的外国承包商不受此规定限制。

近年来，泰国大型政府预算项目普遍要求外资企业出具企业资信、资质、业绩和股东列表等文件的公（认）证函，只有经过公（认）证后翻译成泰语并交由泰国外交部再认证，方有资格参与项目投标。

（2）工程许可。

根据泰国《建筑控制法》，在建造建筑物之前必须获得相关许可。

点评：

项目业主及承包商需根据项目特性，办理法律法规及当地市政部门要求的所有行政许可，如规划、消防和危险物资有关的许可。项目业主及承包商应就取得相关许可进行详细规划，因为办理许可需要花大量的时间，处理不及时会影响项目进度，且漏办或错办都可能导致严重的合规问题。

（三）境外工程建筑规范及技术标准

泰国工程建设行业的技术标准一般参考国际规范（欧美标准）。通常，泰方项目业主会在招标书中明确指定项目所采用的标准，其中要求以美国标准进行设计和计算的居多。

点评：

承包商开展投标以及设计前应仔细研究业主指定的规范，特别是投标预估工程量时，一定要考虑规范差异，以免造成预估工程量不足。在项目实施过程中业主会严格按照规范执行，不接受因规范解读造成的工程增量，从而给承包商造成较大经济损失。

泰国工程学院负责建立泰国工程标准，以提高公共安全和可持续性，同时与国际标准保持一致。目前，泰国工程学院在9个主要领域设有技术委员会，即：土木工程、电气工程、机械工程、工业工程、采矿、冶金和石油工程、化学工程、环境工程、汽车工程和计算机工程。

点评：

当地对于工程质量标准及验收有相应的标准，各类主要材料、设备的厂商和技术参数，有一些相应的国标，但是并不健全，有时候会要求使用英标、美标、欧标，甚至日本标准。

中企在泰国承包工程，需要参考泰国当地设计规范，可在泰国工程学院标准网站上查询，其规范均只有泰文版本。

除非业主指定标准，除了个别领域外，绝大部分领域都可以按照中国规范标准去进行设计。

（四）工程项目设计

工程设计成果直接决定着项目约80%的成本，而且设计又处于项目执行的最前沿，其重要意义不言而喻。伴随着我国企业逐步走向海外，企业自身设计管理存在的问题日益凸显，设计图审批往往会遇到技术标准不统一、设计理念不一致、计算参数选择理解不一样等诸多问题，必然会导致设计进度大大延误。设计管理在整个建设工程环节中起着至关重要的作用。

1. **境外工程设计注意事项**

在泰国承包工程，在开展设计时需要：

第一，事前了解泰国的相关设计规定和标准，明确设计规范，在合同谈判阶段尽可能争取中方熟悉的设计标准。拟采用的设计标准和规范，应在合同文件中明确规定，并且要就标准的版本、技术清单与业主方进行沟通确认。如果合同文件中没有相应的标准、规范清单则应在设计正式启动前，由项目公司/项目部组织编制一份设计采用的标准、规范清单，并送业主确认后发布执行。

[**案例** 5-3]

国内工程的技术要求都是参照我国国标，极少提出超出国标的要求，而这在泰国却不一样。泰国招标书往往有极其详细的技术要求，某些要求会超出规范标准。如在某泰国电力工程中，GIS配电楼的楼面荷载取值在招标书内规定为2000kg/m^2，而规范要求为1000kg/m^2，如报价阶段未充分考虑招标书楼面荷载要求而按规范考虑，将少估GIS配电楼的结构造价，而在实施过程中业主严格按标书标准要求施工，从而造成成本增加。

点评：

承包方在投标阶段应仔细研究招标书，按照招标书的技术要求报价，以免造成经济损失。设计阶段也要按业主的专项要求进行计算设计，避免重大设计更改。

第二，业主的要求和现场资料是开展设计的基础。在开展设计前，务必做好设计前的调查，确保相关资料的准确、完整。

[**案例** 5-4]

在泰国某变电站EPC项目中，项目业主泰国电力局在招标阶段提供了详细的招标图纸及典型图，承包商需要在招标图的基础上，结合地质勘测资料、材料特性、设备特性参数等信息进行深入设计，然后按流程把相关检测报告、计算书、图纸提交给包括土建、建筑、给排水、电气一次设备、控制保护、通信及故障录波、电气设备、暖通、消防、金属结构的各专业人士进行审查，提交审查的图纸及设备资料均需承包商聘请的当地具备资质的工程师校核并签字，否则泰国电力局不予审批。

点评：

在开展设计前，建议：

（1）要求并配合设计人员提前做好充分准备，仔细研读已有的招标文件/合同文件，充分参考类似工程的设计经验，参考其他工程的算稿和国际上发表的论文。

（2）委派有类似项目经验的单位和专家赴现场进行考察，通过研究已有数据，提出专业意见。

（3）整合全球资源，特别是寻找外部专家资源，如泰国当地知名的设计公司、海外工程咨询公司等。

第三，加强与业主的设计沟通，重视语言学习以更好地与业主沟通和准确理解业主意图，加快设计图报批。

［**案例** 5-5］

在泰国某变电站 EPC 项目中，由于泰国电力局现场检验员只允许采用总部批准的图纸进行施工，因此图纸必须由项目业主泰国电力局总部的工程师审核。而泰国电力局同时在建的输变电项目较多，总部工程师审核图纸的效率较低，审核周期一般为 1～2 个月，并且有时候图纸审查反复次数较多，同一套图可达 6 次以上。也就是说一套图纸如果按部就班，从送审到拿到通过批复时间长达 270 天，这将严重影响工程按时竣工。

点评：

为了提高设计产品质量和审批通过率，加快审图的效率，可以通过属地化设计分包，请当地有项目经验的设计公司根据业主的设计风格和习惯进行图纸设计，基于属地化设计公司与业主公司建立的信任关系，在图纸审核期间及时与审图人员沟通交流和澄清，及时更新图纸送审或者替换原有图纸，减少送审的往返次数，争取尽早拿到部分或者全部审核意见，避免影响现场施工进度。

第四，调查泰国当地的物资供应条件。在满足规范及使用要求的情况下，尽可能使用当地能便利采购的材料和施工机械。

第五，考虑当地的建设和使用环境。当地不同地区建设和使用环境与我们国内常规项目有很大的区别，在考察时充分掌握当地情况，设计过程中要充分了解工程所在地的各种条件，和当地自然条件和风土人情融为一体。

点评：

泰国图纸与国内普遍的施工图不同的是，泰国没有国家出版的通用图，如果是泰国本土的施工单位就只会按图施工。在泰国设计项目时，需要自行绘制出节点详图，越详细越好。因此，可以根据项目需要，对照中国的国家通用图绘制节点详图在泰国施工也是可以的。

2. 泰国工程项目设计常见差异点

（1）防雷设计。

在泰国进行防雷设计与国内有很大不同，如工厂及车间的建造，国内防雷设计接闪器一般采用车间本身的金属屋面，或者根据不同的防雷等级设置不同规格的接闪网格。在泰国则需要在建筑屋面设置若干预放电（先导型）接闪针，其防雷半径约为100m，并且所有接闪针均需要做专设引下线（可采用铜芯电缆作为专设引下线）引至地下与专设接地可靠连接。另外，泰国并不强制要求设置接地电阻测试点，对于接地电阻测试点，企业可以通过自身需求，自行要求设计方提出是否需要此项功能。

（2）疏散照明设计。

泰国的疏散应急照明及疏散指示要求也与国内不一致。首先疏散应急照明配电方面，泰国并未像国内一样，要求疏散应急照明配电必须为消防专用配电，而是可以就近从普通的配电箱内取电，只要疏散应急照明及疏散指示具有蓄电池，在断电时自动开启应急照明即可。

泰国的疏散指示安装高度与国内不同，按照国内规范，疏散指示应该设置在0.3m的位置。而在泰国，疏散指示必须设置在2.5m及以上的高度。

（3）火灾报警系统。

在中国是否以及如何设置火灾报警系统是通过规范要求的，而在泰国火灾报警系统的设计要求取决于企业保险的要求。在泰国，需要对自己的建筑物进行投保，而为了投保工作能顺利进行，工程的建设就必须满足FM[1]和UL认证[2]要求。因此，泰国火灾报警系统的设置就应该按照FM和UL认证标准。其基本要求与国内火灾报警规范略有不同，主要区别在火灾报警系统设置部位以及分区的一些差异。具

[1] FM认证是FM认可机构向全球的工业及商业产品提供检测及认证服务。目前，美国等发达国家的建筑承包商在选择消防产品时，目标产品是否已经获得FM认证是他们选择消防产品第一个要考虑的问题。

[2] UL是美国保险商实验室的简写。UL安全试验所是美国最有权威的，也是世界上从事安全试验和鉴定的较大的民间机构。

体要求可以在设计时与保险公司联系，根据他们提供的材料进行进一步的火灾报警设计。

（4）供电系统稳定性设计。

泰国供电系统稳定性与国内存在很大的差异。由于泰国地处热带，水资源丰富，因此在雨季时，经常会突发降水，降水量相比国内大部分地区都要大得多。故一旦出现大暴雨，泰国电力部门会为了安全考虑将降水区域的供电切断，这样对于企业来说供电的可靠性受到了很大的影响。因此在进行泰国的建筑配电系统设计时，需要和企业明确哪些设备停电会带来很大经济损失或者安全损失，根据这些设备的用电量，设置柴油发电机。这也是与国内工厂配电设计的差异点。

（五）工程造价

泰国的造价体系呈现出计划与市场并存的特点。其计划性体现在政府对建筑材料价格信息采集的指导性，其市场性体现在泰国各大公司内部自成体系的报价习惯和报价体系。

泰国的工程造价计算与我国存在相似之处，即按工程量清单计价。然而，泰国各专业工程的工程量清单章节划分与我国有所不同。如在铁路工程中，泰国根据工程特点并结合当地工程类别的分类习惯进行划分，各分部分项工程组成并未设置固定的清单编码项，根据实际情况和国际惯用的计量方式构架组成。

1. 泰国工程量清单组价方式及费用组成

我国工程量清单编制时，参照《工程量清单计价规范》，费用由分部分项工程费、措施项目费、其他项目费、规费和税金组成。其中，分部分项工程费按分部分项工程量乘以其综合单价计算。

而泰国的工程量清单编制各章节下没有固定的分部分项工程的划

分，全部工作内容需依据现场实际情况结合其工程量清单招标说明中所描述的工程内容进行编制。泰国工程量清单报价中，合计等于工程量乘以综合单价，总计等于合计乘以可变因子。其中综合单价要求包含与该工程相关的一切费用。但泰国政府并未全面颁布各个专业工程的人工、机械、材料的消耗量定额，因此，在泰国工程量清单组价过程中需针对各个工程特点及工作内容，借用我国现行定额消耗量规定，并结合现场实际情况调整人工消耗量、人工单价、机械台班消耗量、机械台班单价及材料到场价，费率结合当地颁布的各项规定进行编制。

可变因子为工程报价风险因子，受工程类别、增值税、投标保证金、预付款和贷款利率等 5 种因素控制，伴随工程风险因素的高低，可变因子也会有所浮动，越复杂越难以控制的工程，可变因子的数值越高。因此，准确测算出不同条件下不同工程类别的可变因子显得尤为重要，其数值对于投标报价的风险也是一种控制。

2. 泰国工程的工程量计量

工程量清单计价的核心工作是分部分项工程的综合单价和工程量的分析。

在工程量计量方面，泰国的习惯更接近于英国标准中的测量经验，即通过使用项目施工图或标准图集或图例，计算相应的材料数量，再根据行业或企业常用的百分比确定各部分内容的费用。因此，即使在制作、安装和拆除过程中使用了施工机械，仍难以在价格分析中找到该要素——这也是某些泰国造价文件编制说明中未提及机械费的原因。而我国实践则是根据相关技术标准和造价标准，结合可搜集到的某工程现场统计分析资料，对用工人员组成、材料使用计划和台账、机械配置、工作内容记录、综合产量等进行全面分析，进而统计出单位产量工作项的人工消耗量、机械台班消耗量和材料消耗量。

3. 泰国工程的综合单价分析

综合单价分析的核心主要是确定分部分项工程的人工费、材料费和施工机械使用费。对于材料价格的分析，泰国更习惯于从原材料或材料的上游开始考虑成本，而我国的价格分析，更偏向于以施工作为计费起点，原材料则隐含在材料运输方案中。这两种不同的计费时间点，并不影响价格分析的要素完整性，却反映了两国对组价的不同理解。此外泰国的一些工程运输费用不包含在材料费内，而我国一般将材料运输费及材料的采购、保管费统一纳入材料费中；在人工费方面，细化了安装工作的人员需求计划，该价格分析不仅对人员构成进行配置，而且还根据人员工资情况预估了人工费；在施工机具使用费方面，泰国对施工机械的需求进行了模拟，并按租赁单价和数量计取机械台班使用费。

总体而言，泰国工程造价分析呈现出以下特征：

（1）无严格的工、料、机汇总界限。材料运杂费既可放在材料单价中，也可按运价、里程和重量单独分析，无统一的材料运输计划；人工费和机械费可直接包含在某工作项内（如打桩），也可按人员和机械配置独立分析（如考虑机械租赁数量和用时，考虑班组构成）。

（2）无基期与编制期价差的概念。泰国的单价分析所采用的资源单价，主要有以下来源：泰国财政部发布的地区信息价、泰国建筑市场的调查价、同类项目的经验价。与我国的阶段调价模式不同，泰国在使用资源单价时更偏向一次性成型原则，不设置基期。

（3）格式无显著的统一性。与我国各价格分析统一标准格式的做法有较大差异。泰国的价格分析更倾向在时间轴上进行流程追踪，分析某项工作如何完成及实施时所需的要素价格。

（4）经验系数使用频繁。加工某材料需多少原材料、安装费用占材料费的比例、运输机械燃料消耗量等均反映出泰国价格分析中经验系数使用的普遍性。统计资源消耗，在泰国常以经验系数简化处理。

点评：

泰国较为灵活的价格分析模式，揭示了其报价工作的市场化特征。进入泰国市场，承包商在编制综合单价时，应结合自身施工管理水平、现场拟投入的人员设备、工地现场实际情况及招标文件中相关规定，合理利用我国以定额为主导的单价分析体系的优势，在此基础上根据泰国实际情况做大量修正工作。同时，大量搜集时效性强的泰国单价分析文件，总结泰国建筑业常用的经验系数库，补充进入中方企业的造价数据库，亦很有必要。

（六）项目用地

1. 投资项目用地

外国自然人和外籍法人经泰国内务部部长批准可拥有土地所有权，以满足居住和从事商业、工业、农业等活动需要。但泰国针对不同土地用途对外国人最多可以拥有的土地面积有一定限制。对于在泰投资金额较大并使泰国经济受益的外国企业，土地授予合同通常包括一般要求，即受赠方将与地方当局和公用事业供应商就新的支持基础设施达成安排。特定情况下（例如投资项目在工业园区等）可以在土地方面享受一定特权并豁免于上述面积限制。但外国企业不得开展对泰国土地的投资业务。

2. 承包工程用地

承包工程项目中，一般由泰方业主负责征地。

（七）工程项目招投标

1. 招标方式

泰国的承包工程项目可分为两类：一是国家投资的公共项目，通常采取国际招标或者电子竞标的方式，仅有少数采取邀标的形式；二是私人投资的工程项目，目前通行的国际招标、邀标和议标等招标形式均有采用。私人项目一般选择与业主有长期合作关系的承包商承建，近年来通过议标合作的情况比较多见。

2. 承揽工程项目的程序

（1）获取信息。

泰国政府项目信息通常通过下列渠道获得：

一是政府公告。泰国各政府部门都会定期发布各自的项目招标公告，投标人可派人到各部门索取投标资料。

二是政府各部门网站。政府各部门会同时在各自网站上发布招标信息，投标人可从网站上查找。

三是报纸公告。某些大型项目，特别是国外资金的大型基础设施项目，主管部门通常会在报纸上发布公告。

四是邀请投标。某些大型项目，特别是国外资金的大型基础设施项目，主管部门通常会通过商会、大使馆等渠道向各自所在国的承包商发出投标信息。

（2）招标投标。

泰国政府项目的招标和投标方式视项目情况而定，通常采用的方式：

一是直接投标，通常适用于一般规模项目，有资格的投标人在购买标书后直接进行商务投标。

二是“资格预审+投标”，通常适用于大型项目，尤其是资金来自国外的大型基础设施项目通常采用此方法。投标人须根据标书要求先进行资格预审，通过者方有资格参加商务投标。资格审查通常分为一般性资审和技术性资审。一般性资审是对投标公司背景、以往业绩、财务状况、人员和设备情况等审查；技术性资审要求投标公司必须根据项目的特性提出具体的施工技术方案，甚至设计或扩充方案等。超大型项目通常都要进行一般性资审和技术性资审，而某些国内预算项目则可能只要求一般性资审。

三是特别招标/议标，国家预算的小项目（通常不超过1亿泰铢）有可能采用议标的方式招标，而国家预算的国外项目，如驻外使领馆等也通常采用议标的方式招标。

泰国所有政府项目在招标前都必须完成预算，确定项目的中间价，上述前两种招标中，若项目的中间价大于1亿泰铢，商务投标就必须采用电子竞标的方式进行。

3. **投标资格**

根据《外籍人经商法》的有关规定，建筑、工程服务业以及工程建设为限制外籍人从事的行业，外籍人只有与泰籍人组成合资公司或联合体才能承揽泰国的工程项目，且合资公司或联合体必须由泰籍人控股，外籍人投资所占比例不得超过49%。

具有各级资质的承包公司方能有资格参加相应的国家预算（非外资）项目的投标，而招标人在招标文件规定中通常会规定投标人必须具备的资质等级。

点评：

泰国几家大的本土工程承包商在一些项目招标中（尤其是政府公共项目）占有天然优势地位。总体上看，建筑承包工程行业属于非鼓励外籍公司从事的行业。

（八）建设设备及材料的采购

国际项目的物资管理包括采购、集港发运（报关）、国际物流及项目所在国清关、内陆运输、现场储管等一系列事务，是工程管理的重要组成部分，与工程项目建设全过程有着密切的联系。根据国内外工程项目合同价款构成分析，设备、材料在总合同价款中所占比例一般都达到 50%～60%，国际项目施工物资种类繁多、质量标准规范复杂，对成本和到场时间要求严格，且由于工程周期长、运输路途远，更见其物资管控的重要性。

1. **在泰国开展设备及材料采购需注意的问题**

（1）关注业主指定的供应商。

泰国工程的招标文件中往往自带供应商短名单，并要求中标人按该清单选择供应商。该清单多数为泰国当地供应商，且供应商数量有限，较难通过引入竞争机制来实现降价目的。而且中方承包商与泰方供应商双方在此前不具备合作经验，很难在短期内与供应商建立稳固的合作伙伴关系。

[**案例** 5-6]

泰国某变电站项目的设备供应商为业主指定的韩国厂家，其余建筑中的主要材料来自业主指定的当地品牌与取得业主审核批准的材料供应商。例如：业主指定供应的镀锌构架、门窗、电缆电线及灯具、彩钢瓦及铝板、环氧地坪漆、涂料等建筑主材，这些材料基本都是厂家负责施工直至验收移交。

点评：

泰国供应商的生产技术水平及能力、产量、库存及交付能力和质量保障工作对于采购工作有很大影响，分包商的技术水平影响到项目的设计标准和系统配套，交付的能力和交付产品质量水平对于工程进度影响很大，而供应商的商业习惯、合同订立及执行的特点，影响到其管理效率和方式。

此外，泰国工厂管理的精细化程度高，产品质量实际并不低于国内产品，但生产效率相对国内偏低，习惯了“中国速度”的中方人员，要学会适应泰国人“慢工出细活”的理念，对供货周期做好充分规划。

（2）小心不完善的供应链。

泰国当地工业及建筑产品供应链不如国内齐全，仍有一些设备及材料需从欧美、中国进口，从而拉长了供货周期。

（3）考虑材料消耗量的差异。

泰国劳工按当地工艺施工，对比国内施工耗材用量较大，例如：铁丝焊条、切割片角磨片、钻头、油漆、记号笔自喷漆、工程线纸胶带等。因此在用料核算及采购时，需考虑裕量。

（4）注意材料和设备的技术标准。

采购的材料和设备的规格、数量和技术参数应严格按照合同约定。如某些材料及设备在进入泰国时需要进行 TISI（泰国工业标准研究院）认证。另外，火灾报警系统需要满足保险公司要求的一些认证，而符合这些国际认证要求的产品一般都是些国际品牌，因此火灾报警设备采购前需要明确此产品是否影响泰国工厂的投保。

（5）平衡境内外采购的成本和进度。

在泰国，很多材料的价格比国内昂贵许多。因此在泰国进行工程建设的过程中肯定会考虑很多材料从国内进口，这时就需要考虑几点因素。首先就是材料成本问题，虽然有些材料泰国直接购买价格比较高，但是如果从中国进口，就需要考虑材料在从中国发往泰国过程中的运输成本、仓储成本、关税成本等。其次就是时间成本问题，部分项目建设周期短，比较赶工，如果从国内运输的话，设备材料到厂时间能否满足工程建设需求也应该考虑。

点评：

项目上一定会存在大量泰国劳工乃至管理人员，因此采购设备上的文字以及产品说明书至少需要有英文，不能是纯中文界面及说明。

2. 泰国当地采购建议

（1）前期准备。采购人员首先应了解项目主合同项下的主要设备种类和名称、技术参数以及产地等信息，对主合同中的设备采购有一个全局观念，如果不熟悉合同，沿用以往的招标文件进行采购，将会造成盲目或错误采购。

此外，尽管主合同已限定了分包商的选择范围，采购人员仍应充分利用业主、合作伙伴、互联网以及公司以往项目等渠道对采购成本充分调研，特别是在某些标段短名单下供应商数量有限，存在价格竞争不充分的状态，如果中方公司对新市场的价格因素不了解，很容易将价格谈判的主动权拱手让给分包商。

与此同时，中方公司要了解泰国的相关法律、采购相关的基本税务知识以及商业习俗。如与国内不同的是，泰国分包商的报价多为不含增值税（VAT）价格，而在支付分包合同时又需扣除预扣税额，不同的行业税率也不同。采购人员在签订合同与合同执行阶段都需对这些法规做到心中有数。

（2）组织协调设计部门与业主沟通。某些泰国项目业主对项目参与程度高，且对合同拥有高度解释权。而项目的设计质量又直接影响采购的成本以及进度，如果设计部门对EPC合同的理解与业主的真实意思之间存在偏差，必定会引起后期的设计变更，最终导致延长采购周期，增加采购成本。同样，如果设计过程中将标准设计过高，则会导致实际采购的设备材料远高于投标时的价格，形成较大风险。因此，在形成分包合同询价文件的阶段，十分有必要组织设计人员与业主的沟通会议，就关键设备的设计思路、技术参数尽早达成一致，避免多次来回澄清确认。如果为了节省时间而缺少这一环节，后期业主的审查以及批复环节将会消耗大量的时间，影响设备到场进度。

（3）采购合同签订中的注意事项。在起草采购合同时，除了在技术参数、过程管理规定等方面需要保持与总合同一致外，还需要对以下方面加以注意：一是合同范围，如对于某些大型设备，需要明确界定到场卸货、试验是由设备供货商还是由土建分包来完成；二是工期，由于泰国当地分包商提供的供货周期普遍长于国内，采购人员应该摸清分包商的产能、原材料供应、图纸确认时间，并熟悉项目的整体计划进度，就设备的到场进度对项目部给出科学合理的建议，既要避免延迟交货，也要尽量保证设备到场的合理衔接；三是付款以及保函，付款条款是控制进度和质量的重要工具，一般情况下需与业主的付款周期保持一致来实现正现金流，但也存在部分分包商因行业地位过于强势而坚持采用自身付款条款的案例，需要采购人员综合调研并报项目部同意后，对风险较小的部分灵活处理；四是保函，有部分当地分包商不愿意开具保函或者无法开具见索即付保函，在这种情况下除了与分包商继续谈判，也要根据设备类型对风险加以评估，在中方公司可接受的程度内尽最大可能降低风险；五是图纸文件的提交时间，项目合同对于图纸、文档的提交都有明确的时间要求，如项目的厂验通知需要提前 30 天发送给业主，其他泰国项目甚至需提前两个月，在采购合同的谈判过程中需要对此类时间节点进行强调。

［**案例** 5-7］

泰国某电力 EPC 工程的采购

泰国某电力 EPC 工程项目中，所有施工所需的建筑材料都需要向业主泰国电力局（EGAT）设备材料工程师送审供货商生产资质、业绩、试验报告、样品等。这些建筑材料包含钢筋、混凝土、防水材料、管材、涂料、门窗、地板等。审核过程、周期与图纸类似，也需要1~2个月。EGAT批准材料的品牌和型号后，供货商开始生产，然后发运到现场。如果送审的材料没有通过审批，需要重新选择其他品牌送审。只有通过EGAT批准的材料，才能在现场施工过程使用，所以缓慢的材料审核和生产周期，可能会导致现场因等待材料而窝工，致使工期延误。

在该电力EPC工程项目中，永久设备供货采购包含当地供货和境外供货两部分，主设备如GIS、户外高压开关设备一般采用境外供货方式，辅助设备如控制保护、电缆、消防系统、钢构支架等一般采用当地供货方式。境外供货的设备，一般都能按时交货，不会耽误项目工期。当地供货的设备，由于满足EGAT要求的供货商较少，项目较多时，供货商排产周期较长；另外大多数供货商为了提高资金利用率，原材料备货少，甚至不备货，待签订供货合同后，再采购原材料，由于当地产业链不健全，多数原材料需进口，致使整个设备的供货周期较长。无法按时交货的风险较高，极易影响现场的安装工作，尤其是出现设备变更、补货等紧急情况时，可能会出现等待窝工的情况，甚至耽误项目工期。

点评：

在材料审批方面，一是需要提前做好审批和采购计划，选择具有项目业绩的供货商，结合施工进度预留足够的提前量，安排专人准备送审资料和样品，及时送审，跟踪审核进度；二是建筑材料送审资料需要标注具体使用位置，并与合同中的材料编号对应，便于业主快速分类审查。

采购时需要对当地的供货状况进行预测，投标阶段对当地主要设备供货商进行考察和评估，选择履约能力强、生产规模大的厂家作为首选供货商；同时，对电缆、管材等现场裁剪和切割的消耗性材料，根据项目经验，实际用量常常大于图纸设计工程量，采购时适当预留一定裕量，减少施工过程的补货数量，为连续施工做好准备，避免出现因缺施工材料而停滞的情况。

3. **物流管理**

境外投资建设项目采购和物流管理尤为重要，尤其是投资体量大的项目，物资需求量巨大，部分材料、设备在泰国境外采购和预制，涉及制造、加工、验收、适运包装、长短途交货运输、装卸、集港、订舱、装卸船、海运、理货、检验、出口报关、保险、出口退税、贸易单证、目的地国清关等诸多环节，时间跨度大，跨境距离远，影响因素多，加之台风、海外政商环境、人文环境、国际政治环境、流行疾病等多项不可控因素影响，风险的概率非常大，物流成本比国内项目高很多。为此，项目需要成立专业化物流管理团队，制定采购、物流总体方案，统筹规划，统一协调管理项目所有相关方物资采购与物流工作，形成制造、催交、包装、物流、仓储、现场、接卸等环节一体化管控。

建议物流方案包括国内外物资集散方案、海陆空运输方案、大件设备运输方案、物流操作流程和应急预案，统一组织项目集港、船舶安排、码头、装卸、清报关等物流环节工作，根据工程建设进度计划组织发运，并在物流管理上采取以下措施：

（1）选择有经验的物流代理商。对超大物流量的项目应选择两家或以上有广泛的全球货运网络、丰富的国际工程物流人力和设备资源、成熟的工程物流管理经验、雄厚的财力支持等实力的物流供应商，与多家外贸港口建立伙伴关系，为工程高峰期大量物资发运奠定基础，降低物流风险。

（2）在采购合同中明确交货条件。一是，确定多个有效装运港，以便交货时根据物资生产和货量情况、港口和船期等因素来选择最终装运港，避免实际发运时由于港口、船期等衔接问题而产生争议或额外费用，影响物资发运；二是，在采购和物流合同中明确大件吊装、自卸鞍座的匹配、船型选择、大件设备本体绑扎等特殊运输要求；三是，划分因设备出厂延误、船期延误导致的滞港、亏舱或者滞期等问题时的责任；四是，对无外贸出口经验的设备材料供应商提前指导货物出口准备和手续办理。

（3）动态管理物资发运计划。重点关注大件物资发运计划执行，建立物流问题反馈和纠错整改机制，及时调整计划。

（4）统一项目物流管理体系。明确发运申请、集港、订舱、装卸船和交货流程、紧急物资申请和发运流程和责任界面，统一调配物流资源和运力匹配。

（5）采取灵活、便捷的运输方式。对于精密仪器或贵重设备、危险品，可根据重量、危险级别、紧急程度，优先考虑航空运输或集装箱海运，以确保安全；材料、设备采用搭配组合散杂货船发运方式，对不便配载散杂货船的物资采用集装箱或拼箱、中转等多种方式发运，合理安排船舶运力。

（6）超大件设备发运专门制定发运方案。超大、超重、超长、超高等大型设备应根据大件设备的具体情况专门编制物流发运方案，并确保每个节点按照方案实施，确保发运安全。

（7）明确跨境物资物流包装要求。由于跨境海运需要多次装卸，同时受到同船物资堆码积压、台风等恶劣天气影响，包装是物资安全的重要保证，需要制定统一的物资包装规定。针对特殊物资或大件设备，需要制定专门的物流包装方案。

（8）制定物流应急预案。海外项目工程物资跨境物流具有相当大的不可控风险，极易有突发情况。应基于各种不确定风险，对物流各流程环节进行风险评估，包括供货中断风险、运力不足风险、经济环境风险、政治环境风险、恶劣天气风险、货差货损风险等，针对各类风险问题制定物流应急预案和规避措施，同时完善供应链全程的保险方案、保险索赔方案。

（九）泰国工程成本

1. 电价

泰国的电价因用电性质的差异而有所轻微差别。泰国区域电力局分别制定了住宅、小型企业、中型企业、大型企业、专业业务、非营利组织、农业用电、临时用电等八类不同用电性质的电价。

2. 水费计收标准

泰国按用水量从小到大分为 11 档，居民用水费率为每立方米 15~20 泰铢，政府、商业、国营企业、工业及其他用水的费率为每立方米在 20~24 泰铢。农业用水费率为每立方米 0.5 泰铢。

3. 油气价格

根据泰国能源政策和计划办公室 2022 年 8 月数据，泰国汽油价格和柴油价格分别为 37.95 泰铢/升、36.41 泰铢/升。在东盟国家中，泰国的汽油价格与柴油价格同样处于较低水平。自 2022 年 9 月起，根据泰国政府规定，液化天然气每千克将涨价 1 泰铢，15 千克液化气罐价格自 373 泰铢涨至 393 泰铢。

4. 劳动力工薪及供需

根据各地经济发展水平高低，各地实际平均工资水平不一，曼谷及周边地区薪资水平最高。

5. **土地及房屋价格**

购买工业用地（工业区内）：春武里每平方米约 162 美元，罗勇约 91.2 美元。

工业厂房租金：春武里园区内每月每平方米约 7.78 美元，园区外约 5.76 美元；罗勇园区内约 1.11 美元，园区外为 0.798～0.894 美元。

曼谷写字楼租金为每月每平方米 14～29 美元，普通公寓租金为每月 6～10 美元，服务公寓为 10～30 美元。曼谷购买住宅为每平方米 3200～4800 美元。

三、第三阶段：建设实施

（一）劳动用工

在泰国劳动用工方面应注意以下内容：

（1）外国人赴泰国工作，必须获得泰国劳工部签发的工作许可证，并确保相关证件在有效期内。

由于泰国是劳务输出国，对于引入外国普通建筑劳务人员有严格限制。根据《外籍人员工作法》规定，禁止外籍人员在泰国从事非技术的普通劳务的工种，但允许有条件地输入技术和管理人员。泰国对于输入国外的经营管理类人员实行严格的配额限制，一般规定，对于泰国缺少的工种，企业注册资本金在 1 亿泰铢以上者，每输入 1 名外国人员需雇佣 4 名当地劳工；企业注册资金在 1 亿泰铢以下者，每申请 1 名外籍人员则需雇佣 5 名当地劳工。

（2）严格遵守泰国《劳动法》，依法用工，依法纳税。派出劳务人员前，应全面、详细、如实地向其介绍泰国相关情况、工作和生活条件以及工资待遇，签订劳务派遣合同，教育他们要遵守泰国法律法规，尊重当地风俗习惯，并建立劳务纠纷和突发事件应急预案。

（3）中国公司要遵守泰国社保条例规定，按时支付雇员的社保基金。

（4）注意劳工的本地化要求。妥善处理好当地员工和中国员工的关系。

（5）注重劳工的职业健康安全，改善劳动环境。施工现场配备符合要求的安全管理人员、医护人员。特别需要注意卫生环境，注意饮食卫生和营养，适当降低劳动强度，以保证中国劳工在泰国高温和流行疾病较多的环境下保持身体健康，这对企业对个人都是相当重要的。同时，还要更多地关心和丰富劳工业余生活。

（6）中国赴泰国的劳务人员应尊重当地的文化、宗教、风俗和生活习惯，本着和谐相处、互利共赢的理念，与当地民众和谐相处。同时，要提高安全和防范风险意识，注意规范言行，避免激化矛盾，以免给自身工作和生活带来安全隐患。遇到问题时，务必依法维权，切勿采取过激行为，以免因违法而陷于被动。

点评：

泰国是世界上贫富差距最大的佛教国家，国家教育及医疗福利极好也造成了村民不喜欢打工，也不喜欢异地务工，农忙时节还会出现工人紧缺的现象，项目工人基本也不会有全勤的时候。在某些项目上，发工资后的第二天一般只有一半的人员上班，若延迟一周以上未发放工资即会出现工人以休息为由拒绝上班或去劳保部门举报等情况。

泰国大部分劳工执行力尚可，表现得也认真负责，工作完成度较高。据统计，泰国普工打卡记工模式与中国普工按量计件模式下的劳动效率比约为1∶3，但泰国劳务分包班组普遍信誉度较差，也无垫资能力，层层转包抽成现象严重，因工人功效及单价层层削减等问题，最底层的班组长基本只能维持工人工资甚至无法保证工资，最终都只能由项目部接管工人。

在管理泰籍雇工时，应用泰国的方式或雇工接受的方式进行，切忌生搬硬套，照搬中国的管理方式和制度，特别是要尊重泰国的文化传统。此外，泰国是一个以农业和服务业为主的国家，产业工人要靠雇主积极培养和训练，雇工要达到熟练的操作水平需要更长的培训周期。中资企业赴泰后需要建立更为完备的岗位培训体系。

（二）工程质量

承包商需向业主递交质量保障计划，并在其中标明各项工程的任务分配、承包商的设备资源、供货商、分包商、材料供应、承包商的自检（需标明节点）、不合格施工处理措施等。

所有的施工都需要根据技术规范及工程量清单进行。承包商需要依照技术规范及现行法规自费进行全部监控实验。如对到场材料质量存在质疑，监理工程师可要求专业实验室对其进行监控实验。实验费根据猜测被证实或否认的情况，由承包商或工程师予以承担。在引进材料时，产地的变化需提前通知工程师，并得到工程师的同意。到场的产品、材料或设备等，如果不符合业主提出的技术要求，需在24小时内立即撤出场地，并在业主规定期限内由承包商自费提供其他材料予以代替。不符合业主技术要求的施工需由承包商自费拆毁并在同等条件下进行重建。

施工期间承包商选用的施工材料需符合技术文件中的技术要求，并且在各方面均符合图纸、工程预算、模型、样品、样板及合同中规定的其他要求，业主及工程师可以在整个施工阶段参考。

所有的材料初步验收需要由承包商向监理工程师提交申请。申请中注明验收的材料以及相关样品、合同中的相关条款，指明验收场地以及时间。申请中的材料、样品等仅在得到监理工程师批复承认其符合要求后才可用于施工。即使材料已经用于施工且得到技术验收，如果其在新的检验中表现出了缺陷，仍会被拒收，并需要承包商立即对其进行更换。承包商可以对其进行修复，在其恢复正常状态且得到监理工程师批准的情况下，才可重新用于施工。

（三）职业安全健康管理规范

从泰国的职业安全健康法制、体制和机制来看，其在保护劳工职业安全健康和促进经济社会发展的宗旨上与我国安全生产一贯倡导的理念是一致的，为了更好地保障企业“走出去”安全生产工作的落实，建议从以下几个方面加强工作的开展：

一是要加强中泰职业安全健康法律法规对比研究，特别是重点行业领域的主要法规条款和案例的研究，为我国企业更好遵守泰国职业安全健康法律法规打好基础；

二是要深入开展中泰职业安全健康体制对比研究，着重加强对泰国职业安全健康监管监察体系和制度研究，为我国企业更好地了解泰国政府职业安全健康工作的重点提供参考；

三是要加强中泰职业安全健康合作机制建设，在双方搭建的谅解合作备忘录基础上，进一步加强两国职业安全健康对接工作的开展，探索建立彼此认同的职业安全健康管理和规定认证体系，降低双方企业的负担。

我国商务部对外投资和经济合作司发布的《境外中资企业机构和人员安全管理指南》为境外企业和对外投资的安全保护工作提供了全面的指导。

（四）工程环境

1. 泰国环境保护法律框架

泰国有关环保法律法规对于空气和噪声污染、水污染、土壤污染、废弃物和危险物质排放等标准都有明确的规定，对于违法违规行为有相应的处罚，有关各项标准的详细规定可参照泰国自然资源和环境部环境质量促进厅网站有关公告。

[**案例** 5-8]

投资泰国需重视民众的环保诉求。泰国乌汶府的派芒水坝项目对当地渔业和居民生活方式影响重大，当地居民在项目建设前、建设中、建设后不断抗议，泰国政府在 1995 年同意为受水坝建设影响的居民每户补偿 90000 泰铢；2011 年 6 月，政府决定临时打开派芒水坝的水闸，以便让鱼类通过水坝。在泰国某省拟建燃煤发电厂项目中，公众在 2017 年 2 月向当地相关政府部门抗议，迫使项目的承建方泰国电力局承诺在当地民众参与和透明的基础上重新进行环境影响评估。

点评：

泰国政府和民众都十分注重环境保护。中国企业在泰国投资合作，要依法保护当地生态环境。

（1）要了解泰国环境保护法规，实时跟踪和遵守当地的环保标准；

（2）对于工程建设项目可能产生的废气、废水和其他环保影响，要事先进行科学评估，在规划设计过程中选好解决方案；

（3）事前评估环境相关方的诉求，如受影响的居民、政府、环保人士和环保组织等，并与项目业主一道，提前加以管理。

2. 我国商务部和生态环境部对境外投资合作有关环保的指引

目前，规范我国海外投资环境保护的主要政策是《对外投资合作建设项目生态环境保护指南》，是由生态环境部、商务部印发，在2022年1月联合发布的指导性文件，是对原有《对外投资合作环境保护指南》的修订。目的是进一步做好对外投资建设项目生态环境保护工作，高质量推动对外投资项目建设。

《对外投资合作建设项目生态环境保护指南》（以下简称《指南》）在以下几方面进一步优化对外投资合作建设项目环境管理：一是进一步明确适用范围。《指南》适用于中国企业在境外开展投资建设的新建（含改建、扩建）类项目、收购并购类项目以及承包工程项目。二是进一步丰富内涵。《指南》针对污染防治、应对气候变化、生态系统和生物多样性保护等多个领域提出对外投资合作建设项目工作指引。三是理顺项目全生命周期管理流程。根据项目投资建设前、施工期、运营期、关闭退出等主要环节，《指南》调整并补充完善了相关规定。四是进一步提高境外项目环境管理水平，《指南》鼓励项目采用国际通行标准或中国更严标准开展生态环境保护相关工作，并对企业提出完善内部环境管理体系、鼓励开展清洁生产、加强信息发布等要求，强调企业环境管理主体责任。

四、第四阶段：竣工验收

工程竣工验收指的是工程建造已经完成建设合同、设计图纸内的所有内容并已具备使用要求的交付过程。竣工验收是在分项、分部和单位工程验收完成的基础上进行的，是全面考核项目建设工作的必要环节。由承包商发起竣工验收申请，设计师及业主单位联合进行检查验收。

（一）竣工验收条件

竣工验收条件由与雇主的合同条款约定，一般来讲应完成以下工作：

（1）工程已按批准的设计内容全部完成；

（2）工程自检验收及评价完成；

（3）历次验收所发现的问题已基本处理完毕；

（4）归档资料齐全符合合同约定；

（5）工程投资全部到位；

（6）竣工结算完成合同约定；

（7）按合同约定，项目的安全、环保、消防、水保档案等各单项已通过验收；

（8）合同约定的其他事项。

（二）竣工验收准备

验收一般是业主单位的责任，业主单位聘请当地管理机构认可的专业公司。此类公司的专业人员会对建筑材料以及施工各阶段和各部分进行监督管理。有一些地方要求必须通过有关政府管理机构的验收，主要针对施工阶段的几个关键环节和防火安全方面。验收的目的是为了保证建筑物的质量达到规范和其他质量标准的要求。

项目公司/项目部应与业主进行充分的沟通，明确项目验收要求，包括需要业主参与的验收项（如隐蔽工程等）及最终的移交标准等，并将相关要求准确反馈至各分包单位。项目公司/项目部须严格依据设计图纸和有关国家规范标准的要求执行分项、分部和单位工程验收。对于工程隐蔽部分和其他需要中间验收的部位，项目公司/项目部应通知监理在施工过程中进行验收，要注意验收前通知时限。提前通知监理，避开周末、节假日等不利因素。必要时须邀请业主参与相关验收，并对验收内容做好详细记录并签证。此验收记录应作为竣工技术文件的组成部分。

（三）竣工验收手续

泰国当地工程在建设过程中严格执行各项材料、设备提前报审，留存文字、影像、试验及环保报告等各类过程资料，首先进行现场实体验收，通过后逐一核查各类提报资料，监理管理委员会全体人员无异议、签字确认后方可完成验收。

受控建筑的项目业主还必须通知当局检查该建筑，以颁发建筑证书。受控建筑指公寓、商业建筑、教育建筑等。

如果是高层建筑或超大型建筑，还必须向当局提交工程师检查证明以支持建筑认证。申请和检查过程最多需要 30 天。

获得建筑认证后，项目业主可能需要获得额外的许可证，具体取决于具体业务，例如：如果是学校，必须根据《私立学校法》从教育部私立教育促进委员会获得正规学校许可证。如果是工厂，必须在工厂运营开始前向工业部工业工程司提交开始运营的通知。如果是酒店，必须根据《酒店法》从内政部获得酒店许可证。

点评：

在泰国，法律没有规定在建筑工程“完成”之前必须达到的目标；这取决于双方共同商定的建筑合同的条款和条件。在实践中，雇主的验收将正式表明建筑工程已根据建筑合同完成。在这方面，雇主在接受交付的工作时必须谨慎行事，因为承包商对雇主验收后的任何缺陷不承担任何责任，除非在验收之前无法发现缺陷或承包商根据《民商法典》第598条隐瞒了缺陷。

此外，除非合同另有规定，如果工程是根据《民商法典》第600条建造的建筑物，则承包商应对自交付之日起5年内出现的任何缺陷负责。

（四）工程款支付

目前中国企业在泰国进行项目合作时，合同价款通常用美元结算，美元汇率的不稳定性导致中国企业面临较大的汇率风险。利率风险通过利率波动对银行可重新定价的资产和负债产生不利影响。

为了规避上述汇率风险，中国企业可以考虑中泰企业之间投资和结算的货币种类，尽量用人民币进行结算，这样就可以从本质上消除美元和泰铢的汇率变化而造成的影响。

泰国的建筑合同通常允许项目业主在工程执行出现延误时扣留合同价款，或对承包商处以延误罚款或延误违约金。此外，“有条件付款”条款通常包含在分包合同中，据此，主承包商没有义务向其分包商支付合同价款，直到项目业主付款（有时称为“即付即付”原则）。根据合同自由原则，这些有条件付款条款通常可根据泰国法律强制执行。

付款问题是建筑行业纠纷的主要原因。相关的法院或仲裁程序可能会非常冗长且成本高昂，并且通常会导致承包商或分包商无法全额收回应付款项。由于一个典型的建设项目涉及不同层级的多方，包括总承包商、分包商、供应商和项目工程师，任何因付款纠纷引起的延误都可能对下层各方造成巨大损失和多米诺骨牌效应。实际上，国际咨询工程师联合会（FIDIC）合同中通常设立的争议裁决委员会并不是泰国使用的典型临时争议解决机制。

为缓解与延迟付款有关的问题，泰国立法者提出了“建筑合同付款纠纷解决法”（简称法案），以便于当事双方根据该法案进行法定裁决程序。该法案的草案已经出台，目前正在进行强制性公开听证会。该法案具有显著特点，能够以较低的交易成本迅速解决支付纠纷，从而响应各方的实时要求。

点评：

在泰国承包工程的工程款都应支付到工程合同中承包商指定的账户。付款方式有多种，在施工合同中均有规定。付款一般会根据工程各阶段的进度分期付款。一旦对工程进行检查，将根据施工合同中商定和概述的付款日期向承包商付款。

（五）资金跨境结算

1. 外汇管理政策

泰国于 1990 年 5 月 22 日起放宽外汇管制。目前，泰铢或其他外币的一般交易不受任何限制，只有少数交易需要得到泰国中央银行的批准。来泰投资的外资企业需要在泰国商业银行开立外汇账户，以供注册资本的注入及公司日后转汇款需求。泰国商业银行对于开立外汇账户无特别限制，审查标准与泰国本地企业一致。

2. 外汇汇进汇出要求

泰国鼓励企业投资资金汇入泰国，汇入资金币种和金额没有特别限制和要求。手续办理需遵循开户银行的具体规定执行。

外汇账户的余款，如投资基金、分红和利润以及贷款的偿还和支付利息等，在所有适用税务清算之后，可以自由汇出。

进口商可为进口支付而自由购买或从自己的外汇账户上提取外汇。出口可不受任何外汇管制，但出口收入或交易超过 100 万美元时须自出口之日起 360 天内收到外汇并交予一家授权银行，或在收到外汇后 360 天内将其存入授权银行的外汇账户。

五、第五阶段：投产运营

（一）项目运营

如果合同中约定由中方公司负责运维，则在验收合格进入投产后，中方公司应立即组织人员开始项目运维工作。而在验收前期，中方公司就应做好相应的运营前期准备工作，如提前招募并培训当地运维人员、管理人员提前进场、提前购置办公和生活家具、做好技术交接等工作。

对于运维模式选择，实践中通常有业主自行运营维护和外部运维商运营维护两种模式。考虑到我国承包企业大多不具备专业的运营维护能力，如果我国承包企业运作投融建营一体化项目，建议我国承包企业就项目的运营维护聘用有经验的运维商作为自己的运营维护分包商，或者由项目公司直接聘用外部专业运维商对项目进行运营维护，以确保项目在运营期内得到有效的运营、检修和维护，保持项目的持续可用性，进而保障项目投资成本和收益的回收。

（二）保修

由于项目地处国外，工程施工完成交付生产运营后，多数承包商需要撤回国内，保修和后续服务的方式、责任与期限需要在工程合同中明确细化。

在保修期内，承包商方应根据合同约定，成立工程保修组，指定熟悉本工程的技术、施工管理人员作为保修组负责人，配留足够原项目部工作认真、经验丰富、技术能力强、专业齐全的管理人员和作业人员及施工机具，建立工程保修管理制度，及时快捷处理运行中的问题，并做好保修记录。

工程质保期满后，项目部应提交工程移交单，将工程移交建设单位或其他指定单位。

（三）项目后评价

项目后评价阶段是指工程项目的后评价是工程项目竣工投产、生产运营一段时间后，对项目进行系统评价的一种技术经济活动。项目后评价内容主要包括针对项目全过程运营情况，进行 5 个子项的项目总结与分析评价：

（1）项目目标后评价：评定项目立项时各项预期目标的实现程度，并要对项目原定决策目标的正确性、合理性和实践性进行分析评价。

（2）项目效益后评价：财务评价和经济评价等。

（3）项目影响后评价：主要有经济影响后评价、环境影响后评价、社会影响后评价。

（4）项目持续性后评价：在项目的资金投入全部完成之后，项目的既定目标是否还能继续，项目是否可以持续地发展下去，项目业主是否可能依靠自己的力量独立继续去实现既定目标，项目是否具有可重复性，即是否可在将来以同样的方式建设同类项目。

（5）项目管理后评价：以项目目标和效益后评价为基础，结合其他相关资料，对项目整个生命周期中各阶段管理工作进行评价。

国内项目后评价一般按三个层次组织实施，即项目法人的自我评价、项目所在行业评价和各级发展计划部门（或主要投资方）的评价。

企业在泰国投资项目首先应进行项目法人的自我评价，组织项目相关部门编写项目总结，从项目的前期准备到竣工验收，全面系统地总结各个阶段的实施过程，查找问题、分析原因；其次对项目的工程技术效果、财务效益、经济效益、环境影响、社会影响等进行分析评价，对照项目可研评估结论和主要指标找出变化与区别；最后对项目目标的实现程度及适应性、项目的持续发展能力及问题进行分析评估得出项目后评估结论，总结经验教训，提出对策。

六、在泰国开展工程的其他注意事项

（一）处理好与政府和议会的关系

泰国秉持西方政体分权制衡的原则，议会有监督政府行政的职能，可以通过预算审议、重大项目批准等手段参与国家经济事务。目前，支持巴育总理的国民力量党联合民主党及其他小党派在议会占据了多数席位，但执政联盟内部仍处于磨合期，优势并不稳固，为泰党等反对党在议会力量不容小觑。因此，政府在重大经济问题决策上将面临执政联盟内部及反对党双重压力。

在泰中国企业应严格依法经营，与政府官员和各党派议员均保持良好沟通，避免卷入政治纷争，并重视重大项目潜在的政治风险。

（二）妥善处理与工会的关系

在泰国投资的中国企业必须学会妥善处理与工会的关系，这有助于合理控制工薪成本，减少劳资摩擦，维护企业的正常经营。

1. 知法

要全面了解泰国的《劳动法》，熟悉当地工会组织的发展状况、制度规章和运行模式。根据泰国《劳动关系法》的规定，雇佣50人以上的企业须成立本企业职工委员会；企业内员工人数达到10人以上，即可向有关部门申请成立本企业工会。

2. 守法

要严格遵守泰国在雇佣、解聘、社会保障方面的规定，依法签订雇佣合同，对员工进行必要的技能培训，按时足额发放员工工资，缴纳各种保险及保障基金。解除雇佣合同应按规定提前通知员工，并支付解雇补偿金。

3. 知情

要认真了解本企业工会及企业所在地工会的组织发展情况，掌握工会活动的特点，做到知己知彼。

4. 谈判

遇有员工提出的合理要求，企业应正确对待并尽力满足。若员工或工会提出不合理要求，企业应耐心解释；如发生工会罢工事件，企业要冷静处理，在与工会充分沟通的基础上妥善解决，避免矛盾激化；必要时可寻求法律途径。

5. **沟通**

要积极同周边企业或同行业企业进行沟通和交流，了解业内工资待遇水平和处理工会问题的常规办法。日常生产经营中要与工会组织保持必要的沟通，了解员工的思想动态并视情进行必要的疏导，发现问题及时解决。

6. **和谐**

要建立和谐的企业文化，增强员工主人翁意识，激发并保护员工的积极性，凝聚员工的智慧和创造力。

（三）密切与当地居民的关系

尊重当地的文化习俗和文化禁忌、处理好与泰国当地居民的关系有助于中国企业在泰国顺利开展经商活动。

1. **了解泰国文化**

要了解泰国文化和与之相随的文化禁忌和文化敏感问题，学习当地语言，这是中国企业能够与当地居民建立良好关系的关键因素。

2. **实现人才本土化**

积极聘用当地人员参与企业管理，既可提升企业本土化水平，补齐中资企业与当地政府机构打交道的短板，又可增加当地就业，提升当地居民收入水平，为企业发展创造和谐的社区氛围。

3. **参与社区活动**

把企业当作社区的一员，投入一定的人力和资源关注当地民众关心的问题，主动参与社区的公益事业和救灾活动，拉近与当地居民的距离。

（四）尊重当地风俗习惯

中国是礼仪之邦。中国人在泰国工作和生活还要尊重当地的文化，做一个懂礼仪的人。

（五）依法保护生态环境

泰国政府和民众都十分注重环境保护。中国企业在泰国投资合作，要依法保护当地生态环境。

（六）承担必要的社会责任

中国企业在泰国开展投资合作，不仅要努力发展业务，还要承担必要的社会责任。

1. 关注热点

要关注业务发展带来的资源、环境、劳工、安全以及社会治理等问题，以免引起当地居民的反感和抵制。由于泰国实行较为严格的劳动用工制度，因此，诸如工薪待遇、工作环境、加班时限等劳工问题要引起企业的高度重视。

2. 安全生产

要增强安全生产意识，强化基础管理，尤其是在建筑、矿山、危险化学品等高危行业的中资企业，一定要做好防范，避免安全生产事故发生。

3. 社会公德

中国企业和工作人员，要知法守法，入乡随俗，不做违反当地法律和社会公德的事情，对民族形象、企业声誉与品牌建设负责，对中泰两国的长期友好关系负责。

（七）懂得与媒体打交道

媒体在现代生活中是一种独特的公共资源，有着巨大的社会影响力。媒体不仅广泛传播知识和信息，具有教育功能，媒体舆论还成为公众对现实做出反应和抉择的重要依据，影响公共决策，发挥正、反两个方面的作用。中国企业在泰国应该懂得如何与媒体打交道。

（八）学会和执法人员打交道

警察、工商、税务、海关、劳动及其他执法部门是维护泰国社会秩序的国家行政力量。对辖区内居民和外国人查验身份证件、工作证件、询问相关事项以及检查厂房或工地，是泰国执法者的职责，中国企业相关人员要学会与这些执法者打交道，积极配合他们执行公务。

（九）其他

根据泰国相关法律，泰国诸多行业存在对外资的持股比例限制，加上泰国特殊的政治、经济及文化特性，如何立足当地现实情况，坚持合作发展、实现互利共赢成为中资企业的重要课题。此外，伴随中国对泰投资企业的不断增多，各行业中国企业内部间的竞争、中国企业与当地企业及其他国家投资企业的竞争逐渐增多，如何处理好内外两方面的竞争、合作和发展的关系十分关键。总体而言，遵纪守法、严守规则、诚信经营、合作共赢、有序竞争是“走入泰国”企业应坚持的基本原则。遵守国际惯例在泰国投资中非常重要，此外如何融入当地文化、了解当地的特殊性亦很重要。

（十）在泰国遇到困难寻求帮助的途径

1. 寻求法律保护

在泰国，中国企业应依法注册、合法经营，并遵守当地法律法规，中国企业在国外经营时难免会遇到各种各样的困难，一旦企业遇到经济纠纷时，无须惧怕或逃避，必要时可通过法律手段解决问题，依法用法，最大限度维护企业合法利益。

一是聘请律师。由于法律体系和语言差异，建议中国企业聘请当地律师处理相关法律事务，依靠专业律师团队，通过法律途径解决经济纠纷，切实维护企业自身利益。二是专业咨询。建议向泰国信誉好的专业咨询公司进行法律、税务、人力等咨询。

2. 寻求当地政府帮助

泰国政府重视吸引外商赴泰投资。中国企业在依法经营的同时，要加强与所在地政府相关部门建立密切联系，及时通报企业发展情况，反映遇到的问题，寻求所在地政府合法合理的支持。同时，与泰国社会团体和当地侨领等各界保持联系，深交、广交朋友。遭遇突发事件时，除向中国驻泰使领馆、公司总部报告以外，应及时与当地政府有关机构进行联系，取得支持。

3. 取得中国驻当地使（领）馆保护

中国公民在泰国旅行、工作期间主要受国际法及泰国当地法律的约束。当中国企业的员工在泰国所享有的合法权益受到侵害、人身自由和安全受到威胁、涉入刑事案件时，可就近向中国驻泰国使领馆反映有关情况，请求使领馆提供必要协助。中资企业在进入泰国市场前，应事先征求中国驻泰国使馆经商处意见。投资注册之后，按照规定到经商处报到备案。日常工作中与经商处建立通畅的联络渠道。此外，中国企业在泰国遇到重大安全问题和突发事件时，应及时向当地政府和就近向使领馆报告，在处理相关事宜时，要服从使领馆的领导和协调。

4. 建立并启动应急预案

中资企业在泰国开展投资合作时，要根据泰国的实际情况，客观地评估潜在风险，有针对性地制定和完善内部紧急情况预警机制，包括安全预警、应对各种风险的预案、突发事件应急处置等工作制度，并由专人负责。及时、定期对员工进行必要的安全教育，不断强化员工安全意识，并设专人负责安全生产和日常的安全保卫工作，投入必要经费购置相应的安全设备，给员工购买保险，确保员工在泰国工作期间的人身健康安全和财产安全。

5. 其他应对措施

中资企业在泰国期间，如遇自然灾害、火灾或人为事件时，应及时拨打当地求助电话并启动应急预案，争取将损失控制在最小范围之内，并立即报告中国驻泰国使领馆和企业在国内的总部。

Chapter 6 第六章

泰国投资风险和机会分析

一、泰国整体营商环境

泰国作为东南亚竞争力较强的国家，近年来持续鼓励外商投资，并创造了较稳定和宽松的投资环境。为积极融入世界经济的发展，泰国于 2016 年提出泰国 4.0 战略和东部经济走廊计划，在工业园区建设、制度改革、人才引进以及经济发展等方面做出重大改革，不仅进一步优化了国内经济结构，也吸引了较多的海外投资进入泰国投资建厂。中国企业投资给泰国带来积极的影响，一方面可以进一步促进泰中友好关系，构建互信互利的共赢发展格局；另一方面，为泰国引入外部资源，改善泰国的经济市场环境并促进就业，推动泰国产业结构升级，提高资源的有效配置，为泰国经济发展提供良好的契机。战略泰国 4.0 战略可以与当前中国提出的“一带一路”倡议实现政策的对接，进一步吸引中国投资，以更好地帮助各方减少不必要的投资成本，提高中国与泰国经济合作的水平。

（一）外商投资情况

1. 贸易情况

泰国是 WTO 的正式成员，与澳大利亚、新西兰、日本、印度、秘鲁等国家有双边优惠贸易安排，并通过东盟与中国、韩国、日本、印度、澳大利亚和新西兰等国签订了自贸区协议。2021 年泰国政府采取了一系列的措施，包括与欧盟恢复因 2014 年军方政变而取消的自贸协定谈判，与中国海南省签订“迷你自贸协定”，与新加坡金管局联合推出实时支付系统，启动与马来西亚跨境快速响应支付链接等。此外，

《区域全面经济伙伴关系协定》（RCEP）也于2022年1月正式生效。

（1）贸易规模和贸易伙伴。

泰国商业部公布2022全年统计数据显示，2022年泰国多项贸易数据超出预期目标，全年出口2870.7亿美元，同比增长5.5%，剔除黄金、石油相关商品和战备物资的出口总值增长4.7%。进口3031.9亿美元，涨幅13.6%，全年贸易逆差为161.2亿美元。

2022年12月泰国出口总值为217.188亿美元（7763.24亿泰铢），高于5年平均水平207.595亿美元，同比缩减14.6%；剔除黄金、石油相关商品和战备物资的出口总值同比缩减12.5%。泰国的出口增长也受到全球经济放缓和消费者购买力疲软的影响，特别是在美国、欧盟、中国和日本等主要市场。不过，海运费率持续回落、泰国商业部积极主动战略的实施以及国际旅游业的复苏等利好因素带动了相关产品出口的增长。

2022年12月农产品和加工农产品出口值同比缩减2.0%，为连续第三个月缩减。出口值增长良好的产品包括新鲜、冷藏、冷冻水果和干果（+21.6%），罐装/加工海鲜（+1.5%），动植物油脂（+35.5%），新鲜/冷藏冷冻鸡肉（+22.8%），以及牛奶和奶制品（+2.7%）。出口值下降的产品包括大米（-4.1%）、木薯制品（-12.4%）、橡胶（-47.7%）、罐头及加工水果（-20.5%）、糖（-45.4%）等。2022年全年，农业和加工农产品出口总值同比增长8.8%。

工业产品出口值同比缩减15.7%，为连续第三个月缩减。出口值增长良好的产品包括传真机/电话机、设备及零部件（+65.6%）、半导体、晶体管及二极管（+83.7%）、摩托车及零部件（+8.1%）、旅游相关产品（+56.6%）。出口值下降的产品包括汽车、设备及零部件（-17.1%）、石油相关产品（-25.7%）、计算机及设备（-24.3%）、宝石及珠宝（不含黄金）（-12.4%）等。2022年全年，工业产品出口值同比增长4.4%。

2022年12月对主要市场的出口值同比缩减13.6%，其中对美国、中国、日本、东盟老五国（文莱、菲律宾、新加坡、印尼、马来西亚）、东盟新四国（柬埔寨、老挝、缅甸、越南）和欧盟（27个成员国）的出口值分别缩减3.9%、20.8%、13.7%、24.2%、11.8%和4.9%。对二线市场的出口值同比缩减16.5%，其中对南亚、澳大利亚、非洲、拉丁美洲、俄罗斯及独联体的出口值分别缩减11.6%、18.0%、26.7%、9.4%和47.7%，而对中东和英国的出口值则分别增长4.7%和23.7%。对其他市场出口值同比缩减29.0%，其中对瑞士出口缩减10.4%。

十大保持增长的出口市场包括中东、英国、加拿大、美国、CLMV国家（柬老缅越）、南亚、东盟五国、拉丁美洲、欧盟和大洋洲。商业部表示，2023年由于泰国主要出口市场如美国、日本、欧盟等购买力疲软使得出口难度加大，但商业部将重点关注具有增长潜力的新兴市场，如中东、南亚和CLMV国家。

（2）贸易结构。

2022年保持增长的十大出口商品包括砂糖、电话/传真机及配件、珠宝首饰、动植物油、变压器及配件、半导体/二极管元件、鸡肉制品、冷冻鸡、冰激凌和宠物食品。

2. 吸收外资情况

近年来，泰国吸收外国投资存量总体呈上升态势，受新冠疫情影响，2020年泰国外国直接投资（FDI）净流出48.5亿美元，2021年吸收外国投资恢复较高水平，FDI流入量为114.2亿美元。2021年，外商主要投资领域集中在电器和电子设备、医疗、石化化工等行业，其中电器和电子设备行业吸收外资1044.9亿泰铢，占比16.3%；医疗行业吸收外资621.7亿泰铢，占比9.7%；石化化工行业吸收外资484.1亿泰铢，占比7.5%。东部经济走廊是最受外资欢迎的投资目的地，2021年共吸引453项投资，总金额2205亿泰铢（约61.7亿美元），与上一年度相比增加34%。

泰国日益成为跨国公司区域总部首选。根据泰国投资促进委员会统计，已有329家跨国公司在泰设立亚洲区域总部，包括丰田、雀巢、华为、美孚等知名企业。从投资国家和地区来看，日本企业数量最多，其次是新加坡、美国、中国香港和法国。政府支持、地理位置、互联互通、物流设施、教育水平及生活环境是跨国公司最为看重的因素。

近年来，中国对泰国直接投资不断增加，主要有华为技术有限公司、中国航空技术国际工程公司、中国冶金建设有限公司、中国银行等。

（二）竞争力排名

在世界银行发布的《2020年全球营商环境报告》[1]中，泰国在全球190个经济体中营商环境便利度排名第21位，较前一年排名提升6位，在东盟国家中排第3位。其中办理施工许可证、获得电力、办理破产等细项有所改善，登记财产、获得信贷、保护少数投资者、纳税、跨境贸易、执行合同等细项仍有待改进。泰国分值为80.1，比上年上升0.6分。各项排名情况：开办企业（47）、办理施工许可证（34）、获得电力（6）、登记财产（67）、获得信贷（48）、保护少数投

---

［1］ 2021年9月，世界银行宣布暂停发布《营商环境报告》，将构建新的评估体系来评价各经济体的商业和投资环境。世行表示将于2023年1月正式实施该项目，并于2023年最后3个月内发布《宜商环境报告》第一版。

资者（3）、纳税（68）、跨境贸易（62）、执行合同（37）、办理破产（24）。

世界经济论坛《2019 年全球竞争力报告》[1] 显示，泰国在全球最具竞争力的 141 个国家和地区中，排第 40 位。较前一年下降 2 位。就 12 个分项指标而言，除制度体系、基础设施、技能领域分数有所下降，在其他各方面的竞争力得分均有所提升。

世界知识产权组织发布的《2022 年全球创新指数报告》数据显示，泰国在全球 132 个经济体中排第 43 位，较上一年排名无变化。各项排名情况：制度（78）、人力资本和研究（71）、基础设施（54）、市场成熟度（27）、商业成熟度（43）、知识和技术产出（43）、创意产出（49）。

2022 年 4 月，穆迪公司维持泰国信用等级为 Baa1，或相当于 BBB+，并维持泰国信用评级稳定的展望。泰国经济体量大，经济多元化发展，经济政策稳健，使得经济能够承受剧烈变化和未来各种危机。因此，穆迪预计东部经济走廊项目将会吸引更多投资，带来强劲的增长。此外，穆迪预计未来 2～3 年疫情情况将得到缓解，旅游业将复苏，泰国经济 2023 年将增长 4.8%。

2022 年 11 月，全球知名评级机构标准普尔（S&P Global Ratings）评定泰国信用等级为 BBB+，并表示泰国信用处于较为稳定的水平。

（三）泰国营商环境分析

泰国政府对外国投资的态度总体上是积极的。近年来，泰国社会总体较为稳定，政策透明度较高，经济发展水平位于东盟国家前列，

[1] 考虑到 2020 年全球经济形势动荡，世界经济论坛暂停发布全球竞争力指数排名。此处仍使用 2019 年的排名。

商品在东盟国家享受零关税待遇，对周边国家具有较强辐射能力，经商环境开放包容。

1. **投资优势**

（1）地理位置优越。

泰国通过完善的交通基础设施（包括铁路、公路、水路和航空）与周边国家和地区紧密相连。泰国完备的物流系统为跨境贸易和投资带来了巨大的机遇，使泰国成为理想的投资目的地。

（2）数字基础设施完善。

泰国4.0战略主要目标之一即发展“以价值为基础”的数字经济。泰国已投资150亿泰铢用于数字基础设施建设，建立了一个全国性的宽带网络。国家科学技术发展局在暖武里府建立了泰国软件园，通过促进技术转让、提供IT人员培训、支持本地和国际合作以及为软件公司提供办公场所等措施，推动数字经济发展。此外，泰国投资促进委员会制定了强化激励措施，以鼓励数字经济研发投入，推动上下游产业发展。

（3）人力资源优势显著。

泰国政府致力于人力资源开发建设，特别是在科学、技术、工程和数学（STEM）教育方面。国内广泛推广职业教育计划，以确保泰国劳动力能够满足机器人、自动化和人工智能等新兴领域工作需求。此外，泰国在东盟国家中，工资相对低廉、劳动力资源较为充足，2021年第四季度，泰国劳动力人口为3863万，其中绝大多数为35岁以下人口。作为区域经济中心，泰国聚集了大量的全球跨国公司，成为主要行业的供应链中心。

2. **投资劣势**

泰国知识产权保护、劳动力供给、规章制度等方面仍存在诸多不足，总体营商环境仍有待提高。

（1）知识产权保护力度较为薄弱。

泰国被认为是知识产权保护最薄弱的国家之一，在 2021 年美国商会国际知识产权指数中，泰国在 53 个国家中排名第 45 位。泰国的知识产权法律将近 30 年没有更新，面对前沿的知识产权问题，泰国需要对此作出改变。

（2）泰国当地政府与公众缺乏有效沟通。

目前，很多海外投资企业往往存在过分追求经济利益的短期行为，不注重建立本土化公共关系，不关注当地经济发展，较少雇佣当地员工，导致企业经营与当地经济发展不一致。企业不但难以真正融入东道国当地经济社会发展中，而且与当地政府和公众缺乏有效沟通及协调，很容易引发矛盾。外资企业的引进对泰国当地民族企业产生一定威胁，外资企业在为国家带来经济发展的同时，国家民族企业也将面临重创。对于在泰国的外国企业，在给当地带来工作岗位的同时，也给当地企业带来冲击，可能会受到当地企业抵制，这给外国企业在泰国发展带来新的挑战。

（3）劳动力问题。

泰国的劳动力丰富，但是由于泰国政府的法律规定，中国在泰国投资必须雇佣一定比例的泰国人，这就可能出现劳动力市场供需不匹配的情况。泰国的劳动力问题主要体现为具有语言技能和专业知识的劳动力相对短缺，劳动力工资偏高等。最初，泰国通过引进外国劳工来替代本国劳工，以解决眼前的问题。但由于新冠疫情肆虐，许多外籍劳工返回原籍国，即使疫情有所好转也不再回到泰国。另外，泰国最低工资水平为每天 337 泰铢，与某些东盟国家相比，中国投资泰国需承担较高的劳动力成本。

（4）规章制度不够明确。

泰国法律法规体系繁杂，有些已经过时，有的表述模糊，还有些投资法规与政策比较宽泛，针对性不够。泰国的政策法规存在难以获得和解释模糊等问题，缺少英文版本或中文版本的介绍。此外，泰国国内法律及其框架还存在内容相同或相似的条款，甚至存在相互冲突的说法，这也成为中国投资者在泰国投资的主要障碍。

3. 近期改善投资环境的措施

自 2008 年以来，泰国政府每年颁布政策以改善国内营商环境，主要为投资者提供开办企业、获得电力、办理施工许可、登记财产、保护少数投资者、纳税、跨境贸易、破产程序等方面的便利或优惠。此外，以下措施对提升泰国营商环境也产生了积极效果。

（1）泰国投资促进委员会优惠政策。

为促进企业投资，泰国投资促进委员会根据各行业在泰国市场的发展状况，有针对性地给予不同级别的优惠措施，对外商无本地化要求、出口要求及外汇限制。除政策措施外，外商还可享有税收减免、拥有土地所有权等优惠权益。

（2）东部经济走廊拉动产业升级。

东部经济走廊管理委员会为该项计划制定了特别权益和优惠政策，以世界级经贸投资中心、交通物流中心、世界级旅游胜地及东南亚贸易大门为目标，吸引高新产业投资，强化产业集群。

（3）大力发展基建建设。

基础设施建设项目的推动和落实，将成为泰国巩固经贸投资基础并促进长期发展的动力。当前，泰国正大力推动基础设施建设，总投资金额将近 7000 亿泰铢，包含高铁项目、林查班港项目、乌塔堡机场、飞机维修中心及马达普港项目等主要在建基建项目。

（4）人才升级。

为了应对泰国技术人员和中等教育劳动力短缺现状，2019 年泰国教育局牵头设立了新的教育监管机构——高等教育、科学、研究和创新部，通过整体教育体系的升级，向社会输送高质量劳动力，提升泰国人才竞争力。

（5）一站式服务中心。

一站式服务中心于 2009 年 11 月开始运营，作为泰国投资促进委员会的下属机构，一站式服务中心汇集了来自多个投资相关领域的工作人员，共有 38 个政府机构入驻一站式服务中心，为投资者在泰国开展业务提供一站式服务。

（四）中泰经贸关系

1. 总体情况

自 1975 年中国与泰国建交以来，中泰两国的进出口均呈现增长态势。中泰贸易初期，泰国从中国进口的主要是石油，中国从泰国进口的大米较多。此后，泰国将以石油为中心的能源结构转换为以天然气为中心，中泰贸易量随之减少，但中国从泰国的大米进口量变化不大。伴随着中泰两国工业化进程的加速，中国和泰国之间的贸易在原商品的基础上，贸易商品种类进一步增多，如机电产品、计算机和电子产品等开始出现。

近 20 年以来，泰国对中国的商品出口额总体呈上升趋势。泰国向中国出口的前五大商品为机械器具、塑料橡胶、运输设备、食品饮料、珠宝首饰，增幅较大的商品为珠宝首饰，降幅较大的商品为运输设备。

2. 双边贸易情况

近年来，中泰两国经贸往来日益密切，两国贸易额持续保持增长态势。中国已成为泰国第二大出口市场和第一大进口来源地。中泰建交以来，双边贸易额从1975年的2462万美元（中国向泰国出口1067万美元、从泰国进口1395万美元）上升到2021年的1311.7亿美元（中国向泰国出口693.5亿美元、从泰国进口618.2亿美元），进出口分别同比增长37.2%、28.5%。泰国也成为中国在东盟国家中的第三大贸易伙伴。

3. 双向投资

近年来，中国对泰国投资呈上升趋势。根据中国国家统计局数据，中国企业对泰国直接投资流量由2009年的0.5亿美元增至2021年的14.9亿美元，投资存量由2009年的4.5亿美元增至2021年的99.2亿美元。

2021年，中国对泰国直接投资项目共112个，占泰国全部外商投资项目的14.30%，主要为小型投资项目（价值小于5000万泰铢）共45个，占总数的40.18%，投资行业集中在电气电子、金属制品及机械设备、轻工业及纺织品等领域。

4. 承包工程

2020年，中国企业在泰国新签工程承包合同额为96.7亿美元，同比增长190.5%；完成营业额26.3亿美元，同比下降8.2%。2021年1—6月，中国企业在泰国新签工程承包合同额为17.3亿美元，同比增长7.0%；完成营业额14.1亿美元，同比增长16.1%。中国建筑、中国港湾、中国电建、中国铁建、中国中铁等多家有国际竞争实力的中国企业均在泰国开展工程承包业务，主要业务涉及基础设施、电力工业、房屋建筑、石油化工等领域。

[案例6-1]

目前在泰国汽车市场销量排名最靠前的中国品牌——上汽名

爵 MG，早在 2013 年就在泰国拥有了第一座装配工厂，此后又与泰国正大集团合资成立上汽正大有限公司，并斥资 100 亿泰铢在春武里府打造了智能化程度更高的第二工厂（2017 年竣工投产）。名爵 MG（泰国）已获得泰国投资促进委员会（BOI）的批准，将在泰国设立电动汽车电池工厂，同时正在研究动力电池回收再利用问题。

在开拓市场之初，名爵品牌确实遇到了许多困难，但通过本地化生产以及 MG 驾驶体验中心、售后服务体系以及二手车品牌的完善，越来越多的泰国消费者开始选择 MG 车型。2021 年，名爵品牌以销售 31005 辆的“成绩单”跻身泰国年度销量第 8 名（同比增长 9.5%，市占率突破 8%）；2022 年初虽然饱受芯片短缺、供应链不稳定等因素影响，但该公司一季度还是累计交付 8394 辆汽车，同比增长 11%（其中乘用车增长 24%）。

2021 年，该公司通过进口形式销售了 1000 余辆纯电动车型，占当年在泰国交通运输部注册的纯电动汽车新车（1958 辆）的 50%左右；刺激计划生效后仅一个月内，名爵 MG（泰国）就收获了 4500 张电动汽车订单。

点评：

面对泰国汽车市场及产业政策的新变化，特提出以下几点建议。一是我国“走出去”企业应充分研究泰国汽车产业相关政策及市场新特点，尤其是电动汽车相关政策，深耕泰国市场；二是建议利用泰国已签署的自由贸易协定，打造中国之外的泰国生产及出口基地，向尚未与我国签署自由贸易协定的国家（如印度、土耳其等）出口汽车产品，降低企业出口成本，扩大海外市场；三是鼓励我国整车及零部件企业加强中国–东盟产业链布局，带动

RCEP 区域汽车产业融合发展。认真研读 RCEP 框架下汽车产品相关优惠关税措施、原产地规则等条款。

[案例 6-2]

中国华为与泰国的国家创新局和国家科学与科技发展局签署为期 3 年的合作备忘录，在泰国发展深度科技，培育新创公司。华为将提供 8100 万美元在泰国投资，以曼谷作为根据地，拓展其东南亚市场。华为曼谷 OpenLab 总投资 1500 万美元，位于华为泰国公司新总部 G Tower，占地 2000 平方米。将为泰国、东南亚地区客户，以及 ICT（信息与通信技术）行业创业者，提供行业解决方案测试验证平台及 ICT 培训服务，带动物联网、大数据、云计算等产业发展。曼谷 OpenLab 每年可以提供 800 人 ICT 培训，500 人 ICT 职业认证，并支持 150 个 PoC（概念验证）测试项目。同时，曼谷 OpenLab 每年可接待 20 批次 ICT 领域初创企业的参观交流，支持初创企业的创新。

二、泰国投资风险分析

泰国社会稳定，政策透明度较好，贸易自由化程度高，经济发展水平位于东盟国家前列，商品在东盟内享受零关税待遇，对周边国家具有较强辐射能力，营商环境开放包容。政府长期维持着广泛鼓励投资的监管框架，但是该框架在解释方面缺乏一致性和透明度。

据中国社科院世界经济与政治研究所、国家全球战略智库国际投资研究室发布的《中国海外投资国家风险评级报告（2022）》显示，泰国在 114 个经济体中排名第 85 位，评级 BBB，属于中等风险国家。

（一）政治风险

所谓政治风险是指由于东道国国内政治、社会、法律等因素在国内或国际环境的影响下发生了难以预料的重大变动从而导致投资国企业的利润或经营目标无法持续的可能性。对于该类风险一般的防范措施为：特许权协议必须得到东道国政府的正式批准，并对项目付款义务提供担保；向国家出口信用保险公司投保政治保险。

泰国实行君主立宪制。宪法规定，国王是国家元首和军队的最高统帅，是国家主权和统一的象征。2016 年 12 月 1 日玛哈·哇集拉隆功正式登基，称为拉玛十世。泰国在政治方面的风险主要表现在：

1. 政局风险

泰国常常陷入与政府选举有关的政治僵局。2014 年 5 月，泰国宪法法院撤销了英拉的总理职位，结束了数月的政治僵局。同年晚些时候，军事政变推翻了看守政府。2014 年 8 月，新成立的军事主导的国民议会任命巴育·占奥差为新总理。

2017 年 4 月，拉玛十世国王签署了新宪法。新宪法大大削弱了民选政治家的权力，加强了军队在公共生活中的作用，并增强了王室的权力。该宪法还鼓励多党制，这可能导致未来联合政府的不稳定。

2019 年 6 月，泰国议会两院选举巴育为泰国下一任总理。在军政府领导 5 年多之后，这次投票恢复了文官统治。但该国在治理指标方面继续表现不佳，且此次选举也并不代表完全回归民主，因为国民议会上议院的 250 名成员都是由军政府选出的。预计今后 5 年泰国将进行更多的改革和谈判，这将加强民主选举进程，避免政治僵局，并强化政府机构。

虽然巴育控制着由国民力量党领导的执政阵营联盟，但本届政府非常不稳定。自2019年年中组建政治联盟以来，联盟政党国民力量党、民主党、泰自豪党和其他较小政党一直在进行内讧。

目前，巴育政府面临来自不可靠的执政联盟和公众对治理能力质疑的双重挑战。尽管巴育在近年的多次不信任动议中获胜，但他在议会中的影响力进一步削弱，致使无法顺利推行相关政策，立法中断的风险增加。宪法法院2022年9月30日的裁决允许巴育留任和参加连任竞选。

2023年1月9日，巴育决定加入新政党合泰建国党，并将代表新政党竞选总理，民政力量党则推派党主席兼现任副总理巴威担任总理参选人。为泰党也宣布将前总理他信的小女儿佩通坦·西那瓦定为总理候选人。

2023年3月17日，泰国总理巴育发布解散议会的法令，为2023年5月7日的大选铺平道路。

点评：

巴育、巴威和内政部长阿努蓬被视为2014年泰国政变后军政府的3根支柱，3人代表军方势力在政坛的稳固结盟，尽管巴育再三强调与巴威没有问题，但巴育转换政党，将有政治实力的议员参选人带到合泰建国党，巴育和巴威此次分道扬镳，恐为执政联盟投下变数。

2023年大选的关键政策议题是经济治理和公共债务。目前，为泰党计划大幅增加借贷、提高工人最低工资水平以促进经济增长，支持企业发展，而巴育政府却主张收紧财政政策，削减公共债务。目前来看佩通坦在民调中遥遥领先，支持率较现任泰国总理巴育高出一倍以上，可见巴育在大选中获得连任的概率并不高。

2. 政策风险

虽然泰国由于政治不稳定和频繁的领导层更迭而导致行政效率低下，但通常政府能确保其政策的实施。政治分歧也不太可能导致政府长期发展政策发生重大变化，政府将持续采取亲商、亲外投资的策略。

然而，自新冠疫情暴发以来，巴育政府转移大量财政预算以应对疫情相关的影响。这增加了政府改变其短期政策重点的可能性，从而增加了延期或取消现有政府优先投资事项的风险，但现有外商投资项目大规模重新谈判的风险较低。

3. 征收风险

为振兴经济，泰国政府积极改善营商环境，陆续采取一系列促进投资举措，包括出台《投资促进法》和《东部经济走廊法》，鼓励企业向先进技术、创新和研发等领域投资；允许外资企业拥有制造业和部分服务业企业100%所有权，不设置本地化和出口要求及外汇限制。在税收优惠方面，免除了与出口和研发相关的机械设备的原材料进口税。此外，政府还出台了简化工作证和签证办理流程等非税收便利举措，对吸引外资持欢迎和保护态度，进行间接征收的可能性不大。

4. 政府违约风险

穆迪维持泰国2022年的信用等级为Baa1，展望稳定，政府违约风险较低。

5. 行政效率风险

政府持续的内斗和不稳定凸显了政府项目延迟的风险，而关键人员变动会导致官僚主义障碍的成本增加。

6. 腐败风险

泰国腐败风险很高，公共服务机构经常提出贿赂要求。在透明国际的2022年清廉指数中，泰国在180个国家中排名第101位。但在知名国有公司或大型上市公司的商业活动中，贿赂或其他非法商业行为发生的风险较低。

7. 地缘政治风险

泰国建立了广泛的外交关系，外交政策也较为稳定。作为东盟成员国，泰国重视加强同东盟各国的友好合作，改善与邻国的关系。东盟成员资格仍然是泰国外交政策的核心，也是日益对立的中美关系的平衡点。

随着美泰联合军演的回归，美泰关系下的中泰关系成为焦点。2022 年下半年，美泰双方高层频繁互访，双边关系在冷淡多年后突然升温。7 月 10 日，布林肯访泰，签署了关于战略联盟和伙伴关系的联合公报。而在其后一周，王毅立即访问了曼谷，强调中泰全面战略合作伙伴关系建立 10 周年。预计在未来一段时间，美泰将保持良好关系的基础上，进一步加大合作。

因俄乌战争而引发的地缘政治冲突深刻影响世界，2023 年将是更加危险和动荡的一年。就东南亚地区而言，泰国、柬埔寨、缅甸即将举行全国大选，菲律宾、马来西亚、新加坡和印尼各自面临新的政治变局，疫后经济重振更是考验东南亚国家领导人行动力的巨大课题。

（二）经济风险

经济风险主要指所在国的经济发展形势、利率、汇率、外汇兑换率、外汇可兑换性等。该类风险一般的防范措施为：就目前国际金融状况而言，项目融资全部以美元或人民币进行贷款，通过远期外汇买卖、外汇买卖掉期、货币期权等金融工具进行汇率风险的规避。

1. 经济结构风险

泰国经济增长的主要支持因素是出口保持增长，旅游业开始复苏，政府继续推进基础设施投资以及推出“各付一半”、购物退税等各种刺激消费措施来拉动内需。

由于出口、公共投资和私人消费放缓，2021 年泰国国内生产总值（GDP）增长 1.5%，是东南亚地区最低的增长率之一。旅游业对泰国 GDP 的增长作出重要贡献，2022 年内入境外国游客达 1115 万人次。受助于中国重新开放，泰国 2023 年预计将接待国际游客 2750 万人次，多于之前预计的 2150 万。在疫情前的 2019 年，有近 4000 万人次国际游客入境泰国，消费了 1.91 万亿泰铢（约合 580 亿美元）。尽管 2023 年泰国出口预计放缓，但旅游业和国内需求的复苏是泰国维持 2022 年经济增长 3.8%展望不变的动力。泰国的经济结构风险处于中等水平。

2. 通货膨胀风险

通货膨胀是经济发展过程中很难避免的，大多数国家都有此风险。但是如果通货膨胀的速度超出承包商的可预见范围，材料、设备价格上涨及当地货币贬值会给承包商造成严重的经济损失。

东道国的通货膨胀率保持在可控水平，对投资者来说比较有利，一旦发生太高的通货膨胀则会加大项目投资额，成本收回以及获利也会更加困难。因此，面对持续周期较长的投资项目，东道国通货膨胀率是很重要的考量因素。

过去的 2022 年 12 月份中，能源及食品价格高于 2021 年同期，因此 2022 年 12 月泰国整体通胀率增长 5.89%。其中，食品和非酒精饮品价格与上年同期相比增长 8.87%，非食品及饮品价格增长 3.87%，能源相关产品价格也同比上涨 14.62%。同时，2022 年平均整体通胀率较 2021 年增长 6.08%。此外，2022 年 12 月核心通胀率为 103.98，较 11 月增长 0.13%，较 2021 年 12 月增长 3.32%。

泰国能源补贴、价格管控等措施减缓了通胀速度，预计通胀已经见顶。2023 年预计能回落到 2%～3%。因此，泰国的通胀风险处于中等水平。

点评：

企业在做工程预算时，要做好价差预备费的核算。采购时，合理平衡仓储成本和涨价风险。

3. 汇率风险

外汇风险管理是海外投资风险管理的重要领域。企业能有效管理外汇风险可避免汇率变动可能造成的损失，并能够增加风险收益；反之则可能蒙受巨大的损失。汇率变动风险主要包括：人民币汇率波动风险、投资项目所在地货币汇率波动风险以及国际通用货币汇率波动风险。

从 2022 年初开始到 11 月，泰铢已贬值超过 7%（兑美元）。尽管全球经济增长的不确定性持续存在，但在持续的经常账户盈余和健康的外汇储备水平的支持下，泰铢在 2023 年上半年预计会保持稳健，泰国的金融市场仍然将保持着强劲和稳定。

［**案例 6-3**］

2016 年，海尔收购 GE 旗下家电业务部门，收购资金由自有资金和并购贷款共同组成，金额达 54 亿美元。其中，自有资金有一部分来源于人民币，预计在并购前后可能产生人民币与美元之间的汇率风险。海尔旗下的海云汇外汇资本市场（香港）有限公司利用期权组合，有效规避了并购面临的汇率风险，为本次并购节省了上亿元的财务费用，并实现了保证经营利润的目标。

4. 外汇管制风险

泰国针对外汇监管有专门立法，即《外汇管理法》以及财政部根据该法制定的第 13 号部门规章。泰国中央银行经泰国财政部授权负责外汇监管。在泰国从事外汇交易通常都受到监管，并需要泰国中央银行的许可。外汇交易通常都可以经由商业银行或其他授权机构进行。

点评：

对于外汇管制风险可采取的措施如下：一是向我国驻泰国经济商务参赞处或者中国信保咨询当地的外汇政策及动向，提前获取购汇许可。二是加强与业主的联系和收汇跟踪，特别是加大对逾期未收汇的应收账款的催收力度，一旦发生收汇风险及时向中国信保报损，共同采取措施减小损失。同时，做好换汇计划，选择合理的换汇时机，避免在泰国外汇来源紧张时换汇。在换汇时，充分利用项目股东的协调能力，当外汇政策发生剧烈变化时，可采用调整项目产品内外比例、增加出口等方式化解风险。

综上，泰国经济发展较稳定，通胀在中度水平，汇兑自由，汇率波动不大，总体而言，泰国宏观经济风险相对较低。

（三）法律风险

法律风险主要指涉及土地法、税法、劳动法、环保法、合同法、招标投标法等法律法规的更改和变化所引起的项目成本增加或收入减少等风险。可能的防范措施如：明确因违约、歧义、争端的仲裁在双方都认可的第三国进行。

泰国法律体系较为全面、完整，但是比较老旧，政府各部门网站对相关法律的解疑和解读也不充分。近些年，泰国政府不断完善法制建设，司法不稳定性有所降低，但在法律保护方面仍有待改善。

1. 法律合规风险

在泰国承包工程主要受当地的公司注册与合同、劳动用工、税务、环境保护、反贿赂等法律法规的制约。

点评：

合规是对中资企业开展境外经营最基本，也是最根本的要求。我国企业应合法合规合理的开展业务，切勿“走捷径”“打擦边球”。不然不仅会被所在国纳入“黑名单”，遭受经济和法律的制裁，同时也给整体国家形象带来不良的影响。

2. 法律差异风险

每个国家有自己的历史文化和特殊国情，在法律和投资政策上都会有所不同。部分投资者在进入市场前，对泰国的整体法律和政策缺乏了解，在投资过程中容易违法，例如持股比例超过规定，购买了政策不允许交易的土地等，最终导致投资目的无法实现。

点评：

中国企业在进入泰国之前，需要对其法律环境进行全面的了解，最好聘请在大型中资或者华人律所工作的律师作为公司法律顾问。另外，应加强项目法律部门人员对泰国法律制度的学习，建立相应的法律知识信息系统，制定法律差异预防措施。

3. 法律执法风险

与其他东盟国家相比，泰国的司法系统相对高效且成本低廉。然而，泰国司法机构的腐败严重，且高级政府官员拥有广泛的自由裁量权，某些行政解释容易被政治化，商业关系中的偏袒行为很常见。泰国的法律程序往往缓慢，诉讼当事人或其他第三方有时会通过法外手段影响判决。这可能会使外国投资者处于不利地位。

4. 税收法律风险

泰国在历史上一直保持对企业、个人和消费的低税率，并保持低进口税，以提振私营部门和外国投资。然而，近年来在政府支出不断增加、人口老龄化以及需要改善医疗和基础设施的情况下，政府希望改革其税收结构，以增加收入。如从2021年9月1日开始对数字服务提供商征收7%增值税。

在取消疫情管控及经济扶持措施后，许多先前的税收优惠（例如土地税减免）已被撤销。在财政压力加大的情况下，政府的中期税收政策可能以扩大税基为主，未来加税风险增加。

点评：

在国外，碳税已被广泛使用，尤其是在非常重视环境问题的欧洲，南美洲、亚洲和非洲的一些国家也开始引入并征收碳税。据世界银行碳定价表板信息，目前已有29个国家征收碳税，每吨二氧化碳征税0.08美元至137美元不等，既有对生产过程直接征税，也有对燃料消耗间接征税。

泰国财政部消费税厅在2016年修订汽车税结构时首次引入了基于二氧化碳排放量的递进税率。2022年泰国消费税厅开始研究征收碳税，思路包括对产品的间接征收，以及根据欧盟排放权交易体系（EU-ETS）措施对生产过程的直接征收。但无论采取哪一种方式都应提前公布实施的时间表，使运营商有时间进行调整和适应。如对生产过程直接征收碳税必须循序渐进地逐步实施，因为相关部门必须设计温室气体排放的计量流程，同时还需要遵守欧盟排放新规。

如泰国政府征收碳税，预计全泰将有45163家能源密集型产业的工厂须向消费税厅报告其温室气体排放量。而能耗最高的前五个行业分别是：发电厂、化学品和化工产品、非金属制品、食品以及饮料。预计税率将基于泰国温室气体自愿减排项目中的碳信用额度价格。2022年10月28日其平均价格为每吨二氧化碳20~1874.93泰铢或相当于每吨二氧化碳0.5~50美元。

对泰国企业而言，需从以下方面作出调整：首先是定期测量机构的温室气体排放量（碳足迹），其次是减少生产过程中产生的温室气体排放量，最后是研发和生产更多环保产品。

5. 环境法律风险

泰国是以旅游业著称的国家，政府和民众一直以来都比较注重环境保护的问题。2019 年 5 月，泰国实施了三项新法案，以更新现有的环境法律法规。其中包括野生动物保护法、国家公园法和社区森林法。这些法律于 2019 年 11 月生效，并加强了与环境保护相关的规则。

在泰国新建工程项目必须通过环境影响评估，投资商应在项目计划初期就对环境因素予以考虑，考虑因素包括项目位置、采用清洁技术、污染控制措施、废弃物监管等，需聘请专业机构进行环境影响评估，然后向泰国自然资源与环境规划办公室提交说明材料和全面的环境影响评估报告，以期顺利通过环境影响评估。计划在泰国投资或承包工程的中国企业应事先了解环境影响评估程序，合规经营，及早制定符合当地法律法规并能够有效实施的投资与建设方案。

2022 年 9 月 25 日，泰发改委推动战略环境评估标准（SEA）进入内阁审议，北柳府试点的各项数据均符合预期，并准备对八大基建项目进行测评，以更好地对政府资源投资和使用项目进行 SEA 综合评估。泰国是受气候变化严重影响的国家之一，未来会更重视环境保护。

[**案例 6-4**]

2016 年 4 月，泰国清莱府帕亚闽莱县、坤丹县的大量公众及团体声明对本地的中国香蕉种植企业的行动感到不满。当地民众表示，之前有中国企业在他们县里租下了 2700 莱（432 万平方米）土地来种香蕉，香蕉最终主要是出口中国去销售。而中国种植企业将当地河里的水拿来灌溉，几乎都抽干了，导致当地人民的生活用水告急。同时，泰国民众还表示，之前曾有中国企业到老挝北部租赁约250000莱（4亿平方米）土地种香蕉，在当地留下了不是很好的印象，除影响当地人的不少生计外，还大量使用农药，最终对当地的河流和环境造成了严重污染。

点评：

中国企业在泰国租地种香蕉，除了给泰国带来了资金，还会给本地带来新的就业职位，是对本地政府和农人有益处的。中国市场对香蕉的需求非常高，这应当是中泰双方合作共赢的好机会。但是中国企业应当注意保护当地环境，避免造成环境污染给当地民众生活造成不良影响。

现实中，跨国投资项目因遭到当地民众抗议环境损害而被迫终止的事件屡见不鲜，中国企业在境外计划进行生产或经营活动前，应对环境可能造成的影响进行全面评估，着手申请各项排污的许可证和批准证书。在持续评估的过程中，投资者若发现可能产生环境损坏时应及早停止计划或做好预防，并及时通知东道国。

此外，投资泰国大型项目的中国企业还要关注泰国环境影响评价机制。

（四）社会风险

社会风险主要指所在国的社会文化环境、基础设施建设、治安安全、医疗卫生等可能给企业和个人带来财产及人身方面损害的影响因素。这类风险一般的防范措施为：尊重当地风俗习惯，密切与当地居民的关系，做好安保防范措施以及相关风险识别和规划。

1. 建设成本风险

泰国建筑成本仍保持在高于新冠疫情前的水平。由于国际大宗商品尤其是钢铁及钢铁产品价格有所下跌，国际石油价格出现从最高点回落的迹象，建筑材料价格指数开始回落。但俄乌冲突带来的不确定性可能推动建筑材料价格再度上涨。泰铢贬值趋势也影响泰国建筑材料进口，导致电力成本上升。

2. **社会安全风险**

泰国治安情况总体较好，投资者在泰投资安全有保障。该项风险等级为中等。

3. **卫生安全风险**

泰国拥有国际先进水平的医疗队伍和现代化的医疗器械。2022 年 10 月 1 日起，泰国将新冠疫情从“危险传染病”名单中删除，并将其列入“受监控的传染病”名单。入境泰国不再需疫苗及检测证明。10 月 27 日，泰审议通过了 2023—2027 年传染病防控、预防执行计划草案，取消了不戴口罩的相关处罚规定，以及因预防、防控疫情产生损失补贴相关法草案。

4. **社会稳定性风险**

泰国劳动力丰富，失业率常年保持在 1%左右。根据国际劳工组织的数据，服务业和农业是泰国主要就业渠道，吸收劳动力数量占总就业人数比例分别为 45. 8%和 31. 6%。2020 年受新冠疫情的影响，泰国旅游业受到致命性打击，失业率大幅上升至 1. 9%，2021 年第三季度的失业率为 2. 25%。伴随着泰国经济的逐步复苏，就业率持续增长，2022 年 7 月有 51. 4 万人失业，失业率为 1. 3%，与 6 月相比下降了 0. 1 个百分点。

在泰国政府各项脱贫政策下，泰国贫困情况持续改善，贫困人口持续减少。失业人口和贫困人口双双减少是泰国经济正在逐步、健康、稳定复苏的好势头。社会稳定性也会随之增强。

5. 本地化保护风险

泰国不是WTO《政府采购协定》签署国，政府采购招标中可能会对外国投标企业设置一系列限制。例如，泰国常在招标文件中规定非泰国产品不得参与投标。

6. 民俗、宗教风险

泰国宪法规定公民拥有宗教自由，90%以上的民众信仰佛教，5%的民众信奉伊斯兰教。泰国南部地区曾经是独立的北大年王国，早年盛行的“泛泰主义”导致政府在南部地区推行强制同化政策，从而产生民族矛盾和宗教冲突。近年来，民族矛盾有所缓和，但因民族矛盾产生的恐袭事件仍然频发。根据美国和平基金会公布的2022年脆弱国家指数，泰国的民族与宗教冲突烈度为7.0分（满分10分），比2021年下降0.3分，反映出宗教族群矛盾有所缓和。总体而言，泰国的安全形势有待进一步改善。

7. 用工风险

泰国存在较严重的外籍劳工壁垒。泰国对外籍劳务限制严格。外籍人在泰工作必须办理工作准证。根据泰国外籍人务工法，泰国劳工部、移民局和警察局均可以对外籍员工进行证件检查，因此企业在泰投资须为每名外籍员工办理合法务工证件并要求员工随身携带。此外，泰国政府严禁建筑承包工程使用中国普通工人，否则将处以重罚。近几年已发生多起我国企业遭泰移民局等部门突击检查，无工作准证人员遭扣留、罚款并限制入境的情况，严重的可能对企业在泰经营造成不良影响。

合格雇工面临短缺难题。泰国吸引外资是因其廉价的劳动力成本。但近年来泰国劳动力结构发生变化，新增劳动力减少、人口老龄化，外资企业将要面临劳工紧缺的问题。虽然泰国人多数性情温和且注重礼仪，但办事效率较低且拖而不决，技术类人员相对匮乏，对我国工程承包企业在当地经营产生一定影响。此外，人口缓慢增长和平均寿命延长将使得泰国进入老龄化社会，预计到 2030 年泰国总人口中约 11%将超过 65 岁，提高劳动力素质和扩大移民准入可缓解此问题，但进展缓慢，劳动者质量和数量的不足也将限制泰国经济增长步伐。

泰国法律法规对诸如工时、休息休假、女员工及童工保护等提供了法律依据。法律还规定了雇员可以组成工会，雇主委员会与工会、劳工联合会等共同协调企业和员工关系，促进劳动关系和谐。故我国企业投资过程中，也必须重视类似工会组织的重要作用。

泰国关于劳动合同订立形式和《中华人民共和国劳动合同法》的规定不一致，泰国允许口头订立和以书面形式订立劳动合同，都视为有法律约束力，而我国规定则是必须书面确认劳动关系。此外在关于固定期限劳动合同不能约定试用期这一点上，泰国与我国立法差异较大。在试用期的期限上，我国最长为 6 个月。而泰国规定企业可以对试用期员工在 119 天内终止用工，并无须支付遣散费用等补助。但前提是必须提前一个月通知员工，否则就要支付较大额度的赔偿金等。如果单位提前终止合同，需要在下一个发薪日之前通知员工，这与我国提前 30 日通知员工的规定也存在着差异。这些不同之处需要中方企业重视，否则很容易因为操作不当引发劳动用工风险。

点评：

泰国劳动力市场与国内的用工环境存在着很大的异质性，这也导致了部分企业对泰国用工政策存在“水土不服”现象，引发了大量的劳动纠纷，为企业在泰国的业务拓展带来了不利影响。因此，中国企业应采取相应措施，降低用工风险。

1. 建立劳动用工风险预警机制

我国国内企业目前劳动关系预警机制较为成熟，不但有效预防劳动纠纷，而且保障了企业生产经营的顺利进行。这一机制完全可以应用到涉外经营过程中。

首先，建立相应风控机构，充分利用企业工会或“职工之家”等机构，让其扮演第一知情人、第一报告人、第一负责人的组织角色，挑选具有较强劳动法律知识的员工担任部门负责人或工作人员；其次，定期收集、整理、分析讯息，例如员工的投诉举报和企业劳动纠纷的仲裁、诉讼等，及时形成报告文件，根据时间的紧急程度、规模、可能影响的程度、发展态势等，设立劳动用工风险警示级别，较严重或较紧迫的，上报企业高层，及时出台应对举措。总之，要承担相应的企业责任，同时企业劳动用工标准合规是预防劳动风险的重要工作抓手。

2. 规范人力资源管理模式

企业劳动风险的预防与化解，关键是建立一套较为完整科学的劳动关系协调的制度举措，积极与泰国工会以及员工开展对话沟通。按照法律规定，首先，建立和制定完整科学合法的劳动用工管理文件，提交律师事务所等专业机构审核备案，尽量避免劳动用工文件违法之处，同时防止劳动用工漏洞的存在。其次，严格按照属地法律制度签订合同，并形成规范化的文件。在形式上，可以采取中英和中泰对照的格式，合同签订之前，向当地员工认真讲解说明合同内容，避免误解的产生。再次，建立公平合理的绩效考核体制。通过建立试用期考核机制、项目实施期考核机制、项目结束后的用工评价机制等，对用工进行总体评价，为项目部员工及管理人员的工资定级、晋升等提供参考依据。最后，建立企业项目利益分享激励机制。通过绩效奖金制度等，根据企业生产实际，制定相应的目标，对雇员予以适当的奖励，让其感受到创造价值的现实体现，提高员工对项目管理的参与度，提升其工作积极性。

3. 加强对当地员工文化的尊重与重视

在泰国投资的中国企业，需要以泰国本地的用工为主，而在这一过程中，同样也需要注意本国文化与泰国当地文化之间的差异，尤其是泰国本地对于宗教文化等非常重视，从而也会给在泰国投资的中国企业的劳动用工带来相应的风险。因此，中国企业应该重视泰国员工自身的文化特殊性，注意对泰国员工文化的尊重，例如尊重泰国员工的文化信仰、宗教信仰、节日安排等，从而能够降低双方之间因文化差异而产生的用工纠纷，这也有利于泰国员工对中国企业产生相应的尊重，更好地在中国企业工作，以及更好地与中国高管、员工之间进行沟通与交流，也能够降低中国企业自身的用工成本。

8. 管理风险

管理风险是指企业因自身管理上的疏忽而导致的风险。在国外开展工程，容易在管理过程中出现水土不服、难以适应的问题。在境外常见的管理风险有：

（1）对所在国的法律法规不熟悉导致的风险。如：在税法方面，在合同中遗漏或不完全考虑当地税法，直接导致利润流失；在海关条例方面，违反海关条例直接导致进出口时间延迟或被处以罚款；在劳工法方面，对当地劳工法不明导致工作安排不能及时落实，影响项目进度，或由于违反劳工法被起诉；在环境保护法方面，中资企业排放污染物的报道偶见报端；其他的诸如所在国环境法、专利法、合同法和建筑法等。

（2）自身管理制度、程序不到位。如沿用在国内的常见做法，程序不合规使工程实施过程中产生错漏、协调困难等。

9. **技术风险**

技术风险指对工程项目所在地的自然条件勘察不力和工程实施的技术难度等给承包商带来的风险。技术风险主要包括以下几种情况：

（1）前期工程资料不准确。前期施工资料，如水文地理等是由业主提供的，而业主给的资料可能存在不详尽、不准确情况。中企在境外施工，对泰国的经验不丰富，缺乏相应的了解，前期核实和准备不足易导致返工风险。

（2）技术规范不熟悉。如中企对当地技术规范不了解，或进入陌生的领域承包工程，对该领域的技术规范不熟悉；或是需要采用新的施工方法和工艺，没有适用的技术规范。

三、泰国未来发展预测与投资机会分析

（一）政治前景

2023 年是泰国政府换届的一年，各个政党已进入“选战模式”。泰国未来政局面临诸多变数。

2022 年 1 月 9 日，于 2021 年 3 月成立的合泰建国党宣布巴育正式加入该党，并提名他为下届总理候选人，1 月 27 日，泰国执政联盟的国民力量党提名该党主席、现任副总理巴威为下届总理候选人。泰国前总理他信的小女儿佩通坦 · 西那瓦近来以“为泰家族领导人”的身份走南闯北拉选票，在泰国全国以及地方民调中支持率一度领先现总理巴育。随着大选临近，泰国政治纷争将进一步加剧。

政府高层出现变动，可能会导致政策决策缓慢，也可能导致短期

政策优先事项的变化。但政治分歧不太可能导致政府长期发展政策发生重大变化，政府将持续采取亲商、亲外资的策略。无论是哪一方上台执政，可以预见的是政策优先任务是确保经济持续复苏。

（二）经济预测

泰国商业、工业和银行业联合常务委员会预测，2023 年泰国经济将继续复苏，基于旅游领域，该国 GDP 增长可达 3%～3.5%。2023 年，泰国私营部门迎接的外国游客将从 2022 年的 1000 万人次增加至 2000 万人次左右。泰国东部经济走廊办公室表示，私人消费将增长 3%～4%，但泰国出口将随着全球经济放缓而减缓，因此 2023 年出口增长预测将维持在 1%。泰国总体通胀率已于 2022 年 8 月达到 7.86% 的峰值，2023 年总体通胀率有望降至 3%。旅游业和私人消费的复苏，将对就业产生积极影响，尽管外国游客人数预计要到 2025 年才能恢复到疫情前的水准。

出口将继续扩大，但随着全球贸易疲软、去全球化影响和国际局势等不利因素，2022 年下半年出口增长速度已开始减缓。2022 年第三季度，泰国经济增长了 4.5%，尽管生产成本上升，但生产和建筑领域的投资仍在增长。

（三）投资机会

泰国的重要战略位置、优秀的交通网络和强劲的经济恢复能力使其成为东南亚重要的贸易中心。政府大量的投资优惠政策为赴泰投资者提供强有力的支持。

从泰国投资促进委员会（BOI）目标工业招商引资进展报告得知，近 3 年（2020—2022 年）来，多个世界级大型跨国企业纷纷选择泰国作为新业务发展的投资基地，尤其是 5 类目标工业，主要包括电动车、数字产业、智能电子、BCG（生物经济、循环经济、绿色经济）和创意产业招商引资申请达2687项，投资额超6000亿泰铢。

1. **泰国经济走廊相关产业**

泰政府为经济特区中经营的企业提供全方位的激励措施。政府指定东部经济走廊（EEC）为试验区，以吸引投资者。

为推动泰国BCG经济模式，EEC推出三大领衔项目：一是清洁能源项目，EEC将与府级发电局合作，以实现30%的供电来自太阳能发电（发电功率不少于500千瓦）。二是电动汽车城项目，建设电动汽车生态系统，囊括建设充电站、便利店、服务区。三是垃圾发电项目，将扩建垃圾发电站至EEC三府，实现每天垃圾处理6000吨，发电120千瓦。

2. **数字经济产业**

泰国把发展数字经济作为国家发展战略之一，加大投资发展数字基建、电子政务、电商、数字支付等。泰国致力于成为亚太地区的大数据中心和云服务中心，希望能和各国合作实现其目标。

2022年4月，泰国商业部制定电商发展行动计划，定下2027年7.1万亿铢电商贸易额目标。11月，中泰签订《电子商务合作谅解备忘录》以促进双方线上贸易。除电子商务外，泰国电子政务建设、游戏和动画产业也将出现迅猛增势，带来诸多投资机会。

3. **电动车产业**

泰国作为东盟汽车产业排名第二的大国，具有良好的汽车组装网络布局及稳定的订单，泰国是东盟国家第一大皮卡车出口国。为了响应国际二氧化碳减排的计划，泰国4.0战略提出环境保护，泰国将汽车制造业转向以新能源为主的新能源汽车制造。

随着国际新能源政策的实施建设，泰国能源部发起能源4.0战略，并发布《2015—2036年替代能源发展计划》。目前，泰国在电动车牵引电动机、开关电源芯片转换器等电动车生产重要零部件和电动车充电站项目方面也有一些投资优惠政策。为了使基础设施建设能够达到泰国能源部计划实施的要求，也为了给泰国未来新能源发展打好基础，泰国对基础设施进行了全新的布局安排。根据2015—2029年的节能计划，泰国能源局计划到2036年有120万辆电动汽车上路，有690个充电站。这对于中国制造业在泰国的发展是全新的机遇。

4. **基础设施领域**

EEC招商引资工作仍主要围绕基建展开，包括机场、高铁、航空城、深水码头等千亿级规模的投资项目，这些项目采用PPP方式进行。为此，泰特别发布了《2023—2027年东部经济走廊地区基础设施建设行动计划》，以加快提升东部经济走廊基础设施潜力。

而公共债务管理办公室计划借款9000亿泰铢，用于2023—2027年的新基础设施建设。这笔借款将主要用于交通、能源、公共设施、商业空间开发等项目。建筑业企业将会有较多的投资机会。

5. **高价值制造业**

泰国制造业2021年贡献了GDP的27%，政府热衷于吸引对中、高科技制造业的投资，尤其是在越南和柬埔寨等区域竞争对手成为新的低成本生产中心的情况下。投资该领域有较大的激励政策。

6. **电气和电子产业**

2021年泰国电气和电子产品出口额超过420亿美元，领先于汽车、机械和食品等其他主要出口类别。泰国拥有涵盖2500多家公司的电气和电子供应链，其中包括三星、东芝等全球巨头。随着全球工业和消费领域对智能设备的需求不断增加，泰国希望成为该领域产品的主要生产和出口商，尤其是未来的物联网设备。此外，不断增长的需求不仅会刺激电气和电子行业的新产品开发，还会刺激其他正在进行数字化转型的行业。

7. 医疗器械产业

作为泰国 4.0 战略的一部分，医疗保健行业是泰国的优先投资领域。政府希望将该国定位为东南亚地区的医疗中心，特别是医疗旅游和医疗器械出口。2021 年，泰国医疗器械行业的价值约为 60 亿美元。外国投资者的进一步机会在于适配泰国人口老龄化的需求，预计到 2035 年，泰国 30%的人口将超过 60 岁。

8. 智慧农业

泰国拥有肥沃的土壤和适宜农作的气候。目前，农业仅占 GDP 的 6%，却投入了全国 1/3 的劳动力，效率极其低下。泰国希望引入智慧农业来提高粮食产量和农作效率。作为农业大国，泰国正在全面推广智能农场的普及度，通过升级农业产业链，增加产出，为全球民生福祉献出一分力量。20 年农业合作战略（2017—2036 年）表明了泰国对智慧农业未来的愿景。该战略的三个主要目标包括为农民提供更大的财务保障，创造更繁荣的农业部门和增强可持续的农业资源管理，将泰国农民的人均收入在 20 年内增加至现收入的 590%。为实现战略目标，泰国现已将无人机灌溉技术、智能温室等尖端技术积极运用到实际农耕场景中。

Chapter 7

第七章

工程建设企业合规管理体系建立指南

一、合规管理的内部环境

合规管理是一种风险管理活动，是境外施工企业对业务活动是否遵守所在国（地区）法律、法规、规定、规则、行业自律等的一种鉴证行为。

合规管理的内部环境是其他所有风险管理要素的基础，为其他要素提供规则和结构。内部环境的要素包括：合规管理的目标和基本原则，企业文化和公司战略，管理层的理念和经营风格，公司组织架构及其岗位职责，员工的诚信、道德价值观和胜任能力。

（一）合规管理的目标

建立健全合规风险管理体系，实现合规风险的有效识别和管理，促使境外施工企业全面风险管理体系的建设，确保企业依法合规经营。

（二）合规管理的基本原则

（1）客观性原则。合规人员应当依照相关法律、法规对违规事实进行客观评价。

（2）独立性原则。合规部门在企业中应当有独立地位，合规管理应当独立于其他各项业务经营活动。

（3）专业性原则。合规人员应当熟悉公司业务制度，了解公司内各业务环节的专业知识和业务流程，并准确理解和把握法律法规的规定和变动趋势。

（4）公正性原则。合规人员在对业务部门进行检查时，应当坚持统一标准对违规行为及相关风险进行评估和报告。

（5）协调性原则。合规人员应当正确处理与公司其他部门及监管部门的关系，努力形成公司的合规合力，避免内部损耗。

（6）全面性原则。企业合规管理应覆盖所有境外业务领域、部门和员工，贯穿决策、执行、监督、反馈等各个环节，体现于决策机制、内部控制、业务流程等各个方面。

二、合规管理机构的设置及职责

（一）合规管理机构的设置

企业可根据业务性质、地域范围、监管要求等设置相应的合规管理机构。合规管理机构一般由合规委员会、合规负责人和合规管理部门组成。尚不具备条件设立专门合规管理机构的企业，可由相关部门（如法律事务部门、风险防控部门等）履行合规管理职责，同时明确合规负责人。

1. 合规委员会

企业可结合实际设立合规委员会，作为企业合规管理体系的最高负责机构。合规委员会一般应履行以下合规职责：

（1）确认合规管理战略，明确合规管理目标。

（2）建立和完善企业合规管理体系，审批合规管理制度、程序和重大合规风险管理方案。

（3）听取合规管理工作汇报，指导、监督、评价合规管理工作。

2. 合规负责人

企业可结合实际任命专职的首席合规官，也可由法律事务负责人或风险防控负责人等担任合规负责人。首席合规官或合规负责人是企业合规管理工作具体实施的负责人和日常监督者，不应分管与合规管理相冲突的部门。首席合规官或合规负责人一般应履行以下合规职责：

（1）贯彻执行企业决策层对合规管理工作的各项要求，全面负责企业的合规管理工作。

（2）协调合规管理与企业各项业务之间的关系，监督合规管理执行情况，及时解决合规管理中出现的重大问题。

（3）领导合规管理部门，加强合规管理队伍建设，做好人员选聘培养，监督合规管理部门认真有效地开展工作。

3. 合规管理部门

企业可结合实际设置专职的合规管理部门，或者由具有合规管理职能的相关部门承担合规管理职责。合规管理部门一般应履行以下合规职责：

（1）持续关注我国及业务所涉国家（地区）法律法规、监管要求和国际规则的最新发展，及时提供合规建议。

（2）制定企业的合规管理制度和年度合规管理计划，并推动其贯彻落实。

（3）审查评价企业规章制度和业务流程的合规性，组织、协调和监督各业务部门对规章制度和业务流程进行梳理和修订。

（4）组织或协助业务部门、人事部门开展合规培训，并向员工提供合规咨询。

（5）积极主动识别和评估与企业境外经营相关的合规风险，并监管与供应商、代理商、分包商、咨询顾问和承包商等第三方相关的合规风险。为新业务的开发提供必要的合规性审查和测试，识别和评估新业务的拓展、新客户关系的建立以及客户关系发生重大变化等所产生的合规风险，并制定应对措施。

（6）实施充分且具有代表性的合规风险评估和测试，查找规章制度和业务流程存在的缺陷，并进行相应的调查。对已发生的合规风险或合规测试发现的合规缺陷，应提出整改意见并监督有关部门进行整改。

（7）针对合规举报信息制定调查方案并开展调查。

（8）推动将合规责任纳入岗位职责和员工绩效管理流程。建立合规绩效指标，监控和衡量合规绩效，识别改进需求。

（9）建立合规报告和记录的台账，制定合规资料管理流程。

（10）建立并保持与境内外监管机构日常的工作联系，跟踪和评估监管意见和监管要求的落实情况。

（二）合规管理部门的设置方式

合规管理部门是负责施工企业合规工作的具体组织和执行部门，依照所规定的职责、权限、方法和程序独立开展工作，负责公司各部门和全体员工的合规管理工作，合规管理部门对公司高层负责。

合规管理部门人员应具备较高的思想素质和法制观念，坚持原则、忠于职守、廉洁奉公、公正无私，并具备相应的专业知识。合规管理部门必须制定相应的人员岗位责任制，明确任务，落实责任。合规管理部门工作人员同样应遵守公司各种规章制度和规定。合规管理部门依据国家及有关部门的法律法规、公司章程、公司内部管理制度和承包合同，在所赋予的权限内，按照所规定的程序和方法，对行为对象进行客观公正的检查监督并提出处理建议。

合规管理部门的设置有如下几种类型（见表 7-1）。每种类型都有各自的优缺点。企业应根据公司业务类型、组织结构、组织资源等因素选择合规管理部门的设置。

表 7-1 合规管理部门类型及特点

序号	类型	特点
1	合规管理部	在企业内部建立一个专业的合规管理部门，任命首席合规官作为合规管理总负责人。 优点：企业合规管理部门的独立性强，合规团队专业能力强，合规工作也做得相对专业。 缺点：要求企业投入大量的资金、人力等资源；对合规管理人员职业技能要求高，既要懂合规专业知识，又要懂具体的业务知识；合规管理部门与其他部门之间的沟通协调能力也要求较高。
2	法务合规部	把法务部或者法律事务部的管理职能与合规部门管理职能统一到法务合规部门职能之中，由法务合规部对企业的法律事务工作和合规管理工作进行统一管理。 优点：部门设立相对容易，投入成本相对较低，公司在设立合规管理部门时可以利用公司现有的法务部门的资源，因为大多数公司在成立合规部之前都有法务部门。另外，合规管理工作与法务部工作配合容易，因为合规管理部门有效开展工作的前提须对外部法律法规、监管等规定有正确的理解，在一个领导之下，合规管理部门与法务部门之间的沟通也相对顺畅。 缺点：按照这样的方式设置合规管理部门，开展工作时与其他部门的沟通协调要求较高，需要合规管理部门与业务部门密切配合，对合规管理人员职业技能要求高，既要懂合规专业知识，又要懂具体的业务知识。
3	审计合规部	合规部与审计部结合形成审计合规部。 优点：便于企业对合规风险进行管理，企业可以通过较少的投入达到合规管理的目的。 缺点：独立性不强，适用于业务单一且面临合规风险较低的企业。以生产汽车为主的北京奔驰汽车就采用了该类型。

续　表

序号	类型	特　点
4	风控合规部	融合了公司治理、风险控制与合规管理。 优点：大大提升了合规管理部门整合公司资源的能力，有很强的独立性，方便了合规部门与风险管理部门的沟通，合规部门在合规风险评估时可以和风控部门结合起来共同开展工作，实现风险管理工作成果共享。 缺点：对合规部的领导力提出了很高的要求，同时也需要企业提供较多的资源支持，还需要与法务部门等其他部门加强沟通，平衡业务与合规风险管理的关系。
5	其他	具体根据公司业务类型、组织结构、组织资源而定。 如英国石油公司（BP）在集团层面设置“道德与合规部”进行合规管理，同时配以法律各领域专家提供日常的法律专业支持，来保证 BP 各部门的合规专业有效运行。 BP 公司除了在道德与合规部门工作的全职合规工作人员之外，在每个业务与职能部门及其每一个下属地区部门，都有一位部门领导兼任本部门的“道德与合规联络人”。其职责是确保各项合规制度在本部门的有效实施，并且就日常工作中的合规问题进行处理和解答。这种安排能够有效提高本部门领导的合规意识，高效率解决日常合规问题。

三、企业内部的合规管理体系

（一）董事会的合规责任

董事会作为决策层应以保证企业合规经营为目的，通过原则性顶层设计，解决合规管理工作中的权力配置问题。

董事会负责企业整体风险的预防和控制，审核、监督公司风险控制制度的有效执行，可以下设合规与风险管理委员会，负责对企业国内施工承包及境外施工经营的风险控制及合法合规进行审议、监督和检查，草拟企业风险管理战略，评估企业风险管理状况。

董事会对企业的合规管理承担最终责任，履行以下合规职责：

（1）审核批准合规政策，监督合规政策的实施，并对实施情况进行年度评估。

（2）审核批准公司年度合规报告，对年度合规报告中反映出的问题，采取措施解决。

（3）根据总经理提名决定合规负责人的聘任、解聘及薪酬事项。

（4）决定公司合规管理部门的设置及其职能。

（5）保证合规负责人独立与董事会、董事会相关委员会（如审计委员会或者其他专业委员会）沟通。

（6）公司章程规定的其他合规责任。

（二）监事会的合规责任

为了完成合规监督职能，监事会不仅要进行会计监督，而且要进行业务监督。不仅要有事后监督，而且要有事前和事中监督（即计划和决策时的监督）。监事会对经营管理的合规方面监督包括以下方面：

（1）对企业董事、总经理和其他高级管理人员执行公司职务时违反法律、行政法规或者公司章程的行为进行监督并有权通知他们停止其非合规行为。

（2）随时调查企业的合规执行状况，审查合规体系文件、合规记录和合规报告，并把审核意见向董事会报告。

（3）当监事会认为有必要时，一般是在企业出现重大问题时，可以提议召开股东会。

(三)管理层的合规责任

(1)企业的高级管理层应分配充足的资源建立、制订、实施、评价、维护和改进合规管理体系。

(2)管理层人员应当熟悉工程建设相关法律、行政法规及国际性组织的监管要求，依法合规、勤勉、审慎地行使职权。管理层人员应当维护企业的统一性和完整性，在其职权范围内对企业经营活动进行独立、自主决策，不受他人干预，不得将其经营管理权让渡给股东或者其他机构和人员。

(3)管理层人员应当根据企业经营环境的合规要求，督促和落实合规责任体系的建立和运行。

(4)管理层人员应当构建企业自身的合规文化，保持企业内部机构和人员合规责任体系、合规报告路径的清晰、完整，不得违反规定的报告路径，防止内部责任体系、报告路径和内部员工之间出现割裂的情况。

(四)合规管理部门的合规责任

(1)协助领导构建企业合规管理体系，制订、修订企业的合规手册和其他合规风险管理规章制度；

(2)起草年度合规管理计划；

(3)主动识别、评估、监测和报告合规风险；

(4)负责各项具体合规工作方案的拟定，使合规工作顺利展开；

(5)起草合规报告；

(6)参与新业务的开发，识别、评估合规风险，提供合规支持；

(7)违规事件的调查处理，起草违规处理决定；

(8)梳理企业内控流程，提出相关改进建议；

(9)审查企业内部管理制度、业务规程，提供合规改进建议；

（10）组织合规培训并向企业员工提供合规咨询服务；

（11）跟踪法律法规、监管规定和行业自律规则的变动、发展，并根据其有关要求提出制订或者修改企业内部规章制度的建议；

（12）相关辅助性工作和领导指派的其他工作。

（五）合规管理的主要内容

企业应以倡导合规经营价值观为导向，明确合规管理工作内容，健全合规管理架构，制定合规管理制度，完善合规运行机制，加强合规风险识别、评估与处置，开展合规评审与改进，培育合规文化，营造重视合规经营的企业氛围。

1. **合规管理的主要活动**

合规管理旨在构造企业监督系统，对企业的决策系统、执行系统进行全程、动态的合规监控，监控的对象覆盖企业经营管理的全部内容，主要包括：

（1）定期学习法律、法规，传达监管要求，打造企业合规文化，提高员工合规意识；

（2）审核业务合同，各部门的制度和工作流程；

（3）依据合规要求，检查和评估日常经营管理活动的合规性；

（4）梳理整合各项法律法规、规章制度，开展合规培训；

（5）为新的承包合同提供合规支持；

（6）开展法律咨询，协同处理企业法律纠纷及其投诉。

2. **合规文化**

合规文化建设是合规风险管理的一部分，同时也是企业文化建设的一部分。如果企业上下所有员工都严格遵守高标准的道德行为准则，那么该合规风险的管理是最为有效的。

在企业内部要形成浓厚的合规文化，做到人人合规。所有员工都要有足够的职业谨慎、具有诚信正直的个人品行以及良好的风险意识和行为规范。企业内部要具有清晰的责任制和问责制，以及相应的激励约束机制，形成所有员工理所当然要为自身从事的职业和所在岗位的工作负责任的氛围，进而逐步形成工程建设企业的合规文化。企业加强合规文化建设应从以下四个方面努力：

（1）管理层的重视。

（2）全员合规理念的建立。一定要改变钻政策空子、打擦边球的观念，消除侥幸心理。

（3）合规部门与其他部门的配合、信息交流，实现资源共享，协同作战。

（4）合规考核机制的有效落实。

3. **合规政策**

合规政策是企业体现合规理念，培育合规文化，制定实现合规目标的纲领性、指示性的文件，对企业开展合规工作提出了原则性要求。其内容包括：

（1）合规政策的制定。

企业的高级管理层（合规委员会）负责制定书面的合规政策，并根据合规风险管理状况和法律、规则、准则，以及项目所在地的政策、宗教和文化环境的情况适时修订合规政策，经董事会审议批准后传达给全体员工，定期评价各项合规政策和执行状况；若发现重大的合规问题，管理层必须立即向董事会汇报。

（2）进一步明确合规管理部门的职能。

为确保合规管理部门能在公司合规管理中充分发挥作用，对合规管理部门的责任至少应明确：①合规管理部门的功能和职责；②合规管理部门的权限；③合规负责人的合规管理职责；④保证合规负责人和合规管理部门独立性的各项措施，包括确保合规负责人和合规管理人员的合规管理职责与其承担的任何其他职责之间不产生利益冲突等；⑤合规管理部门与其他部门之间的协作关系；⑥设立分支机构合规管理部门或项目部合规管理部门的原则。

（3）合规政策的落实。

①高级管理层：负责贯彻执行合规政策，确保发现违规事件时及时采取适当的纠正措施，并追究违规责任人的相应责任。

②企业职能部门及各项目部：遵循企业合规政策，研究制定本部门或本项目决策和运作的各项制度流程并组织实施，定期对本部门或项目的合规风险进行评估，对其合规管理的有效性负责。

③合规管理部门：作为合规风险的日常管理部门，主要负责识别、评估和监控合规风险，并向管理层和董事会提出合规建议和报告。

4. **合规审核**

通过审核，对于外部监督可能发现的问题及时自查自纠，以减少企业损失，避免可能受到的处罚。

合规审核的程序一般包括：制定合规审核机制、合规审核调查、合规审核评价，具体内容见表 7-2。

表 7-2　合规审核的程序及内容

程序	内　　容
制定合规审核机制	制定合规审核计划，需要列出审核的目标、步骤和流程。
合规审核调查	合规人员开展内部合规审核时，可能出现内部人员不配合，刻意隐瞒实情的情况，需要合规部门人员进行审核调查，但审核调查手段不能干扰企业或项目的日常运作。
合规审核评价	合规审核工作需要进行阶段性的评估，可以由内部或外部人员进行，最终目的是改进合规部门的工作。

5. 合规审计

企业合规管理职能应与内部审计职能分离。企业审计部门应对企业合规管理的执行情况、合规管理体系的适当性和有效性等进行独立审计。审计部门应将合规审计结果告知合规管理部门，合规管理部门也可根据合规风险的识别和评估情况向审计部门提出开展审计工作的建议。

6. 合规检查

合规检查的主要对象是制度、程序和流程的执行情况，合规检查主要看企业各个层面，特别是施工项目部是否落实了合规要求，检查要点：

（1）企业各个层面是否按照相关法律法规和企业章程的规定履行职责，合规记录是否真实、准确、完整，是否按规定存档。

（2）合规问题的整改情况及违规责任人的处理情况。

（3）风险管理制度是否涵盖了不同风险控制环节。

（4）其他需要检查的内容。

7. 合规培训

企业应将合规培训纳入员工培训计划，培训内容需随企业内外部环境变化进行动态调整。境外经营相关部门和境外分支机构的所有员工，均应接受合规培训，了解并掌握企业的合规管理制度和风险防控要求。决策层和高级管理层应带头接受合规培训，高风险领域、关键岗位员工应接受有针对性的专题合规培训。合规培训应做好记录留存。合规培训的内容包括但不限于：

（1）企业内部的员工守则和各项业务的合规制度。

（2）国际商业公约及项目所在国特定的合规要求。

（3）境内外合规案例警示教育。

8. 合规汇报、举报与投诉

合规负责人和合规管理部门应享有畅通的合规汇报渠道。合规管理部门应当定期向决策层和高级管理层汇报合规管理情况。汇报内容一般包括但不限于合规风险评估情况，合规培训的组织情况和效果评估，发现的违规行为以及处理情况，违规行为可能给组织带来的合规风险，已识别的合规漏洞或缺陷，建议采取的纠正措施，合规管理工作的整体评价和分析等。

如发生性质严重或可能给企业带来重大合规风险的违规行为，合规负责人或合规管理部门应当及时向决策层和高级管理层汇报，提出风险警示，并采取纠正措施。

企业应根据自身特点和实际情况建立和完善合规信息举报体系。员工、客户和第三方均有权进行举报和投诉。企业应充分保护举报人。

合规管理部门或其他受理举报的监督部门应针对举报信息制定调查方案并开展调查。形成调查结论后，企业应按照相关管理制度对违规行为进行处理。

企业各层级人员对违规行为应有制止的义务，企业应有合规投诉处理的渠道和制度，合规投诉处理的流程为：接收、审议、改进、反馈。合规投诉处理的措施包括：

（1）建立合规投诉渠道。

（2）建立合规投诉的管理办法或处理流程等制度，其中建议含保密、奖励等内容。

（3）规定相关处理极限范围、处理流程与时限等。

9. 合规考核

合规考核应全面覆盖企业的各项管理工作。合规考核结果应作为企业绩效考核的重要依据，与评优评先、职务任免、职务晋升以及薪酬待遇等挂钩。

境外经营相关部门和境外分支机构可以制定单独的合规绩效考核机制，也可将合规考核标准融入总体的绩效管理体系中。考核内容包括但不限于按时参加合规培训，严格执行合规管理制度，积极支持和配合合规管理机构工作，及时汇报合规风险等。

（1）建立考核目标。

企业应在相关部门和各层级建立合规目标作为考核依据。

企业策划如何实现合规目标时，应确定：

· 做什么；

· 需要什么资源；

· 谁负责；

· 何时完成；

· 结果如何评价。

（2）建立员工合规操守考核制。

建立包括合规操守、合规业绩考核在内的绩效管理体系。每年初根据境外企业项目建设和生产经营的实际情况，制定考核指标并与主要负责人签订责任书，采取“月度通报、季度考核、半年小结、年度清算”的考核机制，年底根据完成情况进行考核，合规业绩考核结果与企业工资总额、领导班子成员年薪和领导班子成员任职评价“三挂钩”。通过加强合规绩效考核，充分调动企业合规经营的积极性，促进资产的保值增值。将考核结果纳入年度绩效考核，与绩效工资挂钩，以增强员工合规意识，确保员工日常行为合规。

（3）建立违规问责制度。

对于发现的违规事件，要严格认定和追究违规行为人的责任，并采取有效的纠正措施，及时优化经营管理流程和修订相关规章制度，切实消除违规事件产生的负面影响。

10. **合规评价**

企业应定期对合规管理体系进行系统全面的评价，发现和纠正合规管理贯彻执行中存在的问题，促进合规体系的不断完善。合规管理体系评价可由企业合规管理相关部门组织开展或委托外部专业机构开展。

企业在开展效果评价时，应考虑企业面临的合规要求变化情况，不断调整合规管理目标，更新合规风险管理措施，以满足内外部合规管理要求。

（1）建立法律法规及其他要求适用表。

①合规性评价的基础工作是建立适用的法律、法规及其他要求清单。

②合规渊源，包括：

· 立法机构和监管机构的法律、规则和准则；

· 市场惯例；

· 行业协会的行业规则；

· 内部职员行为准则；

· 诚实守信和道德行为准则。

③合规渊源的获取渠道。

（2）建立法律法规及其他要求合规性评价表。

建立法律法规及其他要求合规性评价表的原则和方法。

（3）进行合规性评价。

①归口管理部门；

②评价频次；

③评价人员；

④评价依据；

⑤评价内容；

⑥评价记录；

⑦不合规处置。

（4）提出改进方法。

①企业合规性评价和改进建议表。

②撰写企业规章制度的修改建议书，应注意：

·如果企业的规章制度体系文件与现行的法律法规有冲突，则必须对规章制度体系进行修改。

·应通过与有关部门的沟通，了解企业规章制度这样规定的原因，并探讨有无可能提出既合乎技术原理又合乎法律法规的方法。

·在建议书中，必须写明既有文件的哪一部分与法律法规存在冲突，并给出修改意见。

四、合规管理中的风险控制方法

合规风险是指企业或其员工因违规行为遭受法律制裁、监管处罚、重大财产损失或声誉损失以及其他负面影响的可能性。

合规管理部门应深入调查，梳理各操作岗位的工作规程，研究各岗位原有的内控风险、管理体系风险及法律风险，针对各环节隐藏的或者有可能发生的合规风险进行系统排查，并梳理成全面的合规管理风险。参照国家的法律法规、有关政策和行业标准规范，结合企业实际运营的情况，整理各业务领域需要遵守的法律法规和其他标准，结合上述排查的合规管理风险，细化业务操作标准，量化要求。之后，强调风险提示，列出哪些岗位会出现风险操作、风险级别、业务流程环节中容易出现风险的操作点以及风险控制措施，以便于业务操作人员在工作中能够有意地避开风险操作点，增强风险意识，加强自身责任感。这是企业达成合规要求，实现合规经营的根本策略。

整个风险管理过程是一个闭环系统（见图7-1），随着风险应对策略的实施及风险监控过程中内外部环境或工作内容的变化，风险会出现许多变化。这些变化的信息可及时反馈，新的风险识别就能及时对新情况进行风险评估和分析，从而调整并实施风险应对策略。这样循环往复，保持风险管理过程的动态性，就能达到风险管理的预期目的。

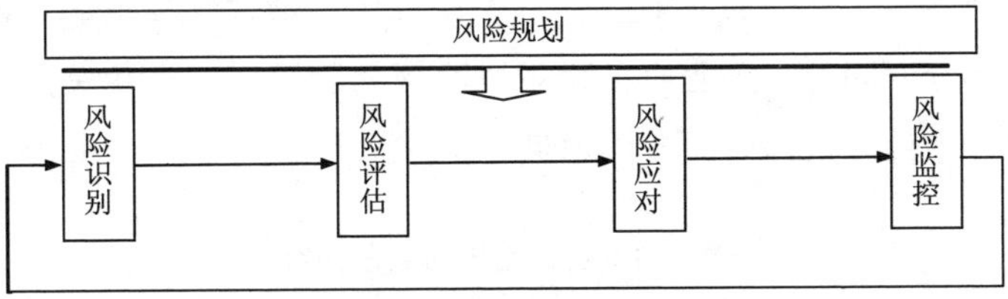

图7-1　企业风险管理的全过程

（一）风险规划

风险规划是定义如何实施合规风险管理活动的过程，合规部门应该根据企业的业务类型、实施环境和人员特点，制定风险管理规划文档，即风险管理计划。该计划要与业务内容（如所承包的项目类型、项目战略优先级等）对企业和其他相关方的重要程度相匹配，其中特别需要注意的是业务（如工程项目承包）实施过程中关键相关方（如工程所在地政府、业主及企业自身领导层）对合规风险的容忍程度。

风险规划的内容应包括：

（1）确定合规风险管理的领导者和团队，明确其职责；

（2）确定合规风险管理活动所需资金及应急储备和管理储备的使用方案；

（3）确定在项目生命周期中实施合规风险管理过程的时间和频率；

（4）确定合规风险的分类方式和风险分解结构；

（5）记录各相关方的风险偏好度和风险临界值；

（6）根据具体的项目对风险的概率和影响进行定义；

（7）风险登记册、风险报告以及项目风险管理过程中的文档要求和内容格式等。

合规风险管理活动应纳入日常工作范畴，是合规管理工作的最重要组成部分。同时，企业应在合规风险规划阶段对各类相关人员做好合规培训工作。培训对象及内容见表 7-3。

表 7-3　合规培训对象及内容

序号	培训对象	培训内容
1	企业高层、高级合规官	如何建立企业合规管理体系
2	合规管理团队成员	合规管理团队的职责、应知应会等
3	从事境内经营的工程建设企业所有人员	境内合规要求、制度
4	从事境外经营的工程建设企业所有人员	境外合规要求、制度

可采取现场培训、书面培训、网络培训相结合的形式，由合规管理部门制定年度合规培训计划，由各业务部门提出培训需求，以工作

的实际需要为出发点，与岗位紧密结合，根据年度培训计划、国家政策法规的变化及企业业务发展需要实施培训，有计划、有目的地组织各种形式的合规培训，强化合规经营理念。

（二）风险识别

企业应当建立必要的制度和流程（风险规划），识别新的和变更的合规要求。企业可围绕关键岗位或者核心业务流程，通过合规咨询、审核、考核和违规查处等内部途径识别合规风险，也可通过外部法律顾问咨询、持续跟踪监管机构有关信息、参加行业组织研讨等方式获悉外部监管要求的变化，识别合规风险。

企业境外分支机构可通过聘请法律顾问、梳理行业合规案例等方式动态了解掌握业务所涉国家（地区）政治经济和法律环境的变化，及时采取应对措施，有效识别各类合规风险。

企业的合规风险识别工作应在整个经营过程中持续开展，并根据环境和业务特性的变化不断更新风险内容。

具体工程项目上的风险识别应以企业已识别的合规风险为基础，结合项目特性、所在地的环境（包含自然环境、社会环境、管理环境和作业环境）等因素，在合规管理部门的配合下，一同开展合规风险的识别。

可使用头脑风暴、核对单、访谈收集与风险相关的信息，通过根本原因、假设条件和制约因素、各种文件和 SWOT（优势、劣势、机会和威胁）等分析风险及其来源，召开专门会议讨论和完善风险的识别。具体识别风险的方法见表 7-4。

表 7-4 常见风险识别方法

名称	方式	说 明
调查法	访谈	约访专家、工程管理人员，或通过实地观察走访等识别潜在的风险。
	专家会议讨论	通过成立风险管理专家小组，召开会议，利用其专业知识和经验识别潜在的风险。
头脑风暴法	自由联想讨论	组织一群人自由联想、讨论，发表自己的观点或看法，互不强制干预对方。
核查法	核查表	将之前相似项目发生过的风险归纳总结列成清单，核查拟建项目是否存在该类风险。
分解法	工作分解法（WBS）	将复杂的整体工程进行系统分解（单项工程-单位工程-分部分项工程-工序），分析潜在的风险和损失。
	风险分解法（RBS）	将整个工程的风险从不同的方面或层次分类，再将大类风险分解为具体的子风险。
	WBS-RBS	将复杂的工程工作和风险分别分解成简单、易于理解的基本单元，再将其耦合形成 WBS-RBS 矩阵，找出可能的风险因素。
情景分析法	场景假设	设想同一环境不同情境下可能出现的风险和其带来的损失。
假设条件和制约因素分析	实施条件审查	每个项目及其项目管理计划的构思和开发都基于一系列的假设条件，并受一系列制约因素的限制。开展假设条件和制约因素分析，来探索假设条件和制约因素的有效性，确定其中哪些会引发风险。从假设条件的不准确、不稳定、不一致或不完整，可以识别出威胁，通过清除或改变会影响项目或过程执行的制约因素，可以创造出机会。

续　表

名称	方式	说　明
流程图法	流程图	将项目划分为连续的作业流程，再将各个作业流程划分为若干个具体板块，分析各板块中潜在的风险。
SWOT 分析	多维度进行分析	项目的优势、劣势、机会和威胁（SWOT）进行逐个检查。
文件分析	历史资料分析	通过对企业或项目以往文件的结构化审查，可以识别出一些风险。可供审查的文件包括计划、假设条件、制约因素、以往项目档案、合同、协议和技术文件。

1. 合规风险识别的领域

企业识别、分析和评估合规风险可以从重点领域、重点环节、重点人员三方面考虑。

（1）重点领域：市场交易、商业伙伴、安全环保、施工质量、劳动用工、财务税收、知识产权、反腐、诚信与反贿赂。

（2）重点环节：重要决策事项事前合规审查。境外施工重大决策、重大合同、大额资金管控、境外子企业公司治理等。

（3）重点人员：管理人员、高风险岗位、海外人员。

2. 合规风险识别的框架

全面识别合规风险的一个良好方法是通过风险分解（RBS）建立合规风险识别框架。

（1）合规风险 RBS 建议，参见表 7-5。

表 7-5　不同类型风险需合规的内容或风险点

类别	需合规的内容或风险点
国际条约、惯例和协议合规风险 相关的规定主要来自联合国（UN）、国际劳工组织（ILO）、世界知识产权组织（WIPO）、国际标准化组织（ISO）、社会责任国际（SAI）、国际商会（ICC）、世界银行（WB）、石油输出国组织（OPEC）等	·合同管理：FIDIC 条款、NEC 合同条款、JCT 合同条款、AIA 系列合同条件等； ·劳工权利：《国际劳工组织宪章》、《建筑业安全和卫生建议书》、《1990 年夜间工作公约》、SA 8000 等； ·知识产权：《保护工业产权巴黎公约》《专利合作条约》《世界版权公约》等； ·环境保护：《生物多样性公约》《控制危险废物越境公约》《联合国气候变化框架公约》《巴塞尔公约》等； ·财务报告：《COSO 全面风险管理框架》《COSO 内部控制整合框架》等； ·国际贸易：《国际贸易术语解释通则》《商业跟单信用证统一惯例》等； ·诚信与反贿赂：《世界银行诚信合规指南》《海外反腐败法》等； ·……
国家（地区）性合规风险	·美国的《海外反腐败法》《针对机构实体联邦量刑指南》《萨班斯-奥克斯利法案》； ·美国的“长臂管辖”司法判例； ·所在国出于国家安全和国家利益做出的行政决定；如美国把华为公司列入出口管制“实体名单”； ·所在国及地区出入境相关规定； ·驻所在国使领馆的规定和要求； ·……

续 表

类别	需合规的内容或风险点
宗教、文化和习俗合规风险	· 基督教； · 伊斯兰教； · 佛教； · 当地的其他教派和习俗； · ……
国内施工企业涉及的主要法律、法规合规风险	1. 法律 《中华人民共和国建筑法》《中华人民共和国安全法》《中华人民共和国消防法》《中华人民共和国合同法》《中华人民共和国招标投标法》《中华人民共和国土地管理法》《中华人民共和国城乡规划法》《中华人民共和国环境保护法》《中华人民共和国环境影响评价法》《中华人民共和国保险法》《中华人民共和国劳动法》等。 2. 行政法规 《工程建设质量管理条例》《工程建设安全生产管理条例》《工程建设勘察设计管理条例》《中华人民共和国土地管理法实施条例》等。 3. 部门规章 《工程监理企业资质管理规定》《注册监理工程师管理规定》《工程建设监理范围和规模标准规定》《建筑工程设计招标投标管理办法》《房屋建筑和市政基础设施工程施工招标投标管理办法》《评标委员会和评标方法暂行规定》《建筑工程施工发包与承包计价管理办法》《建筑工程施工许可管理办法》《实施工程建设强制性标准监督规定》《房屋建筑工程质量保修办法》《房屋建筑工程和市政基础设施工程竣工验收备案管理暂行办法》《工程量清单计价规范》《工程建设施工现场管理规定》《建筑安全生产监督管理规定》《工程建设重大事故报告和调查程序规定》《城市建设档案管理规定》《增值税暂行条例实施细则》等。

续　表

类别	需合规的内容或风险点
国内外行业专业技术合规风险	指针对不同的行业、不同质量控制对象制定的专业技术规范文件。包括规范、规程、标准、规定等，如：工程建设项目质量检验评定标准，有关建筑材料、半成品和构配件质量方面的专门技术法规性文件，有关材料验收、包装和标志等方面的技术标准和规定，施工工艺质量等方面的技术法规性文件，有关新工艺、新技术、新材料、新设备的质量规定和鉴定意见等。
企业内部制度和流程合规风险	· 公司章程 · 公司制度和业务流程 · 工艺流程和操作手册 · ……

（2）全面风险识别 RBS 建议，见表 7-6 至表 7-17。

表 7-6　境外工程建设企业全面风险识别框架（RBS 0 级）

序号	层次	风险类型
1	国家层面	经济风险、政治风险、社会风险、自然风险、法律风险
2	项目层面	招投标风险、设计风险、施工风险、采购风险、业主方风险
3	企业层面	融资风险、资金风险、组织结构风险、人力资源管理风险

表 7-7　国家层面：经济风险清单（RBS 1~2 级）

序号	风险因素	风险源
1	经济发展	所在国经济 GDP 总量及发展趋势如何？经济产业结构是怎样的？经济发展规划和政策有哪些？
2	通货膨胀	所在国通货膨胀率是多少？是否得到有效控制？发展趋势如何？国家的货币政策如何？
3	政府财政和债务	政府财政收入、来源及占比是多少？政府财政收支情况如何？政府外债与内债情况如何？政府外汇收入、来源及储备情况如何？
4	市场竞争	政府投资和私人投资情况如何？市场竞争激烈情况如何？市场竞争者来自哪些国家？中国企业的市场份额、分布领域和竞争优势怎样？
5	汇率变化	所在国采用何种货币？是否是国际货币？与美元的兑换比率是否稳定？汇率的发展趋势怎样？
6	外汇管制	所在国是否是外汇管制国家？所在国的外汇储备怎样？外汇管制的对象是哪些？外汇管制的范围有哪些？
7	华人经济团体影响	所在国是否存在华人商会或经济团体？这些商会团体对所在国经济的影响力如何？与当地政府和社会组织团体的关系如何？
8	商业银行合作	所在国的主要商业银行有哪些？银行的资信、业务及收费、效率情况如何？外国人可否开立银行账号和可办理的业务情况有哪些？

表 7-8　国家层面：政治风险清单（RBS 1~2 级）

序号	风险因素	风险源
1	政治制度	所在国政治体制是哪种（民主共和制/君主立宪制）？所在国民主程度如何？是否存在以及多大程度的独裁？政治权力在各组织机构之间如何划分？

续　表

序号	风险因素	风险源
2	政党及政策	所在国的政党情况如何？是一党制、两党制还是多党制？主要政党有哪些？主要政党对国家政策和政治权利的影响怎样？执政党及其他政党对华态度怎样？
3	国家信誉	所在国的国际信誉如何？是否有国家信用评级？评级情况如何？
4	政府腐败	所在国政府廉洁情况如何？腐败行为严重程度如何？政府是否就腐败问题采取打击措施？政府打击力度和决心怎样？
5	政策连续性	国家政策是否稳定？近几届政府更迭过程是否稳定？新政府对原政府行为（各项政令及外交政策）继承是否完整及政策是否稳定？
6	政局稳定性	国家政局是否稳定？影响国家政局稳定的主要因素有哪些？
7	战争或内乱	所在国是否存在反政府武装或恐怖组织？其破坏活动近年来是否频繁？国家是否已采取军事行动？未来的安全形势会如何？
8	国家关系	所在国周边国家政局是否稳定？其与周边国家关系如何？国际上有无敌视国？中国在该国是否设有大使馆？其与中国合作情况如何？
9	舆论风险	我方在项目所在国设立的机构是否建立了舆情监控机制？
10	工程协会	所在国是否存在工程协会？工程协会的作用及其对市场的影响如何？
11	紧急事故应对	我方在所在国设立的机构是否建立了紧急情况的应对机制？包括哪些具体的应急保障措施？

续 表

序号	风险因素	风险源
12	项目安保	我方在所在国设立的机构是否建立了安全保障管理制度？当地是否有专业的安保公司？费用如何？当地政府可否提供安保力量？
13	市场歧视	建筑市场对外国承包商的态度如何？中资企业在当地受欢迎程度如何？

表 7-9　国家层面：社会风险清单（RBS 1~2 级）

序号	风险因素	风险源
1	民族冲突	所在国有多少民族？各民族之间的关系如何？主要民族占人口比例及其对国家政治、社会的影响？
2	宗教冲突	所在国有无宗教信仰？具体信仰哪些宗教？宗教之间的关系如何？宗教对国家政治、社会、文化等的影响程度如何？
3	风俗禁忌	所在国有哪些风俗习惯？禁忌有哪些？
4	法定假日	所在国有哪些法定节假日？法定假日多不多？节假日如何分布？
5	劳工素质	社会教育体系是否完善？教育是否普及？公民受教育程度如何？
6	交流障碍	所在国官方语言是什么？较为通行的外国语言有哪些？
7	医疗卫生	所在国医疗保障体制是否健全？医疗水平和伤病费用成本如何？
8	社会治安	社会治安状况如何？偷盗、抢劫等暴力犯罪率高不高？

表 7-10　国家层面：法律风险清单（RBS 1~2 级）

序号	风险因素	风险源
1	法制差异	所在国属于英美法系、大陆法系还是其他法系？
2	法制不健全	所在国的国家立法程序如何？法制是否健全？基本法律有哪些？法律法规调整是否频繁？
3	公民法律意识	当地法律文件是否易于获取？公民法律意识怎样？公民犯罪率如何？
4	执法风险	所在国执法部门法律执行力度如何？执法是否公正？
5	司法风险	司法环境如何？司法是否公正？司法效率如何？诉讼成本如何？
6	国际法约束	是否与中国签订双边或多边条约？是否共同加入某种国际组织？
7	公司法风险	所在国关于公司设立及治理的相关法律法规有哪些？主要规定是怎样的？
8	进口管理	所在国对进口程序和手续有哪些规定？海关检查是否严格？清关效率怎样？
9	外籍劳务限制	所在国关于外籍劳务的法律法规有哪些？是否对外籍劳务有明确的限制？外籍劳务需要办理哪些签证和手续？
10	外商投资法	所在国关于外商投资的法律法规有哪些？主要规定是怎样的？
11	投标法规	所在国关于投标的法律法规有哪些？主要的规定是怎样的？
12	合同法	所在国关于合同的法律法规有哪些？主要的规定是怎样的？
13	劳动法	所在国关于劳动关系、职业安全健康的法律法规有哪些？主要的规定是怎样的？对工人加班的时间和费用有何规定？

续 表

序号	风险因素	风险源
14	税法风险	所在国关于税收制度的法律法规有哪些？主要规定是怎样的？税率如何？对外国承包商有无优惠？税法是否定期修改？
15	环保法	所在国关于环境保护的法律法规有哪些？主要规定是怎样的？对于破坏环境行为的惩罚是怎样的？
16	企业资质管理	所在国关于建筑企业资质管理的法律法规有哪些？主要的规定是怎样的？资质分为几类几级？资质申请的程序和所需的材料有哪些？
17	工程纠纷管理	所在国关于诉讼、仲裁等争议解决方式的相关法律法规有哪些？主要的规定是怎样的？
18	所在国仲裁机构	所在国仲裁机构有哪些？这些机构的国际影响力、公正性、收费情况如何？
19	国际仲裁有效性	所在国是否为纽约公约成员？外国仲裁裁决在该国承认和执行情况如何？
20	法律资源获取	所在国的法律资源如何？有无国际知名律所？本国律师的水平和能力怎样？律师收费如何？该国有无知名的工程咨询专家和税务顾问专家？

表 7-11 国家层面：自然风险清单（RBS 1~2 级）

序号	风险因素	风险源
1	自然灾害	所在国自然灾害现象（地震、洪灾、旱灾、火山、台风等）是否严重？是否常年缺水？
2	气候恶劣	全年降雨量和气温如何？是否有明显的旱季和雨季？雨季和旱季分别是哪些月份？夏季的最高平均温度和冬季的最低平均温度是多少？

续 表

序号	风险因素	风险源
3	水文地质	所在国的地形地貌如何？水文地质条件是否复杂？
4	传染疾病	所在国是否为传染疾病高发区？主要的传染疾病有哪些？病情是否得到有效控制？公民的疾病防范意识如何？
5	生态保护	所在国是否注重对生态的保护？项目是否经过生态保护区？

表 7-12　项目层面：招投标风险清单（RBS 1~2 级）

序号	风险因素	风险源
1	投标程序	建筑市场投标的基本程序是什么？公正性如何？外国企业投标需要做哪些准备？
2	投标政策	所在国对本国企业和外国企业投标的政策是否不一样？具体政策是怎样的？
3	业主手续	业主的行政审批手续是否齐全？
4	工程量和工程范围	合同中关于工程项目内容描述是否清楚？是否存在可凭借推测和想象而导致工作范围扩大的成分？工程量是否有清单？
5	合同报价	合同计价方式约定是否明确？是固定总价合同还是可调总价合同？合同中有无关于价格调整方式的条款？合同价格包含的风险费是否足够？
6	融资要求	合同中是否要求承包商融资？融资额度是否超过企业规定标准？
7	保函担保	业主是否要求承包商提供保函担保？需要提供哪些保函？保函失效、失效条件及担保金额约定是否明确？
8	预付款约定	合同中是否约定工程预付款？预付款的比例是多少？预付款支付形式是什么？

续 表

序号	风险因素	风险源
9	进度款支付约定	合同中是否约定工程进度款的审批及支付时限？进度款的支付方式是什么？是否约定发包人未按时支付工程进度款的违约责任？
10	工程尾款支付约定	合同中是否约定工程尾款的审批和结算时限？工程尾款的支付方式是什么？是否约定发包人未按时支付工程尾款的违约责任？
11	质保金支付约定	合同中是否约定质量保修期和期满后工程质量保修款的清算和支付时限？
12	竣工结算约定	合同中是否约定工程竣工验收的条件？是否明确规定竣工结算审核单位和审核时限？是否约定中间结算和结算时限？
13	付款形式	合同工程款结算的币种有哪些？业主以何种方式付款？
14	工程变更	是否约定工程变更、洽商、签证价款的审批和支付时限？
15	违约赔偿	合同对双方违约的责任是否作出明确的规定和量化？是否约定赔偿的条件和形式？
16	条款不平等	业主是否特意将自身承担的风险定义模糊化？风险范围是否缩小？是否将一些不可抗风险全部强加给承包商？
17	条款不严谨	合同对一些重要性条款有没有清晰的定义？规定是否详细？前后是否存在矛盾？
18	合同条款误解	合同条款翻译是否正确？双方就条款的理解是否进行沟通并达成一致？
19	业主免责	合同条款关于业主责任的要求是否明确？有无具体的制约措施？

表 7-13　项目层面：设计风险清单（RBS 1~2 级）

序号	风险因素	风险源
1	设计标准	业主要求使用的设计标准规范是哪些？是中国标准、欧美标准还是所在国自身标准规范？设计分包商对国外标准规范的熟悉程度？
2	设计技术	设计院或分包商的资质如何？是否做过海外工程的设计？设计团队人员组成结构是否合理？设计人员的设计经验如何？
3	设计资料	业主提供的资料信息是否真实、完整，有无及时更新？承包商是否亲自到项目现场勘察过？勘察资料的深度和广度是否满足设计要求？
4	设计方案	承包商是否深入研究业主提出的技术指标和要求？设计方案是否合理？业主是否会因喜好任意要求承包商改变设计方案？业主对设计方案的审批效率如何？
5	设计变更	设计分包商是否正确理解业主的概念要求？业主对项目的要求是否一次性交代清楚？
6	衔接风险	设计部门的时间安排是否合理？与采购部门、施工部门工作的衔接是否顺畅？

表 7-14　项目层面：采购风险清单（RBS 1~2 级）

序号	风险因素	风险源
1	本地材料设备供应	所在国有无项目所需的材料设备？当地材料的质量能否达到项目要求？当地的材料生产能力和设备生产效率能否满足项目的需求？材料和设备的价格怎么样？
2	材料设备采购计划	各种材料和设备的采购来源是否合理安排（当地、中国还是第三国）？每次材料采购数量是否经济？采购计划是否合理和灵活？

续 表

序号	风险因素	风险源
3	供货商供货	供货商的信誉情况怎么样？供货数量和质量是否有保障？能否及时供货？供货规格是否与项目匹配？售后服务怎么样？
4	物流运输	物资运输形式和成本如何？运输速度和安全性如何？货物运输损耗大不大？清关手续是否复杂？货物是否在所在国进口管制名单内？
5	物价上涨	材料设备价格是否上涨？跨国采购时货币汇率是怎样的？
6	采购报价	业主是否指定供货商？供货商的数量是多少？承包商询价是否方便？供货商报价是否合理？供货商会不会坐地起价？

表 7-15 项目层面：施工风险清单（RBS 1~2 级）

序号	风险因素	风险源
1	施工技术	技术交底是否清楚？施工工艺是否落后？专项施工方案是否得到论证以及效果如何？有无采用新工艺和技术？
2	安全措施	现场安全措施是否到位？执行力如何？是否安排专职安全巡视员？
3	施工人员管理	施工人员素质如何？施工人员是否服从安排？施工人员是否会盗窃材料设备？施工人员是否会集体要求涨薪或罢工？施工人员是否接受加班安排？
4	分包商管理	分包商之间的施工界限是否清晰？分包商进场安排是否合理？与分包商之间的沟通是否顺畅？有无做好各分包商之间的协调？
5	材料设备管理	现场材料设备是否有专人看管？设备的保养怎样？材料的进场是否及时？设备之间的调度是否协调？

续　表

序号	风险因素	风险源
6	基础设施	施工现场供水供电是否充足？交通方不方便？
7	施工组织	施工方案是否可行？施工进度计划是否科学？施工现场平面布置是否合理？
8	施工影响控制	施工过程中有无注意保护周围的生态环境？有无干扰到周围居民的生活？有无对周围建筑和地下管线造成影响？
9	劳工流动	当地的劳工是否充足？劳工的流动性大不大？
10	技术文件翻译	公司是否拥有既会说当地语言又懂工程技术的人才？技术文件的翻译与原文贴近程度如何？
11	项目目标管理	项目目标分工是否明确？是否制定严格的项目目标管理体制？项目目标管理计划是否严格执行？

表 7-16　项目层面：业主方风险清单（RBS 1~2 级）

序号	风险因素	风险源
1	业主支付不及时	业主拖欠工程进度款和竣工结算款的情况？业主对承包商的请示回复情况？
2	业主干预	业主是否强行干预项目的管理？发出一些不合理的指令？
3	需求变更	业主会否因经济问题减少项目工作量或范围？业主是否要求承包商执行合同规定之外的工作？

表 7-17　企业层面：企业风险清单（RBS 1~2 级）

序号	风险因素	风险源
1	融资风险	企业的融资能力如何？融资渠道有哪些？融资是否得到国家支持？

续 表

序号	风险因素	风险源
2	资金短缺	企业的资金运转是否正常？是否有足够的资金维持垫资施工？
3	人力资源管理	企业雇佣当地员工和国内员工的规划是否合理？员工的培训计划和费用如何？薪酬制度是否透明公正？
4	企业内部组织管理	企业的管理团队是否团结？内部是否拉帮结派？与当地建筑企业是否存在腐败交易？管理人员结构安排是否合理？各自的责任与权力是否明确？
5	组织结构	企业项目组织机构采用何种形式？机构设置是否合理？

3. **风险识别的结果**

风险识别的最终的成果是建立风险登记册，记录已经识别的风险、潜在的风险责任人和潜在的风险应对措施。

（三）风险评估

风险评估是指根据工程所处的环境，风险管理人员应用统计、概率分析等方法对已识别风险的发生概率和影响进行综合分析的过程。其主要目的是对风险进行优先级排序，筛选出重点关注的高优先级风险。

企业应通过考虑不合规的原因、来源、后果的严重程度及其后果发生的可能性进行合规风险评估。后果包括（不限于）：个人和环境伤害、经济损失、声誉损失和行政责任等。

企业可根据企业的规模、目标、市场环境及风险状况确定合规风险评估的标准和合规风险管理的优先级。

企业进行合规风险评估后应形成评估报告，供决策层、高级管理层和业务部门等使用。

风险具有动态性、紧迫性、临近性、潜伏性、可控性、连通性、可监测性、可管理性、不确定性、相对性、突发性等众多特性。传统的风险评价方法大都认为风险度为风险发生概率 P 与风险损失 I 的乘积，即 $R=P\times I$ 。这种分析方法仅从概率和损失两个维度来评价风险，不能全面反映风险的发生过程和规律，可能会导致错误的结果。有必要将风险分析从两维向三维甚至多维拓展，也就是除了考虑风险发生的概率和风险损失，还需考虑风险的可控性、紧迫性、临近性等风险特性指标，用风险特征向量表示如下：

$R=(R_1,R_2,R_3,R_4,R_5\cdots)$ =（概率、损失、可控、紧迫、临近……）

风险各评价维度的具体含义如下：

（1）发生概率：风险在工程全过程中发生的可能性大小。

（2）损失：风险发生后影响工程进度、质量、成本等目标而造成的损失，以及连带给企业的经济损失、声誉损失和行政责任等。

（3）紧迫性：为有效应对风险而必须采取应对措施的时间段。时间短就说明紧迫性高。

（4）邻近性：风险在多长时间后会影响一项或多项项目目标。时间短就说明邻近性高。

（5）可管理性：风险责任人（或责任组织）管理风险发生或影响的容易程度。如果容易管理，可管理性就高。

（6）可控性：风险责任人（或责任组织）能够控制风险后果的程度。如果后果很容易控制，可控性就高。

（7）可监测性：对风险发生或即将发生进行监测的容易程度。如果风险发生很容易监测，可监测性就高。

（8）连通性：风险与其他风险存在关联的程度大小。如果风险与多个其他风险存在关联，连通性就高。

（9）战略影响力：风险对组织战略目标潜在的正面或负面影响。如果风险对战略目标有重大影响，战略影响力就大。

（10）密切度：风险被一名或多名相关方认为要紧的程度。被认为很要紧的风险，密切度就高。

值得说明的是，并不是每一个风险特性都需要考虑，除概率和损失外，其他的特性根据项目的情况进行选择，并设定相应的权重。各项评分应由经验丰富的专家进行打分，评分的标准应在风险规划中设定，多位专家的多重评分会显著提高风险评估的准确性。表 7-18 是风险评估模型示例。

表 7-18 风险评估模型（示例）

风险	维度	概率	损失	可监测性	紧迫性	…	综合评分	优先级
10 分制	权重	30%	30%	5%	5%	…		
风险 A	—	9	8	8	8	…	8.3	1 级
风险 B	—	7	8	5	6	…	6.5	3 级
	…							

（四）风险应对

企业应建立健全合规风险应对机制，对识别评估的各类合规风险采取恰当的控制和处置措施。发生重大合规风险时，企业合规管理机构和其他相关部门应协同配合，依法及时采取补救措施，最大程度降低损失。必要时，应及时报告有关监管机构。

合规风险的应对主要从五个大方面考虑，即风险上报、风险规避、风险减轻、风险接受和风险转移。详见图 7-2。

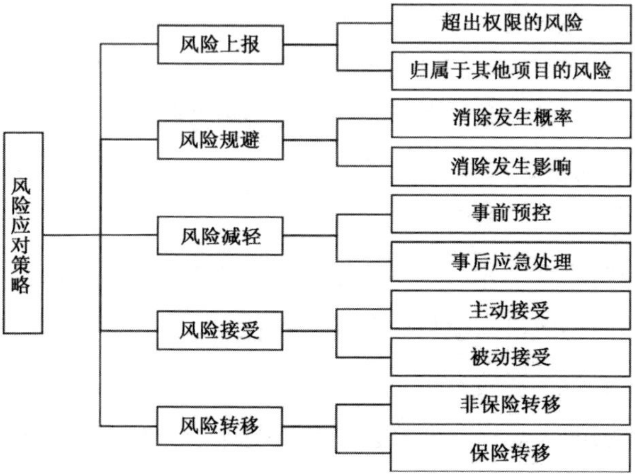

图 7-2 风险应对方案框架图

1. 风险上报

如果某风险不在职责范围内，或提议的应对措施超出了责任人能力或权限，就应该采用上报策略。被上报的风险将在相应的相关部门加以管理。而风险责任人确定应就风险通知哪些人员，并向该人员或组织部门传达关于该风险的详细信息。

上报策略带来的好处是能在更高层次进行统筹管理，能调动更多的资源来响应风险。合规管理人员应该充分意识到上报并不是责任推诿，也更应清楚地意识到如果在超出职权能力范围内自行管控风险或是瞒报而导致风险没有得到及时有效处理，都将导致最终的失控。

2. 风险规避

风险规避是指采取行动来消除威胁，避免受威胁的影响。规避策略其应对的核心是“阻断”，即把概率降低到零；或者风险发生了，主体也会受保护而不受影响。

某些合规风险发生概率和损失都很大，但又没有经济有效的措施来减小风险，合规管理人员就应该采取放弃项目或原计划，或者改变目标，避免损失。

采取风险规避策略常需同时满足以下三点：

（1）对合规风险要有足够的认识和把握。

（2）该风险发生的概率很高，带来的后果很严重。

（3）采用其他应对策略的代价超过风险所带来的经济效益，只有采取风险规避才能将项目损失降到最低。

但运用该策略时也须认识以下三点：

（1）风险是始终都存在的，规避这个风险可能会面对另外一个新的风险。

（2）规避风险也就丧失了从该风险中获取利益的机会。

（3）风险规避要把握最佳时机，当断则断。

正如上所述，在采取规避策略的时候，往往需要付出相对较大的代价，因此在制定策略的时候需要考虑经济性和可行性的权衡，如果无法完全规避，可以考虑强化其他策略。

3. 风险减轻

风险减轻是指采取措施来降低威胁发生的概率和（或）影响，最终使风险在可控范围内。当风险应对目标是只需可防可控时，或对于需要完全消除风险（高风险），但因风险特性或其他因素无法采取规避措施时，优先采用减轻策略。

采取减轻策略，在具体应对方案的制订时，从决定风险严重性的因素入手，通过强化过程控制来降低概率和损失。

减轻策略一般包括事前控制和事后控制。事前控制是指通过制定防范性措施来降低风险事件发生概率的行为，分为有形的和无形的。

有形的措施如高空作业人员必须系安全带，脚手架挂安全网；进场人员须戴安全帽；易燃易爆材料远离办公场所等。无形的措施如对现场工作人员进行风险教育，制定严格的风险管理制度，采取多种货币结算方式等。事后控制是指通过制定应急处理计划来尽量减小风险事故所造成的损失或抑制事故进一步发展的行为。相应的措施如调整施工进度和材料设备采购计划；准备索赔证据，计算索赔金额，递交索赔报告；查看项目资金链运转状况，调整融资计划等。

4. 风险接受

风险接受，又称为风险自留。

风险接受是指承认风险的存在，事前不主动采取措施，因此它不改变风险的概率和损失，是依靠自身的力量来承担风险事故损失的行为。此策略可用于低优先级威胁，也可用于无法以任何其他方式加以经济有效应对的威胁。对于采用接受策略（暂时不管它）的风险，有两种建议，一是为它建立应急储备，包括预留时间、资金或资源以应对出现的威胁；二是定期审查，确保其并未发生重大改变。

5. 风险转移

转移涉及将应对威胁的责任转移给第三方，让第三方管理风险并承担威胁产生的影响。采用转移策略，通常需要向承担威胁的一方支付风险转移费用。购买保险、使用履约保函、使用担保书或保证书是转移的最常见手段。

该行为并不能减小风险发生的概率和损失，而只是将风险损失转移给最有能力承担或控制的其他组织或个人。一般分为保险转移和非保险转移。

保险转移是指项目主体通过购买工程保险来将风险转移给保险公司。常见的保险转移措施有：建筑工程一切险、安装工程一切险、社会保险、车险、汇率险等。

非保险转移是指项目主体通过签订合同将风险转移给对方。该方法能够转移那些不可投保但被转移者长于该类风险管理的风险。但要注意被转移者的财务能力，一旦无法承受风险带来的损失而破产，那么最终的损失仍由转移者承担。此外为确保风险转移的顺利落实，在合同中须明确规定双方的权利与责任。常见的非保险转移措施有：工程分包、转包、担保、出售；技术转让；设备租赁；免责合同等。

（五）风险监控

监控风险是在整个项目期间，监督商定的风险应对策略的实施、跟踪已识别风险、识别和分析新风险，以及评估风险管理有效性的过程。

由于在项目实施过程中合规风险是不断变化的，企业应落实监控措施，管理合规义务和对应的合规风险，实现预期的行为。

采取有效的监控措施确保满足合规义务，能够预防或发现不合规事件并纠正。充分而严格地设计各类、各层次的监控措施，以促进企业的活动和运行环境实现合规义务。

比如，控制包括：

· 清晰、实用并易于遵循的文件化运行方针、程序、过程和操作指示；

· 系统和异常报告；

· 审批；

· 划分有冲突的角色和职责；

· 自动化过程；

· 年度合规计划；

· 员工绩效计划；

· 合规评估和审核；

· 管理层的承诺和促进合规行为的其他措施；

· 对预期的员工行为（标准、价值观和行为准则）进行主动、公开且经常的沟通。

风险监控方法如下：

（1）风险审计：专人督察风险监控机制的执行情况，并定期对风险执行过程进行审核。

（2）风险审查会：定期召开合规风险的审查会，来检查和记录风险应对策略的有效性。在风险审查中，还可以识别出新的合规风险，并及时制定应对措施。

（3）技术指标分析：比较计划技术指标与实际技术指标之间的差异。

（4）风险预警监督：度量项目在运作过程中某指标偏离预警线的强弱程度、发出预警信号并提前采取防范措施。

结　语

开展境外经营是中国企业实现企业发展战略，参与“一带一路”建设，推进中国与世界各国互利共赢的重要方式。强化合规经营意识是企业海外经营行稳致远的前提。

不论国内还是国外，廉洁、合规都已成为世界范围内对企业的基本要求，国际机构以及国家、行业组织等各个层面的监管力度都将越来越大，企业依法合规经营已经成为当今企业治理的国际趋势。中国的工程建设企业也应当积极顺应国际趋势，认识到建立合规制度、强化合规监管的重要性，努力建设和实施符合国际标准的合规经营制度。

我国工程建设企业在“走出去”过程中，因不合规被处罚的案例比比皆是，而在海外失败项目中的经验教训，往往具有很高的相似度。“屁股出去了，脑袋还留在国内”，这十分形象而深刻地概括了合规问题的成因。我国工程建设企业在国内市场的技术、工期等方面创造了一系列的工程奇迹，但是我们必须清楚地认识到，这些“奇迹”的产生是依赖中国这个得天独厚的市场环境，占尽“天时、地利、人和”，一旦脱离了这个熟悉的市场环境，丧失了赖以创造“奇迹”的土壤，中国承包商很难复制“中国速度”。

我国工程建设企业在几十年“走出去”的过程中所形成的经验，往往是以高成本作为代价的。而用高成本换来的境外工程经验，又常常是低效率的。一方面，获得经验的往往是个人，而个人的经验很难转化为组织合规体系的一部分，常常出现“人走了，经验也被带走了”的怪现象。然后，企业又不得不重新开始“交学费”和积累教训，很少能够像成熟的国际承包商那样，及时把经验和教训总结、固定下来，形成失败项目的案例库。另一方面，我国“走出去”的工程企业之间难以建立有效的沟通交流机制，个别企业的经验教训难以成为整个行业的共同财富。如果不能突破这种重蹈覆辙的恶性循环，我们所付出的“学费”会更加惊人。

因此，我们编制了本书，该书是境外合规经营的经验总结，期望能通过我们的努力，把大家的经验串联起来，能使境外经营人员及企业，对境外各国的经营方式及合规要求有总体的了解；同时，希望通过本书，加强企业对合规意识、合规文化及合规具体要求方面的重视。

附录

附录 1　泰国部分政府部门和相关机构一览表

序号	机构名称	联系方式
1	泰国总理府	电话：+66-22884000 网址：www. thaigov. go. th
2	泰国农业合作部	电话：+66-22815884 邮箱：webmaster@ opsmoac. go. th 网址：www. moac. go. th
3	泰国商业部	电话：+66-25077000 邮箱：webmaster@ moc. go. th 网址：www. moc. go. th
4	泰国国防部	电话：+66-25016661 邮箱：webmaster@ mod. go. th 网址：www. mod. go. th
5	泰国教育部	电话：+66-26286346 网址：www. moe. go. th
6	泰国财政部	电话：+66-21265800 邮箱：webmaster@ mof. go. th 网址：www. mof. go. th
7	泰国外交部	电话：+66-22035000 网址：www. mfa. go. th
8	泰国工业部	电话：+66-22023000 网址：www. industry. go. th

续 表

序号	机构名称	联系方式
9	泰国交通部	电话：+66-22833000 邮箱：webmastermot@ mot. go. th 网址：www. mot. go. th
10	泰国司法部	电话：+66-21415100 邮箱：complainingcenter@ moj. go. th 网址：www. moj. go. th
11	泰国卫生部	电话：+66-25901000 邮箱：mophpr@ gmail. com 网址：www. moph. go. th
12	泰国内务部	电话：+66-22221141 邮箱：webmaster@ moi. go. th 网址：www. moi. go. th
13	泰国能源部	电话：+66-21407000 邮箱：servicelink@ energy. go. th 网址：www. energy. go. th
14	泰国数字经济和社会部	电话：+66-21416747 邮箱：pr@ mdes. go. th 网址：www. mdes. go. th
15	泰国劳工部	电话：+66-22321462 邮箱：webmaster@ mol. mail. go. th 网址：www. mol. go. th
16	泰国旅游与体育部	电话：+66-22831500 邮箱：webmaster@ mots. go. th 网址：www. mots. go. th
17	泰国电力局	电话：+66-24361416 邮箱：egatcallcenter@ egat. co. th 网址：www. egat. co. th

续　表

序号	机构名称	联系方式
18	泰国工业园管理局	电话：+66-22072700 邮箱：contact@ ieat. mail. go. th 网址：www. ieat. go. th
19	泰国港务局	电话：+66-22693000 邮箱：info@ port. co. th 网址：www. port. co. th
20	泰国海关	电话：+66-26676000 网址：www. customs. go. th
21	泰国知识产权厅	电话：+66-25475024 邮箱：Dipadmin@ moc. go. th 网址：www. ipthailand. go. th
22	泰国证券交易所	电话：+66-20099999 网址：www. set. or. th
23	泰国中央银行	电话：+66-22800626 邮箱：contact@ bot. or. th 网址：www. bot. or. th
24	泰国国家旅游局	电话：+66-24011111 邮箱：webmaster@ tourism. go. th 网址：www. tourismthailand. org/home
25	泰国国家铁路总局	电话：+66-26214291 邮箱：webmaster. srt@ railway. co. th 网址：www. railway. co. th
26	泰国投资促进委员会	电话：+66-25538111 邮箱：head@ boi. go. th 网址：www. boi. go. th

附录2 泰国华人商会、社团和主要中资企业一览表

序号	类别	名称	联系方式
1	华人商会和社团	泰国中华总商会	电话：+66-26758577-84 邮箱：info@ ThaiCC. org 网址：www. thaicc. org
2		泰国潮州会馆	电话：+66-22113905 邮箱：tiochewth@ hotmail. com 网址：www. tiochewth. org
3		泰国华人青年商会	电话：+66-22356136-9 邮箱：info@ tycc. org 网址：www. tycc. org
4		泰国工商总会	电话：+66-23984671 网址：www. thaicci. org
5		泰华进出口商会	电话：+66-22677662-4 邮箱：info@ tcea. or. th 网址：www. tcea. or. th
6		泰国中国企业总商会	电话：+66-26799918 邮箱：cegat2001@ gmail. com
7		泰中商务委员会	电话：+66-22677670 邮箱：thailand_ china. tcbc@ yahoo. co. th 网址：www. tcbc. or. th

续 表

序号	类别	名称	联系方式
8	华人商会和社团	泰中文化经济协会	电话：+66-25855884/971368661 邮箱：thaizhong@ thaizhong. org 网址：www. thaizhong. org
9	主要中资企业	中国建筑工程（泰国）有限公司	电话：+66-27161384-8 邮箱：th@ chinaconstruction. com
10		中国银行（泰国）股份有限公司	电话：+66-26795566 网 址：https：//www. bankofchina. co. th/sc-th/top/contact-us. html 邮箱：service. th@ bankofchina. com
11		中国工商银行（泰国）股份有限公司	电话：+66-26295588 网址：http：//www. icbc. com. cn
12		中国南方航空公司曼谷办事处	电话：+66-26777388
13		长春置地有限公司	电话：+66-26543888 网址：http：//www. allseasonsplace. net 邮箱：info@ asp. th. com
14		泰中罗勇工业园开发有限公司	电话：+66-24390917 网址：http：//www. sinothaizone. com/about. php？ cid=8 邮箱：TCRIZ@ holley. cn
15		五洲检验（泰国）有限公司	电话：+66-922801220 网址：https：//www. ccicthai. com 邮箱：ccicthai@ gmail. com
16		中国东方航空公司曼谷办事处	电话：+66-22357288

续 表

序号	类别	名称	联系方式
17	主要中资企业	三一重工（泰国）有限公司	电话：+66-26933108 网址：https：//www. thaicc. cc/com/sanyheavy
18		新远大橡胶（泰国）有限公司	网址：http：//www. xydrubber. com 邮箱：XYDRUBBER@ hotmail. com
19		春秋国际旅行社泰国分公司	电话：+66-26452660 网址：https：//hk. ch. com/flights/outside-branch
20		厦门航空有限公司曼谷办事处	电话：+66-22371899 邮箱：bkk@ xiamenair. com
21		远洋（泰国）公司	电话：+66-024087512 邮箱：yuanyang502@ gmail. com 网址：https：//www. thaicc. cc/com/yuanyangtaiguo
22		用友软件（新加坡）私人有限公司泰国办事处	电话：+66-622548033 网址：http：//www. tuanye. com/yykx/127. html